LA DISCIPLINA DE LA PAZ

Cómo desarrollar la práctica que cambiará tu vida

CAROLINA CORADA

Título original: La Disciplina de la Paz

Copyright © 2017 Carolina Corada

1ª Edición - Octubre 2017

Acuarela de portada: Ángela Ker

Diseño de portada: Joshua Jadon

Corrección, edición y maquetación: Vivian Stusser

Transcripciones: Ángela María Teruel, Ana Carolina Figueredo, María Andreína Ovalles

ISBN-10: 1974630382
ISBN-13: 978-1974630387

Para todos aquellos cuyos corazones vibran con el anhelo de una paz verdadera y sostenida.

Para mis padres –Margarita y Gabriel-, quienes siempre supieron que escribiría un libro y me apoyaron en este camino espiritual. Seguimos eternamente unidos.

Para mi hermano y maestro, Jesús, pues sin Su Guía y amoroso acompañamiento no me hubiera atrevido jamás a compartir lo que aquí está escrito.

Convoco la voz de los cantores,

de todo tiempo y de alto compromiso,

para elevar un canto nuevo de esperanza

que vibre en cada uno como un grito.

Convoco la musa del poeta,

y de todo el que escriba cosas bellas

para que hable de paz y de justicia

con palabras que brillen como estrellas.

Creo en la paz, en el amor...

FANNY FUGUET
Convocatoria

Este libro ha sido posible gracias a la valiosa, cariñosa y dedicada ayuda de mi hija Ángela Teruel. Ella, como estudiante avanzada de *Un Curso de Milagros* y poderosa acompañante, realizó las primeras transcripciones y me animó diciendo que haberlas escuchado le había cambiado la vida. Gracias, mi niña.

Me siento muy conmovida y eternamente agradecida por la bondadosa presencia de mis alumnos Ana Caro, Manu, Pelush, Jocelyn, Simona, Petra, Pedro, Lucía, Ma. Antonia, Ángela, Lola, Mariana, Daniela y Loles que creyeron en los encuentros de "Un Curso de Milagros Profundo" y se lanzaron a transformarse junto conmigo.

Profundo agradecimiento siento también por Enrique Teruel, mi hijo, que fue el primero en leer el capítulo uno editado y me animó —al igual que Ángela— a seguir adelante.

En el nombre de Lo Eterno, doy gracias por mi amiga, estudiante de UCDM, escritora, editora y apoyo fundamental, Vivian Stusser, pues su profesional ayuda, clara edición y guía poderosa han hecho posible que me estrene como escritora.

Y como en el tránsito de la mano de La Verdad llegan a nuestras vidas personas inesperadas, bendigo a Zia, mi amiga y monje budista, quien con su inspiración y aliento logró que yo finalmente aceptara y comprendiera que mi camino es la Paz.

CONTENIDOS

INTRODUCCIÓN

(Y cómo funciona el libro)

Desde hace tiempo sabía que se esperaba de mí que escribiera un libro, pero yo no encontraba la manera de sentarme a poner en palabras escritas tantos regalos recibidos. Cada vez que viajaba a algún lugar a ofrecer un seminario, taller o conferencia, las personas me preguntaban: "¿Y dónde está tu libro? Quiero comprarlo". Entonces oré y pedí guía, pues aunque tenía varios manuscritos compilados, sentía que faltaba "algo".

Una tarde de conversaciones espirituales con varios amigos y hermanos, alguien me comentó que el primer libro de Eckhart Tolle, *El Poder del Ahora*, estuvo inspirado en sus clases grabadas. Esta información abrió un nuevo mundo para mí. Comencé a ver que eran muchos los libros publicados usando este pretexto y supe que había llegado el momento.

La Disciplina de la Paz está basado en algunas de las grabaciones de mi curso llamado: "Un Curso de Milagros Profundo". En ese tiempo, el grupo con el que venía trabajando hacía por lo menos tres años y yo decidimos dejar de estudiar el contenido teórico de *Un Curso de Milagros* y nos zambullimos en las profundidades de la práctica y experiencia que El Curso postula. Algunas de las clases que surgieron de ese compromiso de varios con la verdad fueron usadas como inspiración.

Este libro presenta la extraordinaria y honesta transición en la que un grupo de estudiantes de *Un Curso de Milagros* y yo nos embarcamos en plena confianza y devoción por el logro de la paz. En este Manual para la Paz Interior, los conceptos de disciplina y de paz exudan un nuevo paradigma y tú, lector, te sentirás profundamente unido al grupo en su transición.

No defiende terminologías ni aspira a presentarse como la única verdad. Pretende, no obstante, compartir la honesta y profunda jornada de aquellos que la emprendieron juntos y lograron un resultado. Los conceptos aquí presentados son todo menos tradicionales. Si estás buscando la paz, esta fórmula puede que te sorprenda y te cambie la vida.

Cada capítulo toca un tema a profundidad y ofrece claves prácticas para la transformación personal. Así lo he sentido yo como oradora, escritora y también como lectora. Cada uno comienza con una oración que confío que tú, lector acompañante, repitas muchas veces, pues te aliviará y dirigirá tu atención, como lo ha hecho con nosotros. Cada oración establece un tono, un color, un compromiso. Este es un libro para los comprometidos con la paz.

La narración aparece las más de las veces en primera persona "yo", y eso tiene una razón de ser con la que he practicado con mis alumnos durante décadas y que ahora extiendo hacia ti, lector: cuando lees, en tu mente estás repitiendo los textos en primera persona y de esta manera, haciéndote receptivo a sanar y trascender por decisión propia, y no porque yo te lo indique. Yo me uno a ti siempre y de esta forma leemos juntos los contenidos de este libro, que nos han transformado ya a muchos.

A veces uso adjetivos en femenino y a veces en masculino para referirme a mí misma. Me han preguntado por qué. Y la respuesta es natural. Yo no soy ni uno ni otro. Soy. No tengo género realmente. Esta aseveración me lleva más allá del cuerpo y más cerca de la Amorfía Divina. No he usado el masculino y femenino a propósito y con intención. Simplemente ha ocurrido y cuando mi editora lo ha preguntado, la respuesta me llegó muy clara.

Te pido que abordes esta lectura con el corazón abierto y la mente receptiva. Si aún no eres estudiante de *Un Curso de Milagros*, te recomiendo que lo seas, aunque no es requisito indispensable para conectar con este libro. Hablo de palabras que han sido usadas durante siglos por las grandes religiones del mundo: Dios, Espíritu Santo, Jesús, Expiación, Perdón, Paz, Amor Incondicional. Lo que comparto es mi entendimiento de estas palabras a través de la experiencia. No formo parte de ninguna religión y creo fielmente que estas palabras son libres y que las podemos poner a disposición del buscador espiritual para que pueda encontrar dentro de sí mismo su significado. Es lo que yo he hecho con la ayuda de las enseñanzas de UCDM. Algunas de las palabras las escribo con mayúsculas cuando se refieren a Lo Eterno, Lo Divino, Lo Amorfo. Y para Dios uso varios sinónimos: Amor, Padre Luz, Luz Eterna, Creador, Fuente, Amorfía Divina. No es mi intención cambiar o confrontar las prácticas de las religiones del mundo. Simplemente comparto aquí mi propia transformación personal para que te pueda apoyar a ti, lector, en la tuya.

También hemos dejado las preguntas y comentarios de los participantes de mi grupo de "Un Curso de Milagros Profundo" con la intención de que tú te integres y te sientas parte de este grupo de transición. Quizás sus preguntas y comentarios vibren en tu corazón y reciban respuesta. Amo profundamente a todos estos "personajes" a quienes en el libro hemos cambiado los nombres para guardar su privacidad. Gracias a ellos me atreví a ir más profundo, acepté la función que se me había encomendado y por ellos, me dejé guiar en cada palabra. Los diálogos compartidos en estas páginas han sido iluminadores y sinceros, y lo siguen siendo.

Como es de esperarse, hay muchas citas de *Un Curso de Milagros*[1], todas tomadas de la primera edición en castellano, publicada por la Fundación para la

---

[1] *Un Curso de Milagros,* Fundación para la Paz Interior (Traducido por Rosa M. G. De Wynn y Fernando Gómez).

Paz Interior. Las hemos detallado en cada pie de página en la nomenclatura que se suele utilizar para localizar los contenidos en el libro (Capítulo, subcapítulo, párrafo y oración), de manera que, si lo tienes, puedas remitirte a él y acompañarnos en esta transición.

Ahora te invito a sumergirte profundo y a hacer esta transición con nosotros. Estamos emocionados y felices porque has decidido acompañarnos. Seguimos en tiempo real, y ahora tú vas con nosotros. Nos vemos... en la Paz.

Ibiza, 19 de agosto de 2017

1

LA DISCIPLINA DE LA PAZ

Gran espíritu de luz, Espíritu Ser,
Santo Espíritu,
Vengo hoy a Ti con mi necesidad
de tener una mente disciplinada.
Entiendo que una mente sin disciplina
no puede lograr nada, por eso hoy, aquí,
en este instante presente,
te entrego mi falta de disciplina.
Te entrego también mi necesidad
de tener una mente disciplinada.
Te acepto solo a Ti, Espíritu Ser, Santo Espíritu,
como mi único Maestro y Guía,
y reconozco que solo aprendiendo
a escucharte a Ti,
lograré la disciplina que anhelo.
Anhelo la Paz, la calma y la quietud.
Deseo practicar la Disciplina de la Paz
para poder experimentarme en Perfecta Paz.
Espíritu Ser, te consiento, te autorizo
y te invito honestamente a que me inundes
con Tu Guía y me muestres qué debo hacer,
a dónde debo ir, qué debo decir y a quién
para alcanzar y mantener
la Disciplina de la Paz.
Por tu amor y tu ayuda te doy las gracias.
Gracias, Espíritu Ser.
Amén.

La Paz es una disciplina. Piensa por un instante en la Disciplina de la Paz. Puedo ver Paz en lugar de lo que veo, elijo experimentarme en Paz en lugar de tener la razón. Es una disciplina recordar la Paz. Volver a la Paz una y otra vez cuando la mente se distrae en las cosas del mundo es propio de una mente que está disciplinada. La Disciplina de la Paz es el camino de regreso a la Consciencia Crística, pues en esta disciplina no hay nada más que pueda realmente interesarte.

¿Qué es lo que te interesa a ti, hermano? ¿Qué te distrae de la Paz? ¿Por qué es tan frágil tu disciplina? ¿Qué te interesa más que la Paz? Los intereses del ego —el príncipe del caos— se adueñan de ti y te motivan, te estimulan y te inspiran a pensar que no es posible experimentarte en Paz en este momento. Mas lo único que te lo impide es tu falta de disciplina, tu falta de continuidad. Que sea hoy el primero de muchos días en los que tu propósito será la Paz.

A partir de este instante elijo la Paz por encima de todo lo demás, más allá del tiempo, las estaciones y la temperatura, de los placeres corporales, de la comodidad. Elijo la Paz más allá de la salud y la enfermedad, de la distancia y del encuentro. Elijo la Paz. Más allá de la riqueza y de la pobreza, más allá de la soledad y de la aparente compañía, elijo la Paz. Solo una mente disciplinada sabe que la Paz es la única decisión posible. Disciplinar la mente es realmente muy sencillo, aunque quizás no tan fácil al principio. La clave es la observación, el estar alerta a los propios pensamientos y emociones.

Al identificar una emoción o pensamiento que invite al conflicto, al pasado o a cualquier experiencia que sepamos que no forma parte de la Paz, inmediatamente invocamos la Paz, la llamamos en nuestra mente y pedimos ayuda a nuestro Espíritu Ser, confirmando así nuestro honesto deseo de elegir la Paz por sobre todo lo demás. No hay nada externo, en el mundo, que pueda disciplinar tu mente, solo tú y tu Maestro Interno, cogidos de la mano, pueden tener éxito en esta disciplina.

> Podría ver paz en esta situación en lugar de lo que ahora veo en ella. [...] Puedo substituir mis sentimientos de depresión, ansiedad o preocupación (o mis pensamientos acerca de esta situación, persona o acontecimiento) por paz[2].

¿Estás listo y dispuesto a que sea la Paz tu disciplina? No veas a la Paz como un resultado, sino como una elección.

En Israel, la organización ACIM Israel, bajo el liderazgo de Efrat Sar-Shalom Hanegbie, publicó un profundo libro llamado *Peace* (Paz). En él comentan que en *Un Curso de Milagros* se menciona la palabra "paz" más de mil setecientas veces.

En el libro *Peace* se han recopilado textos donde aparece la palabra paz y se han presentado en inglés, en hebreo y en árabe, como símbolo del deseo de que aquellos hermanados por el idioma, puedan abrir sus corazones a la Paz. En la Introducción al libro, Efrat Sar-Shalom Hanegbie nos dice:

> Tanto en el Islam como en el Judaísmo, las palabras Paz —Al Salaam y Shalom— se encuentran entre los nombres de Dios. [...] La paz y la serenidad no pueden estar separadas, ya que estar en paz es un estado elevado de la mente[3].

---

[2] UCDM, Libro de Ejercicios, Lección 34, 5:4, 6:4

[3] *Peace*, ACIM Israel y la Fundación para la Paz Interior, CA (2009)

Este es un ejemplo de lo que implica desear experimentar la Paz. Es un símbolo de algunos que quieren trascender la justificación del conflicto, más allá de la necesidad de tener la razón. La Paz es una elección y la experiencia es el resultado de haberla elegido y enseñado. La Paz no es el resultado de ninguna actividad en el mundo, sino la consecuencia de una elección de la mente que ha sido disciplinada para que su única posibilidad sea la Paz y para que aprenda a descartar absolutamente todo lo demás, pues todo lo que no sea Paz no tiene ningún valor real.

La Paz es un regalo de la Creación y esta no puede haberte hecho un regalo que sea intermitente. No hay un dador y un receptor. "Soy un solo Ser, unido a mi Creador, uno con cada aspecto de la creación, dotado de una paz y un poder infinitos"[4]. Por lo tanto, este regalo no es intermitente sino que es la única realidad que el Reino de la Luz te ofrece: la Paz como tu única característica, como el lugar perfecto donde habitan tú y toda la filiación. Es por este motivo que nuestros hermanos en Israel pueden elegir la experiencia de estar en Paz.

Que todo lo que se ha escrito sobre la Paz te sirva de inspiración para que decidas disciplinar tu mente, para que te percibas en una Paz que ya lo abarca todo, que te contiene pero que quizás aún no experimentas. El príncipe del caos —el ego— te presentará justificaciones para que la Paz no sea en ti, y has de aprender en ese momento a simplemente descartar las invitaciones al caos, al conflicto, a la rabia y a la depresión. Apréndelo ahora. ¡Sí eres capaz! Descarta toda invitación que no tenga como objetivo la Paz. ¿Te atreverías?

---

[4] UCDM, Libro de Ejercicios, Lección 95, 11:2

Nuestros hermanos de Israel que publicaron el libro *Paz* ya se han levantado como símbolo, más allá de la justificación del conflicto y el caos, para traernos el recuerdo de la Paz y ayudarnos a disciplinar nuestra mente. Su propósito es un gran ejemplo a seguir.

En el libro *Un Curso de Milagros* se nos ha dicho que somos Uno, que estamos unidos en esa luz con Dios y estamos allí en Paz con toda la creación y con nosotros mismos. Piensa por un instante lo que significa para ti: "Ahora todos somos uno en la Identidad que compartimos"[5]. Volvemos a la inspiración de una experiencia abstracta de unicidad. La Paz no es una vivencia física, mas sí se pueden experimentar sus efectos. La Paz es un estado cuya quietud te embriaga, como si estuvieses borracho de una gran calma. Un reconocimiento de que realmente no quieres hacer distinciones. Tu pensamiento dice: "No quiero ver diferencias entre ninguna criatura viva. Deseo experimentarme como el 'Somos Uno'".

Y cuando dice: "Somos uno unificados en esta luz y uno Contigo", refiriéndose al Ser Creador, al único dador de la vida y de la Paz —no porque al darla se haya privado de ella, sino porque al darla se han extendido sus características hacia Su Creación indivisa—, esto es realmente incomprensible para el ego. ¿Cómo puede ser la creación indivisa? En este concepto no hay uno que da y uno que recibe, sino que todo proviene de una misma Fuente.

Cuando entras en la dinámica de creer que hay uno y otro, el objetivo final de la Paz se pierde. Es clave abrir nuestra mente para darnos cuenta de que en este dar y recibir hay extensión, no división. Te invito a estar receptivo a que esta realidad nos embriague, nos tome por sorpresa;

---

[5] UCDM, Libro de Ejercicios, Lección 283. 2:1

que la aceptemos y la conozcamos aun sin saber cómo es. Esta invitación no va dirigida a tu cerebro, sino a tu corazón. El primer paso es la aceptación, luego llega el conocimiento como vivencia. Y al haber conocido la Paz, la extenderás inexorablemente a otros.

> La vi en la calle, sentada en el suelo, llorando. Yo venía de comer y me acerqué a ella con certeza para interrumpirla en su dolor. "¿Qué pasa?", le pregunté con firmeza. "¿Por qué lloras?". Ella encogió los hombros. "¿Tienes hambre?". Me miró asintiendo. Fui a comprarle algo de comer, de beber y regresé. Aceptó la comida mirando al suelo y fue entonces cuando me percaté de que estaba sentada sobre unos cartones y había una cesta delante de ella para pedir limosna. Yo no había visto eso. Yo solo había visto su dolor, por un instante. Doblé la esquina y me detuve a orar, pues mi corazón estaba en Paz y mi voluntad era que se extendiera.

¿Quiénes son los que sufren, sino un aspecto de la mente indisciplinada que es tan arrogante que piensa que puede cambiar la Voluntad de la Paz? Muchas veces ese has sido tú. Has visto a otros y has pensado: "No hay esperanza". Y todos, indisciplinada y arrogantemente, hemos cuestionado, con esa experiencia humana, la voluntad de aquello que es incambiable.

Tu Paz me rodea, Padre. Dondequiera que voy. Tu paz me acompaña y derrama su luz sobre todo aquel con quien me encuentro. Se la llevo al que se encuentra desolado, al que se siente solo y al que tiene miedo. Se la ofrezco a los que sufren, a los que se lamentan de una pérdida, así como a los que creen ser infelices y haber perdido toda esperanza. Envíamelos, Padre. Permíteme ser el portador de Tu Paz[6].

La expresión humana de la ausencia de Paz es la arrogancia más absoluta. ¿A que no pensabas que eras arrogante cuando no estabas en Paz? Observa a aquellos que sufren. Son tremendamente tiranos, tiran de ti hacia el infierno. Te invitan: "Únete a mi dolor y cura mis heridas, rápido". No hay enfermos humildes. No digo que no los atiendas, porque justo se nos pide que demos lo que hemos recibido para nosotros mismos; pero mientras das y extiendes, has de hacer tu propia purga espiritual. Así empezamos a saber que en realidad no es disciplina lo que se requiere, sino humildad.

¿Por qué ocurre esto en mi vida? ¿Qué viene a mostrarme mi hermano? ¿Será que realmente estoy dispuesto a que la Paz sea una disciplina para mí? Si así fuera, ¿podría yo ver otra cosa que no fuese Paz? Yo no puedo experimentarme en Paz y no verla en todas partes. No puedo vivir en Paz y experimentar tristeza por otro. Lo que sí es verdad es que la experiencia de Paz se nos ofrece como una posibilidad perdurable, pues los regalos de Dios no son intermitentes. Lo que sí es intermitente es tu voluntad de experimentar Paz. Ahí es donde parece que Dios te la da y te la quita, pero eres tú quien decide experimentarla intermitentemente.

---

[6] UCDM, Libro de Ejercicios, Lección 245, 1

CRIS: No entiendo a este grupo de Israel, que ha decidido la Paz y que aun así está inmerso en el conflicto.

CAROLINA: Tú no sabes lo que ellos ven. Tú puedes ver conflicto o ver un "pedido de Amor". A medida que tu mente sana, te das cuenta de que hay una diferencia. Lo que ante los ojos de una mente que no está entrenada es un conflicto y una guerra, para una mente entrenada es un foco de Paz y un pedido de Amor. Tenemos a Jesús como el ejemplo máximo. La religión nos ha presentado a un Jesús fustigado, uno que sufre. Pero *Un Curso de Milagros* te dice que nunca pudo haber sufrido ni sentido pena por sus semejantes, sino un Amor que iba más allá del dolor. Al verlo de esta manera, es cuando se deshace la idea de Jesús como mártir. Para la mente sin entrenar, experimentar Paz sabiendo que hubo un Jesús que experimentó dolor por ti genera culpa. De ahí que la religión católica sea una de las que más culpa genera entre sus seguidores. La culpa es el hilo conductor y es un bien deseable. Nosotros estamos saliendo de ahí.

CRIS: De hecho, muchas veces la culpa está relacionada con la humildad.

CAROLINA: Correcto. Sí. Hay una disociación ahí.

FRIDA: El arrepentimiento te hace sentir bueno.

CAROLINA: Sí y ese arrepentimiento te genera culpa, porque para arrepentirte tienes que haber primero aceptado que fuiste culpable y esa percepción de ti mismo se queda en tu subconsciente como una realidad.

REBECCA: Arrepentirte es aceptar que eres malo. Y ahí es cuando aparece Dios y te perdona por haber reconocido que lo eras.

CAROLINA: Entonces lo que se logra con este razonamiento es que "me arrepiento de ser quien soy y fabrico un dios a imagen y semejanza del ego, un dios cuyo amor es intermitente y que desea mi sacrificio para perdonarme". Ahora estamos revirtiendo ese pensamiento.

Este tema "La Disciplina de la Paz" me vino a raíz de que llevo días pensando en una disciplina que no tenga que ver con la rutina, y a lo largo de los días se me ha mostrado lo disciplinada que soy, haga lo que haga.

La Disciplina de la Paz lo resuelve todo.

¿Qué te puede pasar si tu mente está en un estado de disciplina en que solo la Paz es un bien deseable para ti, y donde ya no te quieres distraer más?

"La Paz llena mi corazón e inunda mi cuerpo con el propósito del perdón"[7]. El ego entonces ordenará las palabras y te preguntará: "Pero... ¿cuál es el propósito, el perdón o la Paz?".

EDITH: ¿La Paz y el perdón ocurren al mismo tiempo?

CAROLINA: Antes que al perdón, debes estar dispuesto a la Paz. El ego quiere darle una estructura, y no funciona así. Funciona en un quantum de tiempo que desconocemos, un *quantum* de tiempo que nos lleva a la Amorfía Divina, la experiencia de Paz no tiene tiempo ni forma, es amorfa y atemporal. La Lección 267 nos dice: "Y la Paz llena mi corazón e inunda mi cuerpo con el propósito del perdón". Imagínate que quieres perdonar identificando en tu corazón un pensamiento de separación. ¿Cuál es el atajo? La Disciplina de la Paz, porque, ¿qué evita que tú perdones? Tu deseo de estar en conflicto.

MARTA: Esto es lo que significa no ser disciplinado, ¿no? Es ser rebelde.

---

[7] UCDM, Libro de Ejercicios, Lección 267, 1:3

CAROLINA: Claro. Tu deseo de estar en conflicto evita que le des entrada a la Paz. Dentro de tu idea de "ego espiritual" tú quieres perdonarlo todo y a todos, y crees que hay un proceso en ello. Sin embargo, al creer que hay pasos para el perdón, la Disciplina de la Paz se pierde, ya que quieres perpetuar en tu mente el resentimiento; es decir, no quieres dejar de tener la razón, lo que a su vez significa que no tienes a la Paz como disciplina, como objetivo. Tienes al conflicto como meta final.

¿Cuál es el atajo al perdón más absoluto? La Disciplina de la Paz. ¿Qué haces normalmente con las relaciones que te han generado conflicto? Las empujas y las sacas de tu circunstancia física, de tu corazón y de tu mente, pero eso no es la Disciplina de la Paz.

La Disciplina de la Paz consiste en que antes de sumergirte en el conflicto, tú elijas la Paz en lugar de lo demás, que elijas dejar de tener la razón.

Si estás ante un perro rabioso no le vas a poner la mano cerca para que te muerda, pero puedes retroceder un poco y aceptar la Paz en tu corazón a pesar de la espuma que sale por su boca. Necesitas enfrentar las sombras que te invitan a no aceptar la Paz como tu disciplina. ¿Puedes ver tus sombras, las que te identifican? Puede ser un miedo, una idea demente, una proyección, una adicción, una fobia.

La jornada transcurre más allá del mundo. Está muy bien que estés muy bien, pero aún estás aquí. A las personas que han nacido en abundancia y en salud se les dice que tienen un "buen karma". Yo misma veo que nací en una cuna de oro donde tenía de todo y no necesitaba de nada. Es ahí donde queremos mirar con lupa como estudiantes avanzados, hay que mirar en detalle, porque el destino es la Paz continua y yo no la tengo todavía ni tú tampoco. Pero la voy a vivir y tú también.

EDITH: ¿En este mundo?

CAROLINA: ¡Sí, en esta vida! No tengo la menor duda, pero sé que lo que me lo impide son sombras, pensamientos.

DANI: Hay veces que sí que son sombras, no llegan a ser pensamientos, sino algo que pulula por ahí.

CAROLINA: Por eso hay que practicar la introspección, es decir, mirar adentro.

CECILIA: Habrá cosas muy sutiles para que tú no las veas y que pasan desapercibidas. El otro día leí un artículo sobre el pensamiento positivo y me doy cuenta de que con ello ocultas lo más pequeño, lo que no se quiere mirar. Yo leí también que una síntesis de la práctica con el Curso dice que tengas como tu objetivo la Paz y como herramienta para alcanzarla, el perdón. Y entonces, en cualquier encuentro y pensamiento hay que restablecer el objetivo, por eso a veces parece que ocurre simultáneamente.

REBECCA: Sí, es que a veces te puedes llegar a estancar más pensando en que tienes que perdonar algo en particular, en vez de enfocarte en que tu objetivo sea la Paz. El perdón ocurrirá, pero muchas veces pensar en perdonar y perdonar te puede dejar dando vueltas y no terminas de elegir la Paz del todo. Si tú no te consideras, por ejemplo, listo del todo para perdonar algo, es común que pienses que entonces no puedes experimentar la Paz y la postergues. Pero sí que podemos elegir la Paz siempre, aunque aún sintamos que no estamos listos para perdonarlo todo.

CAROLINA: Es elegir la Paz siempre... y sigues. Ahí es donde se podría justificar el uso del tiempo. El tiempo que te vas a tomar es para perdonar y finalmente, cuando estés listo, elegirás la Paz. Pero la realidad es que no se necesita tiempo. Has de elegir la Paz en cada momento.

El tiempo le pertenece al ego. El ego solo quiere ganar tiempo para existir y dominarte, para eso necesita que tú estés aquí en este mundo, y usa el placer y el dolor para mantenerte esclavo. El ego siempre te ocultará la posibilidad de reconocer que tú te puedes desenganchar de este mundo.

Como alumnos avanzados, estamos entrando en lo desconocido y como tal es imperativo que te atrevas a caminar una ruta que el ego jamás conocerá.

Esta frase le habla directamente al ego, pero el que toma dicha ruta es el que sabe que no hay nada que temer. Es como ser esquizofrénicos, el ego y nuestro Espíritu Santo. El ego siente temor porque nunca conocerá la Paz. No creas que te puedes llegar a experimentar en Paz con el ego; eso es lo que él quiere que pienses, ofreciéndote las posibilidades del ego espiritual, que te dice que te puedes experimentar en Paz con él a través de cosas del mundo como el calor, los atardeceres, una taza de té, acariciar a tu perro.

LAURA: Yo pintando, haciendo lo que me gusta, no experimento conflictos en general, pero a veces tengo un pensamiento que dice: "Yo creo que debería estar haciendo otra cosa o pintando otra cosa". No tengo grandes conflictos en mi vida, todo va bastante genial, pero ese pequeño pensamiento o duda, el "debería" y "tendría que", me quita la Paz, aunque no sea un gran drama. Mi ambición es muy grande y deseo lograr esa Paz, por lo que estoy hilando cada vez más fino.

CAROLINA: El ego te engaña diciéndote que la pérdida de Paz tiene que ver con algo grande, algo extremo. Sin embargo, no hay alternativas a la Paz. Aunque esté más que justificado el gran drama, da lo mismo. Si aceptas la invitación, te alejas de la Paz. ¿Quién aquí está disciplinado?

FRIDA: Yo estoy muy fuera de la disciplina. Desde mi proyecto de mudarme a otro país he estado tan ocupada que no he tenido tiempo. Y los aparentes conflictos disminuyeron porque yo estaba tan entusiasmada. Entonces, la práctica básicamente no está casi en mí. Quiero abrir un grupo nuevo aquí y no veo cómo puedo hacerlo sin yo estar en esta disciplina. Algo me dice: "Estás súper fuera y no hay manera de que vuelvas a entrar".

CAROLINA: Lo interesante aquí es que no practiques y luego abras el grupo. Abre el grupo y úsalo para que te ayude a regresar a tu propia disciplina. El grupo de estudio te dará mucho foco.

REBECCA: Yo creo que tú sí eres muy disciplinada, solo que te distraes con la imagen que tienes de ti misma, con tu sombra: es mucho el juicio que tienes en tu contra. Además, tu disciplina la vemos todos en los efectos que ha tenido en tu vida.

CECILIA: En todo, en la manera en que te mueves tú y en la que mueves a la gente. Yo hoy estuve en el grupo de lectura que tú formaste, y si no hubiese sido por tu disciplina, ese grupo no estaría formado. Entonces ponemos en duda que no eres disciplinada.

CAROLINA: Te distraes un momento con la autocrítica.

FRIDA: Sí, es la adicción a mirar siempre lo que aún no tengo, en lugar de reconocer lo que ya voy logrando.

CAROLINA: Se nos dice: "La Paz de Dios refulge en ti ahora, y desde tu corazón, se extiende por todo el mundo, se detiene a acariciar cada cosa viviente y le deja una bendición que ha de perdurar para siempre"[8].

---

[8] UCDM, Libro de Ejercicios, Lección 188, 3:1-2

Jesús está ahí, a tu lado, diciéndote esto, no hay proceso que vaya a traer esa Paz hacia ti, ella ya está vibrando incandescente en ti ahora, y desde tu corazón se extiende al mundo. Es importante que aceptes que cuando tú estás en la Paz de Dios, el otro está en la Paz de Dios contigo; no puede ser de otra manera.

REBECCA: A mí me pasó algo hoy. Hablé con mi exmarido acerca de la compensación de la comida al yo tener los hijos conmigo más tiempo; él trabaja en reparto de verduras y quedó en que me traería una caja de verduras cada cierto tiempo, pero no habíamos acordado cada cuánto tiempo me la traería. Ahora llevaba tres semanas que no me traía nada y yo sin comprar verduras pensando que me las traería, pero nunca me las trajo. He estado toda la semana pensando sobre eso, intentando no molestarme, pero dilatando el momento de llamarlo. Invoqué al Espíritu Santo para no sentirme atacada y no atacar. Le dije que quería la Paz ante todo, le pedí que hablara él. Hoy lo llamé y fue todo muy fácil y claro. Nos pusimos de acuerdo sin problemas. Quise hacerlo con cariño, porque realmente no quería levantarme a reclamar.

CAROLINA: Estos son los primeros pasos de ser disciplinados. Disciplino mi mente y me doy cuenta de que la Paz es mi elección, al no darle rienda suelta al conflicto. Es decir, si mi objetivo es la Paz, mi objetivo no es que mi exmarido me traiga la caja de verduras, o pague el colegio de los chicos; ante toda adversidad tú tienes como deber elegir la Paz. Yo me atrevo a hablar en imperativo. Tienes que aprender a estar disciplinado en favor de la Paz. Es obligatorio. No hay flexibilidad en esto porque estamos en una jornada que hemos convenido.

FRIDA: Luego hay acontecimientos de la vida en los que parece que si tú estás en Paz, no reaccionas ante los eventos o no te importan. Suceden cosas, como que te echan de tu casa y tú entonces te quedas tranquila y dices: "Vale, lo acepto, no quiero conflicto". Y te marchas.

CAROLINA: No, no se trata de eso. Estamos hablando de un lugar en la mente, y tú estás empeñada en "hacer" en la forma, en tener resultados en el mundo.

EDITH: Pero... ¿y si yo estoy en Paz y me atacan?

CAROLINA: Nadie te puede atacar si estás en Paz. Vamos a ir por partes. Viene alguien ahora y te dice que te tienes que mudar de casa, que no te extenderán el contrato de alquiler. Lo primero es que tú, entrenada en favor de la Paz, es imposible que veas ataque, sino que ves una petición. Esto es muy diferente de ver un ataque. Si estás disciplinada en favor de la Paz, vas a pedir ayuda interna para que se te indique qué es lo que te corresponde hacer. Y cuando te sientas en Paz, será porque estarás haciendo lo que te corresponde hacer.

CRIS: Yo creo que influye el que no estemos acostumbrados a detenernos un momento, primero para ver nuestra reacción y luego para elegir lo que sea que vayamos a elegir, el conflicto o la Paz. Entonces, tú piensas en posibles circunstancias dramáticas, como puede ser esta, y el ego te dice que actúes inmediatamente, que reacciones ante lo que supuestamente está ocurriendo. Pero si te das cuenta, siempre puedes parar un momento y pedir la guía, la ayuda, la claridad al Espíritu Santo. Y la verdad es que el resultado es bastante rápido.

FRIDA: Yo me doy cuenta de que he buscado la Paz haciendo un paréntesis o evitando ciertos detalles. Me di cuenta de que eso en realidad era negación. Por eso ahora miro muy de cerca cómo me siento primero, me detengo y pido la ayuda interna necesaria. Ver y observar cómo me siento es inevitable, porque si no, ignoro algo que tengo que sanar y entro en negación. Ahora, ante cualquier conflicto, no contacto con el drama, aunque a veces siento que si no contacto con esa emoción no sé qué es lo que tengo que sanar, no sé cómo pedir esa ayuda; al contactar con lo que siento, pido la corrección de mi mente.

CAROLINA: Claro, porque si no, es negación. Pero también, ¿qué pasa si ocurre al revés, si no sabes lo que sientes? Ahí también pides ayuda y se te muestra lo que tienes que sanar. No sabes lo que sientes, pero eliges la Paz, porque si no, lo otro también es involucrar al tiempo y postergar la Paz para poder investigar lo que exactamente estás sintiendo.

REBECCA: Con respecto al tema de mi exmarido, la primera vez que lo hablamos yo me sentí en la injusticia total. Me sentí muy mal y reaccioné desde allí, no me sentí en Paz. Esta semana elegí no enojarme al hablarle, y él no se sintió atacado.

CAROLINA: Esto es la disciplina en acción, porque la voz que elige el conflicto sigue ahí, diciéndote que te puedes sentir víctima justificadamente, sin embargo, tú eliges no escuchar. Tú decides decir "no" a esa invitación.

FRIDA: Pero el punto que quiero enfatizar viene a ser que no se trata de cómo me siento, sino de los hechos. Si tu marido no estaba cumpliendo con su responsabilidad acordada, estabas en derecho de exigirle.

CAROLINA: Estamos en derecho, pero —si somos radicalmente honestos— lo que queremos es que el otro se sienta mal. Aquí es donde está la gran clave. ¿Por qué no estás en Paz todo el tiempo aún? Porque todavía te gusta el conflicto y te gusta ganar. Aún piensas que hay alguien que no se merece tu amor y tu honra, y te parece que estar en Paz es estar en sumisión, y es lo contrario. Con el tema de que te pidan dejar tu casa alquilada, no se trata de decir: "Ah, vale", e irte. Eso sería estar en un estado de sumisión. El ego te dice que si no te defiendes eres tonto y sumiso, y que si estas en Paz, van a limpiar el suelo contigo. En realidad es todo lo contrario.

MARTA: Gandhi, por ejemplo, hizo una gran resistencia desde la Paz.

EDITH: Yo creo que se trata del propósito con el que hagas las cosas, no lo que hagas realmente.

CAROLINA: Queremos aceptar que la Paz refulge en mí ahora y desde mí se refleja en el mundo. El mundo lo llevamos en nuestro corazón, está en nuestra mente. Si el mundo exterior —el que ves afuera— es una pantalla de tus propios pensamientos, allí se reflejará lo que sea que haya en tu corazón. La Lección 267 nos dice: "Y la Paz llena mi corazón e inunda mi cuerpo...". Dice que "inunda mi cuerpo". Es una de las pocas veces en que El Curso habla del cuerpo, diciéndote que esta experiencia la puedes tener ahora, mientras crees ser un cuerpo.

DANI: También creo que cuando uno piensa en la Paz, también piensa o lo asocia a un estado físico.

CAROLINA: Claro, porque cuando no estás en Paz, estás alterado. Por eso evaluamos que no estamos en Paz, por las emociones que tenemos. Sentirme sumisa y atacada nunca es estar en Paz.

MARTA: Para el ego, estar en Paz es ser inocente, débil y vulnerable.

MARÍA: Y entonces, Carolina, ¿se podría decir que, en general, las personas que viven en países donde hay conflicto actualmente necesitan ver el conflicto en ellos mismos?

CAROLINA: Me parecería arrogante de mi parte admitir esto, porque no lo sé. Por ejemplo, podría ser un lugar de mucha Paz. En la India se vive con mucha enfermedad, basura, pobreza y escasez, y sin embargo, la gente está en Paz allí y hay un nivel muy elevado de espiritualidad. Entonces, ¿quién sabe? El ego te dice que en un país así no puede haber Paz.

REBECCA: Yo pienso que pensar en perdonar a los países en conflicto o a personajes como Hitler puede ser un truco del ego para que no te concentres en perdonar al que tienes al lado, a tu hermano que ves cada día. Lo más importante es que lo apliques a tu entorno.

MARÍA: Claro, pero yo pensaba en general.

CAROLINA: No puedes generalizar porque entras a juzgar la realidad de otro. En este instante —y es lo que propone El Curso— es que la Paz de Dios refulge en mí ahora, y desde mí, hacia todo corazón y rincón de este mundo, pero yo la debo haber aceptado para mí primero. Si no puedes creértelo aún, requieres entrar en la dinámica de pedir al Maestro que te lo muestre y te ayude. En mi caso, yo sé esto muy vivencialmente. Siempre he sabido que primero acepto para mí la Paz, la calma, la disolución de mis sombras.

FRIDA: Esta mañana, en el círculo de lectura, llegamos a la conclusión todos juntos de que Jesús no es que hiciera milagros de curar a enfermos y levantar a los muertos, sino que al haber elegido la Paz para Él, automáticamente eso vino a Su Visión y entonces vio a todos sus hermanos iguales, perfectos, completos y en Paz. Así, ellos se vieron a sí mismos bajo esta visión y entonces esta percepción de personas enfermas desapareció. Pero no era porque Él tuviese como objetivo sanar o curar a personas enfermas. Tú no tienes que preocuparte de cómo lo ve el otro. Se te pide que te ocupes de tu objetivo y lo demás ya vendrá como corresponda.

CAROLINA: Ese es el milagro, el milagro de la percepción corregida.

MARTA: Yo veo mi propia disciplina reflejada en mi familia y en las personas a mi alrededor.

CAROLINA: "La Paz de Dios es nuestra y solo esta voluntad acepto y deseo". Que la Paz sea con nosotros hoy. Fíjate en este libro de frases de Paz de *Un Curso de Milagros*, que viene desde Israel. Me contaban que allí te piden papeles y controlan tus documentos varias veces al día. Durante el Ibiza Enlight Festival 2015 hicimos una oración por Israel que nos pidieron algunas de las personas participantes, y todos los que estábamos allí —más de cien— oramos por ese Israel que habita en la mente y el corazón de cada uno. Orar en primera persona, "como si" yo fuera ese Israel; como si eso me estuviera pasando a mí. Esa sanación de la visión interior es lo que va a llegar a los rincones de todos los corazones.

CRIS: ¿Por qué mi mente enseguida me dice que luego esta Paz se puede manifestar de muchas maneras? ¿Esto es posible?

CAROLINA: El ego quiere ver la manifestación en la forma, pero la Paz de Dios es siempre una experiencia.

FRIDA: ¿Es una experiencia que se mueve contigo a medida que tú vas haciendo las cosas? Esto me crea un poco de confusión.

CAROLINA: Se hace lo que se tenga que hacer en el mundo, sin perder la Paz. Realmente no permea sobre la forma, sino sobre la experiencia de la forma en el mundo.

FRIDA: Yo, por ejemplo, cuando me picó la medusa y tuve la reacción alérgica, reaccioné de manera muy tranquila y calmada.

CAROLINA: No se trata de que busquemos controlar nuestra humanidad, sino de dejarla atrás para aceptar los regalos Divinos.

EDITH: El Curso lo dice claramente, que el mundo no cambiará, pero sí tu experiencia de él.

CAROLINA: Esa reacción que tuviste es una muestra de un espacio mental disciplinado donde tú elegiste la Paz. Esto ocurre no por haber controlado la circunstancia, sino naturalmente, como resultado de la disciplina.

EDITH: Yo creo que cuando comienzas a practicar esta disciplina, por un tiempo sigue habiendo una esperanza de que esa Paz va a hacer cambiar al mundo y va a ponerlo como a mí me gustaría.

DANI: Yo me rijo mucho por la frase de que todo lo que ocurre es porque así debe ser, y que si veo conflicto, no es más que una oportunidad más para elegir la Paz.

CAROLINA: "Que la Paz sea con nosotros hoy" significa que no tenemos que pensar en el futuro, solo pedir que la Paz esté con nosotros en este instante y no preocuparnos por lo que va a pasar mañana. Es una Paz que no proviene de este mundo; no proviene de tu hermano, sino que es una extensión —proviene de la Fuente, te alcanza, y a través de ti, se extiende hacia todo lo demás— que ocurre de forma natural cuando la aceptas para ti. Es una elección que estamos haciendo una y otra vez, disciplinadamente.

Pudiera decirse: "Que la Paz sea en mí ahora, pero que te incluya", mientras seguimos creyendo en la pluralidad.

Repite en tu mente conmigo ahora por un instante: "No permitas que me distancie de la Paz, porque estaré perdido en los caminos del mundo si hago esto. Permítaseme seguir a aquel que me lleva a mi hogar, donde la Paz es segura y está el Amor de Dios". ¿Quién es aquel al que yo puedo seguir allí? El Espíritu Santo, Jesús.

Cuando entras en la dinámica de ser un seguidor, te conviertes en un rayo de luz dentro de la luz. No hay separación en la luz, pero sí hay una humildad que admite que "necesito seguirte porque por un tiempo me olvidé del camino". Necesitamos que se nos muestre el camino de regreso, aunque en realidad no estamos separados de esa luz y de esa Paz. No hay separación alguna, aunque parezca que sí la hay, pero no es algo que el ego quiera aceptar y entender. Cuando hablas de "el Espíritu Santo y yo" parece que están separados, pero nunca lo están. Ese sitio en donde tú te encuentras unido y siguiendo es abstracto. Es un rayo de luz que se dirige al centro, pero que no se mueve, ya es parte de la luz. Piensa por un instante en un espacio luminoso donde no hay traslado, porque como rayo formas parte de esa luz; parece que hay distancia, pero no la hay. Y así, comienzas a abolir el tiempo y la abolición del traslado en el espacio y de la separación, aunque aún usemos palabras para definir aquello que es abstracto, como Jesús o Espíritu Santo ya no nos definimos por ellas.

Para el ego, la idea de la Amorfía da mucho miedo y por eso buscamos la forma de encajarla con palabras. Solo la mente que está lista para Lo Abstracto está lista para vivir una vida sin rituales, sin estructuras. Todas las religiones y líneas de pensamiento tienen un ritual; como las religiones estructuradas alrededor del mundo, la católica tiene la liturgia de los domingos, el cuerpo de Cristo, la sangre de Cristo (y comen y beben aquello que los simbolizan); los musulmanes tienen su Ramadán o ayuno purificador; los budistas, sus rituales mañaneros con canto, oraciones y postraciones, por ejemplo. Entonces casi siempre se pierde lo espiritual en el ritual. El ritual se convierte en el dedo que apunta a la luna, pero no es la luna. Es muy grato, pero se queda ahí, no es el logro definitivo. El Curso te ofrece el camino y la llegada a Lo Abstracto sin rituales, es por eso que no les sirve a todos como camino. De ahí que *Un Curso de Milagros* sea solo "uno" entre muchos caminos. Este en particular nos pide disciplina y nos libera de los rituales.

CECILIA: ¿Y los ejercicios? ¿No podrían verse como rituales?

CAROLINA: Los ejercicios promueven la disciplina, no el ritual. El ritual cobra tal poder en sí mismo que se pierde el objetivo. El ritual es tan atractivo que se te olvida para qué lo estás haciendo. Cuando no hay ritual, solo puedes elegir y hacer el trabajo disciplinado que se te pide.

Si los ejercicios de El Curso fueran ritualistas, serían todos iguales. El ritual sustituye el próximo paso; no hay próximo paso en el ritual. Se quiere repetición. El ritual siempre implica una forma determinada, que se repite una y otra vez. En los ejercicios no se aprecia ninguna forma, la disciplina no es dependiente de la forma. Si tienes algún ritual, date cuenta de cómo tu mente se abstrae en el momento de realizarlo, dejas de ser consciente, no estás presente, como al conducir un vehículo o lavar los platos, también cuando te lavas los dientes o riegas las plantas. Todos los hábitos cotidianos que puedas hacer repetitivamente, día tras día, son rituales.

CRIS: Pues entonces te puedes perder fácilmente en eso.

CAROLINA: Recuerdo que hemos hablado de romper con las rutinas, como cepillarte los dientes siempre a la misma hora y demás actividades monótonas y ritualistas. Queremos lograr lo que los tibetanos llaman el Vipassana o *mindfulness*. Queremos estar en consciencia plena, convirtiendo el ritual en una disciplina. La rutina te abstrae y la disciplina te centra. Aun así, todo puede ser utilizado correctamente.

Lo más interesante de la Disciplina de la Paz es que tu mente esté ahí, presente, alerta. La mente disciplinada elige la Paz por sobre todas las cosas y es la decisión que estamos tomando ahora. Aquel que nos lleva de la mano es aquel que ya lo logró y nos muestra el camino con su ejemplo.

Vamos a recordar a Aquel que nos guía. Es tiempo de estar en Su Presencia.

2

LA COMUNICACIÓN VERDADERA

*Estamos aquí reunidos, Espíritu Santo,
en nombre de la Comunicación Verdadera,
para invocar Tu Voz y tus respuestas.
Hoy es un día más en el que decidimos
trascender la conflictiva experiencia humana
para acercarnos más a la realidad
de nuestro Ser.
Algunos con más devoción, otros, quizás,
con más reticencia, sin embargo, este instante
es único e irrepetible, y en Tu Presencia cobra
un valor sin igual para cada uno de nosotros,
que estamos aquí para escucharte.
Sabemos y aceptamos que tú hablas a través
de la mente que está quieta, por lo tanto,
recibimos tus respuestas a través de cualquier
hermano que se sienta inspirado a servirte
como instrumento para que La Voz de la
Verdad alcance los oídos humanos.
Nos unimos, pues, en perfecto acompañamiento,
dejando de lado todo temor, todo juicio,
toda aprensión, todo miedo,
para que en este instante tu Voz
y tus respuestas nos acompañen.
Queremos escucharte, pues... ¿qué más alta
meta podría haber para cualquiera que la de
aprender a invocar a Lo Divino
y escuchar la Respuesta?*

43

Tomamos una respiración profunda y descansamos por unos instantes, permitiendo que, poco a poco, la mente que nos habla se vaya quedando en silencio. Y cada vez más despacio, todo acerca de nosotros va más lento. La respiración se hace más lenta y profunda, cualquier movimiento en nuestro asiento va siendo también cada vez más lento y pesado, como la pulsación misma del centro del corazón de Dios. Toda agitación se pierde, el tiempo va más despacio ahora y este es un instante en el que no tenemos nada que perder y en el que no vamos a ninguna parte. Es un tiempo de quietud y de calma destinado a la oración y a la Comunicación Verdadera con nuestro espíritu. No hay nada que temer, pues eres Espíritu. No hay nada que hacer, pues estás aquí descansando en Dios. Permítete experimentarte pesado, lento, relajado, sin tensiones; pues en este estado de quietud la Comunicación se restablece con tu Fuente y Su Voz te habla solo de Paz y quietud. Este es el momento.

Hoy es un día para escuchar la Respuesta;
para sanar algún conflicto humano que
nos aqueje y que estamos listos para dejar ir.
Por ello, aquí, reunidos en el nombre de la Paz,
te damos las gracias. Sentimos Tu Presencia.
Te damos las gracias porque aquellos que han
de reunirse se reunirán;
aquellos que han de conocerse, se encontrarán;
en cada reunión y en cada encuentro
el potencial para la Paz es absoluto.
Te damos las gracias también por eso,
por lo absoluta que es la Paz y Tu Presencia
y nuestra bendición. Gracias,
Espíritu Santo. Amén

Quizás ya te sientes muy calmado y muy tranquilo, la Presencia Divina no se hace esperar cuando la invocas. En el principio del *satsang*[9] la Verdad ha sido invocada y nosotros nos hemos reunido.

En esta quietud y en esta calma que tenemos ahora como regalo de la Presencia Divina, vamos a mirar cada uno dentro de nuestro corazón para descubrir cuál es el tema que hoy "me" interesa trascender. Si hay una pregunta, pues esa es la que voy a usar; quizás es solo la necesidad de aclarar algún concepto o experiencia.

No tengas miedo de darte cuenta de lo bien que se está en un silencio compartido.

Muy dulcemente, cuando estés listo, puedes observar si hay un tema para ti que quieras comentar para el bien de todos. Poco a poco movemos un poco la cabeza, los brazos. Tomamos una respiración profunda. No es necesario salir de tu estado de quietud. Puedes mantenerlo y descubrirte completamente alerta en este instante.

¿Alguien tiene algo para compartir?

TAMARA: El conflicto que tengo y quiero soltar es que cuando estoy buscando una respuesta se abren muchas opciones, y a la hora de decidir me cuesta escuchar cuál es la voz que me está hablando. Me bloqueo mucho; no sé cuál es la decisión y por más que lo suelto y lo entrego, no sé por dónde es realmente que mi maestro interno me quiere guiar. ¿Cómo hago para tomar decisiones en esos momentos?

CAROLINA: Para nuestro beneficio y guía está el Capítulo 30: "Reglas para tomar decisiones", de *Un Curso de Milagros.* El primer error que cometemos como humanos es pretender usar nuestro juicio y el pasado para tomar

---

9 Palabra en sánscrito que significa "reunión con La Verdad"

decisiones, ya que así es como hemos aprendido a hacerlo en este mundo, basándonos en algo que ya pasó y que ya no es, pero que parece determinar la persona que soy en este momento. En lugar de verme tal como soy ahora, prefiero mirar hacia mi pasado y luego, en vista de lo que recuerdo de él, intentar tomar una decisión.

Si estás un poco alerta, te darás cuenta de que nuestro recuerdo del pasado nunca se corresponde exactamente con lo que sucedió, sino que está distorsionado. El recuerdo se distorsiona con el tiempo, el pasado ya pasó y ahora el ego es el que va a dictar lo que recuerdas y cómo. Tomar una decisión basada en el pasado no es fiable nunca.

La otra manera humana de tomar decisiones en el mundo es usando los juicios y las opiniones en base a ese pasado distorsionado, con lo cual, en esa conjunción, el resultado es confusión, inseguridad y un sentimiento de estar indefenso.

Un Curso de Milagros propone como práctica diaria: "Hoy no tomaré ninguna decisión por mi cuenta"[10]. Pareciera que llevar esto a cabo en la práctica es difícil, sin embargo, podemos mirarlo según la disciplina de El Curso y según se nos ha dicho que el Maestro Interno se comunica con nosotros.

Vamos a pensar por un instante que puedo dejar de usar el pasado para pretender saber lo que me conviene. Y te hablo en primera persona, "yo", para que al escucharlo resuene dentro de ti y nos unamos en esta decisión. Toma una respiración profunda y observa si eres capaz de hacer esto que te voy a proponer:

---

[10] UCDM, Cap. 30, I, 2:2

Por un instante, voy a dejar de saber quién soy
según mi pasado, voy a dejar de saber quién es
el otro según mi pasado, voy a dejar
el pasado donde está, pues, obviamente,
no es en este momento.

"Hoy no tomaré ninguna decisión por mi cuenta". ¿Hay alguien aquí que no se vea confrontado por muchas decisiones simultáneas? La vida en este mundo es así; nos pasa a todos. Está ocurriendo todo el tiempo, pero no siempre me doy cuenta de cuándo estoy tomando decisiones. No obstante, con un poco de práctica comienzo a establecer un patrón para tomar decisiones que me ayudará a tomar aquellas que más me convienen. Se me propone adquirir una práctica diaria nada más despertar.

¿Qué pasa si inicio mi día mejor de lo que lo hago ahora? Y me podría yo preguntar: ¿qué hay de malo en como lo hago ahora? Es clara y correcta la pregunta. La respuesta no es tan agradable. No sabes lo que está ocurriendo en el inconsciente, ni con quién estás tomando las decisiones. Tampoco eres consciente de cuál es el propósito que le has dado a tu día.

Hoy te propongo otra manera, en perfecta consonancia con el Curso: "Si adoptas una perspectiva correcta al despertar habrás ganado una gran ventaja"[11]. Es decir, estamos limpiando el camino para poder tomar decisiones que nos convengan a todos.

Se nos dice que observemos cómo es el despertar del día. Muchas personas piensan que el despertar no tiene nada de importancia, pero sí la tiene. Empiezas el día corriendo o malhumorado o tranquilo, orando o comiendo, o con una

---

[11] UCDM, Capítulo 30, I, 1:5

ducha, pero si empiezas tu día mejor, las decisiones que tendrás que tomar a lo largo de él serán más claras.

Empezar el día bien es empezar dejando el control de tu vida en manos del Espíritu Santo, y esto es una decisión. No hay nada físico que puedas hacer que realmente te aporte valor, mas sí hay un interruptor interior que dice "humildad" y que simbólicamente te introduce en una "huelga de brazos caídos" interna, soltando el control sobre las cosas y pidiendo y recibiendo sincero acompañamiento: qué debo hacer, a dónde debo ir, qué debo decir y a quién. "Hoy no tomaré ninguna decisión por mi cuenta".

Es muy importante que, con consciencia, con la intención en el corazón, decidamos emprender la aventura de un nuevo día como un movimiento de humildad. Sabemos y reconocemos que el ego es todo menos humilde, puesto que cree que sabe cómo se hacen las cosas y lo que le conviene. Se basa siempre en el pasado y el miedo al futuro. Entonces, aparece así la confusión, ya que al tomar decisiones con él, no tienes parámetros reales.

Sin embargo, cuando te atreves a no usar el pasado para elegir y no tomas decisiones solo, comienza una jornada de humildad que no conocías, pero que te va a traer una calma y una certeza que es la que deseas, la que a veces tú ves en mí. A mí no me da miedo, porque mi día lo comienzo así.

EDITH: Carolina, pero yo esta mañana he entregado mi día, como dices, y luego he recibido una llamada donde me proponían algo y ahí se me ha movido el miedo.

CAROLINA: Si algo te inspira miedo, es que viene del ego. Piensa: ¿de dónde viene el miedo? Te voy a llevar a la Introducción de *Un Curso de Milagros*, donde se explica muy sencillamente lo que es el miedo. "Lo opuesto al Amor es el miedo, pero aquello que todo lo abarca no puede tener opuestos. [...] Nada real puede ser amenazado. Nada irreal existe"[12].

El miedo nunca es real. Este tipo de vivencias son las que te hacen cambiar la manera de vivir tu vida, pues parece que no está pasando nada, pero está pasando de todo. El miedo es una invitación tóxica que te hace aquello que no quiere que estés en calma.

¿Qué pasa cuando el pánico te asalta? Ya sabemos que el miedo no existe, entonces, ¿en qué estoy pensando? ¿Por qué el miedo parece tan real? Por mi propia vivencia, que es la que tengo para extender hacia ti, en esta circunstancia es cuando la mente con algo de entrenamiento (por no decir completamente entrenada) siente la invitación al miedo, a la fiesta del ego, y dice con perfecta certeza: "Esto no puede ser real, porque solo el Amor es real. Esto que siento es una invitación tóxica que el ego me está haciendo". Puedo no aceptarla.

Para que puedas vivir en calma, es necesario que aprendas la verdadera función de la negación: negar la negación de la verdad. Se nos dice que solo el Amor es Verdad. Si yo siento pánico o miedo eso no puede ser verdad aunque yo lo sienta muy real. Se nos pide aprender a negar la negación de la verdad. Aprender a decirle que no a las invitaciones que el ego nos hace.

Vamos a hacerlo de una manera más práctica. Primero estamos aprendiendo a no tomar ninguna decisión cuando estamos intoxicados por el miedo. Te lo digo por vivencia propia, que en mi vida me ha tocado hacer muchas cosas extremas. Cada vez que en mí ha habido un poquito de miedo, me detengo y observo cómo eso es una sombra tenebrosa sobre mí misma, destinada a que yo ignore la

---

12 UCDM, Introducción, 1:8, 2:2-3

verdad en mí. En esas situaciones jamás he tomado decisiones. El "protocolo" para afrontar el miedo es la oración y la búsqueda de silencio interior a fin de poder alcanzar la Verdadera Guía, la Verdadera Comunicación.

¿Quién puede tomar una decisión que lo favorezca basándose en el miedo?

EDITH: Pero esa propuesta, la de la llamada, no me da Paz. ¿Eso quiere decir, entonces, que no es lo que me conviene?

CAROLINA: Primero tienes que saber que nada externo a ti te va a dar la Paz. Lo que acabas de decir es una manera de hablar que tiene que ver con la forma y con el maestro que estas escuchando: el ego. La Paz proviene solo del interior y la ausencia de ella tiene que ver con un aspecto del ego con el que has hecho un juicio, has tenido una opinión o estás usando el pasado. Pero, como alumno del Amor incondicional, estoy llamado a atreverme a reconocer la demencia que me asesora, para detenerme y dejar de escucharla. Me detengo y espero a que se me pase.

Mi compañero se ha burlado de mí varias veces, pues cuando me asalta alguna duda, yo me quedo en casa, no salgo, me quedo en la cama orando. Es mi forma, porque yo sé que toda duda, todo conflicto es un pensamiento demente, y la manera de descartarlo es con decisión. A veces puedo descartar el miedo con facilidad y otras veces requiere más de mí.

Olvídate de que el miedo te va a traer la Paz o te va a aconsejar correctamente. En este punto de tu aprendizaje, donde estamos y nos unimos a ti, ya no es justificable que pienses que la Paz está fuera de ti. No te distraigas. El mundo no tiene nada para ofrecerte. Tu decisión, la cual siempre estás tomando, es entre la Paz y el conflicto. No tiene nada que ver con las decisiones que aparentemente tienes que tomar en el mundo. No tiene nada que ver con el proyecto de turno o la relación en la que estés hoy.

Vivimos en un mundo que te marea, te distrae con la idea de que tienes que tomar muchas decisiones, para que te olvides de lo que es verdaderamente importante. Entonces, no pasa nada si no tomas decisiones en el mundo. Yo decido estar en Paz una vez y otra vez. Vivimos en una dinámica de rapidez en la que pensamos que hay muchas cosas importantes que hacer en el mundo. Pero date cuenta de que, en realidad, no hay nada importante que hacer en este mundo para estar en Paz. Si puedes aceptar eso, aunque sea en una parte pequeña de tu mente, por allí se colará tu Maestro Interno y te empezará a guiar, porque ya no estarás sirviendo al mundo, sino que lo único que querrás es identificarte lo antes posible con Tu Realidad Eterna y de esta forma, serás La Luz de tu mundo

Interrumpe radicalmente los pensamientos de miedo. Interrumpe a esa mente demente. Anthony Robbins, a quien conocí antes de a *Un Curso de Milagros*, es un hombre que puede calmar a una audiencia completa con su sugestión. Una cosa que se me quedó grabada de él fue esta idea, la de interrumpir los procesos mentales, quitarle todo el valor a lo que el ego te está proponiendo en ese momento. En realidad no sabes lo que más te conviene. ¿Qué pasa entonces si puedes entrar en un estado de calma, con sinceridad y humildad? Estamos llamados a admitir profundamente: "No sé lo que me conviene", y a continuación observar si estás receptiva a recibir La Respuesta.

EDITH: Sí, pero llega la respuesta y siento el miedo.

CAROLINA: Luego esa no es la respuesta. Ese es tu "termómetro". Hay que aprender a reconocerlo: si tienes miedo, estás agitado y no sabes qué hacer, es porque estás escuchando al maestro equivocado. Para que esta actividad deje de manifestarse, hay que hacer algo que al ego no le agrada, que es detenerse y no hacer nada. El ego quiere darte soluciones y decirte qué hacer ante las circunstancias. Pero tú tienes que desactivar esa necesidad inmediata de "hacer", de "solucionar" desde el miedo. Si tienes que tomar una decisión en un plazo determinado, te detienes y escuchas, y si es para ti esa propuesta, te vendrá la respuesta.

¿Qué vale más, el plazo o tu paz mental? Aquí es donde empezamos a estar en un nivel donde nos preguntamos cuál es nuestra prioridad, dónde he puesto el valor de algo. El ego siempre quiere que estés haciendo, que estés ocupado con algo que no es tu Paz. En mi caso, mis prioridades cambiaron. La invitación que te hago siempre es a que las tuyas cambien también.

El Curso nos dice: "Hoy no tomaré ninguna decisión por mi cuenta. [...] El mayor problema que tienes ahora es que todavía decides primero lo que vas hacer, y luego decides preguntar qué es lo que debes hacer"[13].

Tu costumbre dicta que, primero, automáticamente decides lo que vas a hacer y luego pides la confirmación. Date cuenta de cómo, en tu vida, ya decidiste. En preguntar *antes,* para después escuchar la respuesta y dejarte guiar es donde está el botón de la humildad; es aceptar que no sabes lo que más te conviene, ni lo que tienes que hacer. Se nos invita a pensar: "No sé nada", y desde allí, dirigirnos hacia el maestro.

Empiezas tu día con la sincera apertura mental que se requiere para preguntar con honestidad: "¿Qué debo hacer, a dónde debo ir, qué debo decir y a quién?". Soltamos las

---

[13] UCDM, Capítulo 30, I, 2:2, 3:1

ideas que tenemos acerca del control sobre nuestras vidas y le entregamos nuestro día a la Sabiduría Interior, con esas preguntas. Aquí estás haciendo las preguntas correctas para que el Maestro te dé La Respuesta, y tu día pueda ser usado para el propósito de la Paz.

El problema que tienes es que todavía decides primero lo que vas a hacer y después preguntas. Lo que se nos pide para recibir La Respuesta es una inversión de órdenes, tenemos que detenernos. Para las personas que tienen rutinas, yo puedo resultar un poco extraña, porque yo no tengo rutinas, nunca hago nada igual. Me despierto para orar y me dejo guiar. Así empiezo mi día. Haciendo lo que me voy sintiendo guiada a hacer; las respuestas van llegando; no porque yo decida obtener la guía o sepa lo que tengo que hacer, sino porque me dejo guiar sin siquiera dudar de que soy guiada, y las respuestas empiezan a llegar. Lo que ocurre es que al ego le da miedo este tipo de conducta y por ello necesitamos fortalecer nuestro "músculo espiritual".

El ego, aunque no sabe lo que le conviene, quiere estar en control y "saber" lo que le conviene. De ahí que tengamos que fortalecer nuestro aspecto interior, ese con el que tomamos decisiones con el Espíritu Santo, para acallar la voz que asocia escucharlo a Él con el peligro.

Si no tomo ninguna decisión por mi cuenta, tendré un gran día. Este es el tipo de día que se nos aconseja. Imagínate un día que venga de tu Maestro y que no sea un gran día. ¡Es imposible! Es imposible que si tú decides vivir tu día con tu Maestro, no sea maravilloso. En tu día solo estará Su Amor y cada momento de ese día va a estar guiado de su mano con la única función de que tú seas feliz.

Para que eso ocurra, la humildad tiene que estar al máximo. Aunque la humildad aún sea la característica más alta del ego espiritual, al formar parte del dualismo dado que sostiene la contraparte que es "la arrogancia", la usaremos correctamente y llegará un día en que ya no hará falta la humildad. Vamos caminando aún dentro del pensamiento del ego, usándolo para un bien mayor; no viviendo en él creyendo que ya no tienes ego y que ya estás "iluminado".

La iluminación no es un cambio, es un reconocimiento que alcanzamos de la mano del Maestro Interno. Para el ego espiritual sí lo es, y le encanta este concepto para sentirse especial y separado. No obstante, poco a poco, el Amor y nuestra Verdadera Comunicación con el Maestro se habrán fortalecido tanto, que ya casi ni escucharemos la voz del ego.

CRIS: A mí tener que tomar decisiones me genera mucha angustia.

CAROLINA: Recuerda nuevamente la clase de día que te gustaría tener, después entrégalo al Espíritu Santo y ese será el día que tendrás. Y cuando te digo esto, te pido que no pienses en las cosas del mundo. Piensa en aquello que es verdad. ¿Qué es verdad? Reconocer lo que "es verdad" es otro cambio de mentalidad.

A veces piensas: "Yo quiero tener un día exitoso en el que todos me obedezcan y me gane la lotería". Estas son todas cosas falsas que al ego le encanta ofrecerte. El Maestro no tiene injerencia en ellas porque son una cortina de humo entre Él y tú. Si admito con humildad, si decido que quiero un día de Amor Incondicional, ese es el día que tendré, porque eso sí es Real. No puedo tener lo que siempre es una ilusión. Yo puedo elegir la verdad, la Paz, la claridad. Estos atributos sí se te pueden conceder. Pero si al contrario, me equivoco y pido lo que nunca podré tener realmente —como las cosas de las formas—, entonces la sensación siempre será de pérdida, escasez y miedo. De ahí que se nos invite a aceptar que nos conviene elegir primero a Dios y después a lo demás.

Sin embargo, es una tarea difícil al principio, porque no es un comportamiento común del humano. Tú ya tienes una consciencia Divina y clara de tu Ser más abstracto, solo que aún estás limpiando y soltando aspectos que te perturban. "Necesitas ahora un rápido reconstituyente antes de que vuelvas a preguntar"[14].

Recuerda la clase de día que deseas tener. Te doy un ejemplo: un día sentí un dolor físico muy agudo, me asusté y pensé que iba a morir. Yo empiezo mi día decidiendo qué día quiero tener, pero el dolor estaba ahí. Se lo comenté a mis hijos y fuimos a Urgencias, al hospital. Durante todo ese tránsito, había un dolor y había perfecta calma, una experiencia interesante. En el hospital me dicen que tengo un cálculo en un riñón y me ponen algo para el dolor. Yo recuerdo que el dolor se me fue pasando, pero yo me sentía igual. Me sentía igual con el dolor y sin el dolor. Tomé consciencia de que se me había concedido lo que había pedido. Yo no pedí que se me fuera el dolor.

El ser humano pide que desaparezca el dolor porque cree que cuando esto suceda, aparecerá la calma, pero debemos aprender a pedir lo que verdaderamente queremos. Esta experiencia tú la puedes tener. El místico se mantiene en su santo lugar, que es la calma y desde esa calma que no proviene de nada en este mundo, es verdaderamente útil para sí mismo y para los demás en cualquier momento de angustia o dolor.

Si yo pierdo la calma, es porque así lo decidí, porque tuve algún pensamiento vinculado al pasado o algún pensa-

---

14 UCDM, Capítulo 31, I, 5:5

miento de escasez y miedo. En un momento de alarma, sabes que la toxicidad que aparece proviene del ego, porque el Maestro Interno no puede darte algo que te genere dolor. Si entregas la circunstancia, esta siempre se puede utilizar para un bien mayor, para la sanación de tu mente.

Cuando comienzas a practicar esta manera de proceder internamente, empieza a presentarse el resultado de tu práctica, de tu oración y empiezas a tener tus puntos de referencia, que te recordarán que estás acompañado en tu experiencia humana y que tu estado de Paz es inamovible en tu mente: la quietud y la calma siempre están. Cuando las pierdes —por decisión propia— te distraes. Eres tú el que se sale de tu estado natural de calma. Eres tú el que decide darle atención a las invitaciones del ego a estar en conflicto "justificado", no es que tu circunstancia "te saque o te quite" tu Paz.

Recuerda nuevamente la clase de día que quieres tener. Imagínate que te llamo y te hago esta invitación: "Decide qué clase de día quieres tener". Notas enseguida que se agita tu respiración y aparece el nerviosismo. Te das cuenta de que al ego le está dando un ataque de pánico, puesto que él no quiere que tomes decisiones en favor de la paz. Para fortalecerte, regresas a la pregunta: "¿Qué clase de día quería tener hoy?". Y quizás te respondas a ti mismo: "Yo querría un día de claridad donde tomar las decisiones contigo, Espíritu Santo. Tomar mis decisiones contigo implica que seas Tú quien me guía". Esta conversación interior pone muy nervioso al ego.

Hay un umbral entre el modo en el que nos comportamos como especie humana y luego el pequeño esfuerzo que tenemos que hacer para cambiar el rumbo y dirigirlo hacia esta experiencia abstracta de lo Divino. Aún por un tiempo, hay un imán que te sigue atrayendo hacia lo que decidiste como especie humana, pero también tienes el llamado del Amor, el llamado a Lo Divino.

Yo siento muy integrado en mí el misticismo; es una elección constante del Espíritu Santo como guía y la ausencia de la necesidad de querer tomar decisiones por mi cuenta. También escucho el llamado de la "adicción" a lo humano, que me invita al conflicto. No obstante, siento la fortaleza de la disciplina interior que me permite elegir de nuevo. Se trata de conocerme, escucharme y entregarme a la guía del maestro que conviene, en favor de un bien mayor.

Le das tanto valor a los resultados dentro del mundo, que pierdes tu calma una y otra vez. Pero, ¿y si introduces en tus pensamientos ideas que te apoyen? Por ejemplo: "Tal vez hay otra manera de ver esto. ¿Qué puedo perder con preguntar?"[15]. El hecho de preguntar ya es un acto de humildad.

"Tu día no transcurre al azar, la clase de día que tienes lo determina aquello con lo que elijes vivirlo"[16]. Fíjate que la especie humana vive pensando que gracias a "esto o aquello" cada quien está en paz o se siente culpable. Sin embargo, se nos dice, que no hay un día que ocurra al azar. Tu día ocurre exactamente como tú decidiste que ocurriera, y no me refiero a los hechos o actividades, me refiero a cómo lo vives tú.

CRIS: Pero no nos damos cuenta de lo que decidimos. Un maestro en el Ibiza Enlight Festival, explicando el Capítulo 30 de *Un Curso de Milagros* de cómo tomar decisiones, explicó claramente todo esto. Decía que muchas veces elegimos tener un día triste sin darnos cuenta. El otro día

---

15 UCDM, Capítulo 30, I, 12:3-4

16 UCDM, Capítulo 30, I, 15:1-2

tomé consciencia acerca de una publicación en Facebook y pude ver claramente cómo, al verla, decidí molestarme, y no pude evitarlo. Ese deseo de molestarme era muy fuerte en ese momento, pero pude darme cuenta de cómo estaba decidiendo sentirme así. Generalmente no nos damos cuenta. Pero es que lo decidimos, y es muy rápido.

CAROLINA: Por eso tan importante —y se nos repite— que empecemos el día bien, acompañados de nuestro maestro, que esté en nuestra consciencia, para recordarnos nuestra decisión en cada momento. "Tu día no transcurre al azar, la clase de día que tienes lo determina aquello con lo que elijes vivirlo". Entonces, ¿con quién voy a vivir este día, con el ego o con el Espíritu?

REBECCA: Se trata entonces de elegirlo por la mañana, pero se te dice que también es necesario recordarlo todo el tiempo, por lo rápido que lo olvidamos. Estamos completamente enfocados y de repente nos olvidamos. Por eso lo ejercicios nos entrenan, para acordarnos en cada instante de decidir de nuevo.

CAROLINA: Gracias. ¿Alguien más?

FRIDA: Para mí el tema es la relación romántica de pareja. En mi caso me doy cuenta mirando hacia atrás. ¿Cómo puede ser que la persona con la que estoy, que es supuestamente con la que he elegido estar y es a quien amo, sea la que más odio me causa? Lo odio a veces, hasta el punto de querer matarlo. Ya sé que es lo típico, el amor-odio en la relación mundana. Pero es que ya es exagerado. Por otro lado, según avanza mi edad, me gustaría tener hijos y veo a las parejas que avanzan, que se quieren y se tratan bien y les veo los hijos y yo me pregunto: "¿Cómo voy a tener hijos si todo el rato estoy odiando a mi pareja?". No siempre, pero lo observo con honestidad y no me gusta esto en mí.

CAROLINA: La pregunta oculta quizás sea esta: "¿Cómo puedo estar con la persona que amo sin odiarla o cómo puedo trascender el odio, o cómo puedo elegir a una persona que no me cause odio?". Toda relación de amor especial que establezco en este mundo se convierte en un sustituto de mi relación con Dios. La rabia aparece porque "el otro" parece ser culpable de que yo no esté con Dios.

Siéntelo ahí por un momento. ¿Eso qué significa, que no puedo tener pareja? No. Simplemente significa que mis prioridades cambian por un momento. Si yo quiero sentir verdadero Amor Incondicional, perfección e inocencia, ¿hacia dónde tengo que dirigir mi atención y mi devoción? Me tengo que dirigir hacia donde esas características están. Cuando mi atención y mi devoción se han dirigido hacia allí, todo lo demás cae en su sitio.

¿Qué ocurre cuando pretendo que el otro sea mi fuente de Amor, protección, familia, acompañamiento? El conflicto humano es la respuesta, y la separación, porque aquello que ya tengo lo estoy buscando afuera de mí para que me complete. Esto es lo que hemos adquirido siempre en el mundo, pero cuando tomo consciencia de mis "necesidades humanas" y me dirijo a mi Fuente, esas necesidades quedan completamente diluidas para que la plenitud y la calma me inunden.

Y te lo digo como un testimonio de mi propia experiencia. Desde esa convicción, yo miro a mi aparente pareja y veo en él un reflejo de lo que acepté de mi Fuente, pues él forma parte del todo. Pero cuando yo le exijo a él —como si fuese un ente separado— que me alimente de aquello que solo mi Fuente me puede dar, me dará rabia y generará conflicto, pues ese "ser separado" no tiene nada que darme realmente.

Sin embargo, cuando me dirijo a la Fuente de lo Divino con la honestidad de darme cuenta de que aún deseo el "amor romántico", parir hijos, tener buen sexo y todo lo pertinente a la humanidad; permito que Lo Divino me llene, y esta es la parte más sutil del proceso. Cuando te permites ser llenada, esa persona deja de tener el interés que tenía antes para ti. La adrenalina que antes tenía para ti, para bien o para mal, ya no la genera en ti, y ahora puedes encontrarte con "él/ella" desde un espacio diferente, más cercano, sin volcar sobre esa persona tus necesidades.

También el deseo de estar en conflicto se presenta una y otra vez. Pregúntate: "¿Cómo sé yo que no he buscado primero el Reino de los Cielos?". La respuesta es simple. Porque estoy en conflicto. ¿Qué pasa cuando levanto la mirada y veo imperfección en mi pareja, porque no me da lo que yo pido o necesito?

Es que estoy buscándolo en el lugar equivocado. *Un Curso de Milagros* dice: "Busca primero el Reino de los Cielos"[17]. Esto es. Entonces, si estás en conflicto, es que no has visto en el otro el reflejo de los Cielos. Si estoy viendo otra cosa que no sea Perfecta Paz y las características de Lo Divino, estoy escuchando el asesoramiento equivocado que me dice que el Reino de los Cielos no está aquí y que lo que hay son cuerpos separados y cada uno tiene una historia personal diferente.

Estamos abandonando esta forma de pensar. En mi caso personal empecé una relación de pareja llena de continuo conflicto, y ambos decidimos ir a la Fuente y no cambiar de pareja, porque ambos sabíamos que nuestro conflicto nos

---

[17] UCDM, Capítulo 7, III, IV, 7:1

acompañaría a donde fuésemos, así que decidimos sanarlo en ese momento. El gran descubrimiento ha sido que en la medida en que cada uno va a Dios, a la misma Fuente, pero cada uno con su necesidad de abastecimiento —porque es eso lo que sentimos: una gran necesidad de que el otro te llene—, hay un sitio donde nos acercamos más que antes; en la Fuente, en Lo Divino, en Dios. Es una práctica continua. ¿Por qué se presenta y se repite un conflicto? Quizá porque ahora tú estás lista para darte cuenta de que ese conflicto está en tu mente. Lista para ser lo suficientemente humilde y honesta contigo misma y también lista para dejar de culpar al otro y a ti misma, también para que la corrección llegue primero a ti.

Tenemos que darnos cuenta del error que comete el "místico con poco entrenamiento", que se comunica con Lo Divino en estos términos, dice: "Espíritu Santo, corrígelo a él", cuando en verdad necesita pedir un milagro para sí mismo.

FRIDA: Yo veo inmediatamente mi tentación de salir huyendo y mi necesidad de tener una relación "normal".

CAROLINA: Te voy a decir algo. Te entiendo perfectamente, pero eso de "normal" nunca más ocurrirá para ti. Ya tú sabes cómo es lo verdadero y sabes también que el que desea esa aparente normalidad es también el que recuerda y anhela el pasado. Ahora nos dirigimos hacia la Relación Santa, donde primero elegimos el Reino de los Cielos para que se muestre en todas nuestras relaciones como el reflejo de Dios aquí. Pero ya no es posible este tipo de relación normal cuando sabes que no va por ahí.

Y te voy a preguntar. ¿Para que deseas la pareja romántica? ¿Para qué la vas a usar? Quizás aún piensas que te va a hacer feliz. Ahí está el origen del aparente problema. El cambio de mentalidad —hacia una mucho más amorosa en verdad— es que por un instante dejes de recargar a la pareja viéndolo como el camino a la felicidad y decidas en favor de la felicidad por tu cuenta y con el Espíritu Santo, tomando el camino directo, que es en tu mente, en tu interior y hacia la Fuente. En este tránsito de entrenamiento mental se requiere que lidiemos con "esa parte" de nosotros que por un tiempo aún nos dirá que no lo hagamos así. Esa parte se llama ego y siempre te invita al pasado, a la nostalgia, y a todo lo que implica separación y distancia. Así lo puedes descubrir e identificar claramente.

¿Qué te impide en este instante decidir en favor del Reino de los Cielos, es decir, en favor de la Verdadera Comunicación? Realmente nada. Este es el instante que tienes. Este año tendremos una boda en el Ibiza Enlight Festival y la hemos extendido a todos los que estaremos allí. La idea de la boda es que logremos trascender la idea de la relación solo entre dos. Mi propuesta es que nos casemos todos con el Amor Incondicional, como una práctica transformadora, porque cuando me quiero casar "solo contigo", me alejo de ti porque te deseo solo en exclusivo, y ahí Lo Divino queda en el olvido. Me quiero casar con el Amor Incondicional para estar más cerca de ti verdaderamente. Cuando te quiero solo para mí, solo quiero al ego que representa ese cuerpo y me separo y me alejo del Amor Incondicional, que en realidad es lo que me mueve a la unión.

Si hacemos una boda y nos dirigimos directamente al Amor Incondicional para comprometernos con Él hasta el final de los tiempos, la cercanía con el otro es mayor. Una imagen que me viene siempre con este tema desde hace mucho tiempo es la siguiente: hay una danza que es un palo desde el que salen muchas cintas de colores. Mientras empieza la danza todo el mundo está separado con sus lazos de colores, pero al tirar del palo las cintas se acercan como si regresaran a su fuente, no se acercan entre ellos, pero al acercarse hacia el centro entonces si terminan más cerca unos de los otros. Se acercan a medida que se mueven hacia el centro, hacia la Fuente.

El ego te dirá que puedes tener una relación tan bonita con él, pero tú elegiste no tenerla porque estudias *Un Curso de Milagros* y quieres más. Yo quiero sentir ese Amor con cada uno, sin distinción. El ego no sabe lo que es el Amor Incondicional, solo tiene la capacidad del amor exclusivo. Por eso, por un tiempo, este amor exclusivo resulta tan atractivo. No obstante, a medida que aceptamos la Comunicación Verdadera, lo exclusivo deja de ser interesante, y aquello que es igual en todos se convierte en nuestra motivación.

Nos estamos dirigiendo hacia Lo Incondicional, que no excluye a tu poderoso acompañante, con quien seguirás este camino. Por el contrario, lo incluyes, pero también incluyes a todos los demás. Es el final de "lo exclusivo", y no hablo de lo físico.

La conclusión es que la lucha es interna y es entre el ego y tú, entre los falsos regalos que te hace el ego —cuyo tesoro más grande es la relación especial— y la Paz de Dios. Quizá por ello los temas de la relación especial los vamos aceptando a medida que nos vamos haciendo mayores, cuando ya hemos vivido relaciones especiales y sabemos que la Paz no se encuentra en ellas.

Tú, que aún deseas el sueño que incluye la familia convencional, aún puedes tenerla, pero de otra manera. Puedes tener la familia con tu Padre Verdadero y en Él incluyes a todos. Y si te corresponde tener hijos, que sea con el único propósito de recordar al Amor Incondicional, que ese propósito no sea saciar la necesidad de ser madre/

padre. Aquí es donde la gente abandona El Curso, pues no quiere "soltar" sus necesidades por miedo a que no se cumplan sus "ilusiones". Y tienen razón, pues lo que la Verdadera Comunicación ofrece no es una ilusión, mas sí la liberación de ella.

Vivimos tiempos que nos llaman a centrarnos y tomar decisiones que nos beneficien a todos, y en estas decisiones pareciera que vivimos una lucha interior. Aparece el odio, el miedo, pero para la mente disciplinada es fácil detenerse e interrumpir ese pensamiento. Lo interrumpes como sea, radicalmente. En mis más intensos momentos de conflicto con mi pareja me funcionaba irme a mi habitación a orar, despojada de ropa y de rodillas, como una manera simbólica de decirle a Lo Divino que no iba a esconder nada. Quería aceptar con honestidad que estaba iracunda y a la vez invitar al Espíritu Santo a que obrara su corrección en mí, pues no quería tener la razón.

La clave para el cambio es que decidas, humilde y honestamente, no tener la razón. Pero hay que interrumpir el orden de los pensamientos. Si hay conflicto, hay que interrumpirlo, aunque sea grotescamente. Decirle al ego: "¡No te voy a prestar atención!", es muy desagradable para ti y para la humanidad entera, pero hay que lograrlo.

Cuando hablo de interrumpir el orden de pensamientos no me refiero a dejar de mirarlos para entregarlos a tu maestro, sino que los interrumpas para dejar de lanzar tu conflicto sobre el otro. Es decir: "Un momento: no hay culpables aquí, estos pensamientos son míos, voy a sanar ahora. Perdón, no voy a seguir aquí, porque me parece que eres tú el culpable, pero no. Soy yo el responsable". La dinámica del ego es culpar al otro. Interrumpir es reconocer que lo que veo es mi propio pensamiento conflictivo. Detenerse es no caer en la dinámica del ego —que siempre señala con el dedo acusador—, sino ir a la Fuente (en tu mente) y pedir corrección de tu visión.

La fórmula sería entonces: primero, interrumpir y mirar internamente al pensamiento conflictivo. Mirarlo solo para poderlo soltar en verdad. Aún puede que quieras seguir teniendo la razón y no estés lista para soltarlo de verdad, porque todavía hay mucho de este mundo que te interesa. Con esta práctica, habrá circunstancias que cambiarán completamente, conductas que desaparecerán. Se irá la adrenalina de lo romántico, el amor especial. Se irán cosas que te gustaban para vivenciar un estado más neutral.

Es imposible que el ego te hubiese ofrecido un sistema de pensamiento donde todo era desechable. El ego te ata con lo que te gusta de su mundo. Es con esto con lo que te mantiene esclavizado; y si te quieres quedar con eso que te gusta, también te quedarás con lo que no te gusta. No puedes desechar una moneda y quedarte con uno de sus lados. Hay que desechar la moneda completa, con sus dos caras.

Lo interesante es que no tienes que esperar a estar en la presencia de otro para ponerte a practicar. Puedes hacerlo ya y aprovechar cada instante, porque absolutamente todo está en tu mente.

Cuando ocurre una metamorfosis del otro ante tus ojos, es un resultado de la transformación de tu mente tras la oración y la entrega al Espíritu Santo.

La oración siempre se enfoca en una idea que de alguna manera dice: "No quiero tener la razón", y es honesta. Por ejemplo, un día cualquiera fui a cortarme el cabello y allí estaba otra señora de mi misma edad. Yo veía a una señora sencilla, de campo, gordita y de su casa, y al lado estaba yo. Sentí que algo no estaba bien, por supuesto. Mientras me arreglaban el cabello, estuve orando, abandonando la comparación y entregando lo que veía. En ese momento, el

Maestro Interno me mostró un deseo muy oculto de tener la razón. "Yo soy más guapa, yo estoy mejor conservada para mi edad". Pude ver estas ideas con claridad y como no estaba muy apegada a ellas —gracias a Dios— las puede soltar ahí, en ese mismo instante, entre tijeras y tinte.

Entonces, en ese momento, la honestidad me alcanzó y pude darme cuenta de que quería tener la razón y perpetuar la separación confirmando que ella era ella, y yo era yo; y yo era mejor que ella. Eso no puede ser. La honestidad no es decir: "No quiero tener la razón", sino mirar la parte de ti que quiere tenerla, y ver si te atreves a sobrepasar ese deseo para darle entrada al Espíritu en favor de un bien mayor. No son las palabras que usas para orar, sino tu atrevimiento de mirar dentro de ti sin pudor. Pregúntate: "¿Para qué me ocurre esto, qué está pasando en mí? ¿Para qué lo sostengo, cuál es mi propósito? ¿Sufrir? ¿Ser más buena e inocente? ¿Ser la mejor de las dos?".

Empezamos a darnos cuenta de que si tenemos la razón en el conflicto, perdemos. Perdemos la paz, es decir, el Cielo. En el Cielo nadie tiene la razón, allí todo es igual para todos.

¿Quieres tener la razón o ser feliz? Cuando no tengo la razón descubro el Cielo mismo, que no tiene opuestos y en donde habita la Creación Perfecta. Esta pregunta se la puedes aplicar a todo en tu vida. Es llevarla a cada aspecto de tu vida, en cada momento. ¿Cuántas veces al día dejar de tener la razón implica perder? Siempre pierdes. El ego es el maestro de la pérdida, el de la escasez. El ego quiere saber que ganaste. Pero siempre que ganas, alguien pierde, y cuando alguien pierde, tú has perdido también. Cuando te das cuenta de esto empiezas a estar dispuesto a no tener la razón para ser feliz. Este debe ser un movimiento honesto para que el Maestro Interno actúe y te brinde una experiencia que no es de este mundo.

66

Todo a su tiempo, hasta que tú decidas. Si no está ocurriendo completamente para ti ahora la felicidad como vivencia, la paz como experiencia, es porque aún no estás completamente libre del deseo de ganar y aún necesitas un poco más de "deshacimiento/expiación", aún falta un poco más de purificación. Todo el mundo tiene derecho a los milagros, pero antes se requiere un periodo de purificación. Nosotros ya estamos en esa consciencia de mirar con humildad, y nos rendimos con facilidad. Es importante liberar los conceptos y clichés que separan a los géneros (hombre, mujer), para lograr hallar el Amor Incondicional. Acepto cada día que yo pueda sentir lo mismo por una persona que por otra y otra, y que no esté condicionada a la cercanía sexual.

Hay varios peldaños que pasar a través de la pareja romántica hacia el Amor Incondicional, ese Amor que no tiene tiempo, aquel que no va y viene. Este se queda y se instala; es el que todo lo perdona y recibe. Es el que reconoce a una criatura Divina allí donde ella está en lugar de desear querer ver a una separada que me ofrecía un poco de romanticismo y seducción.

Eso es lo que hacemos, todos, la humanidad entera, hasta que ya no.

3

LO INCONDICIONAL

No hay manera rápida de llegar
al momento presente, cuanto más lento voy,
más presente estoy.
Observo, Luz Divina, cómo me voy sintiendo
a medida que estoy presente en Ti,
más pesado, relajado, flácido, aquietado.
Jesús, te escuché y sé que quieres
que estemos aquí, tranquilos, alegres,
dulcemente inspirados por este encuentro.
No hay momento más maravilloso que este,
ni lugar más santo, pues es aquí donde Tú estás
y donde Tú estás, el Amor está.
En Tu Santa y Perfecta Presencia
descansamos hoy.
En Tu eterna quietud nos rendimos ahora.
Receptivamente, hoy abandonamos la idea
de que sabemos lo que nos conviene.
Caemos espiritualmente arrodillados y
con la cabeza rendida ante la infinita
abundancia de Tu Amor Incondicional.
Venimos a ti, Padre, Jesús, Espíritu Santo,
rendidos ante aquello que nos ofreces
como incondicional.
Traemos ante ti nuestras dudas e inquietudes
para ser sanados hoy en Tu Presencia.

Sabemos que cuando dos invocan tu nombre,
Tú estás presente, pues estos dos se unen
para recordar a aquel que es Uno contigo.
Este es el día donde cada aspecto de la
creación está representado en este encuentro,
simple y solamente para aceptar la eterna
realidad de aquello que es
Abstracto e Incondicional.
Que podamos hoy rendirnos a esta enseñanza,
que podamos hoy aceptar la verdad infinita,
que podamos hoy decirle sí a la verdad eterna.
Ese es nuestro deseo; ese, nuestro compromiso.
Te damos las gracias por habernos reunido hoy aquí,
pues todo aquel que se ha de conocer
se conocerá; todo aquel
que se ha de encontrar, se encontrará.
Damos fe de ello hoy aquí
y damos gracias también.
Amén.

Ahora es el tiempo de "Lo Incondicional". Pensemos por un momento lo que significa para mí, para ti, Lo Incondicional.

La primera frase de la canción *Como río en primavera*, de Marcela Gándara, dice:

Callada está mi mente para conocerte.
Tranquila está mi alma para escucharte hablar.
No puedo interrumpir con mis palabras el fluir de Tu Voz

¿Qué es Lo Incondicional para ti? Incondicional significa: libre de condiciones, restricciones o limitaciones. En este mundo, ¿qué hay que responda a esas características y a esa definición? Nada.

Lo Incondicional no es de este mundo. La condición humana está condicionada —valga la redundancia— por los aspectos físicos principalmente, por los pensamientos y las creencias. ¿Cómo escucharé la verdad en mí, si lo que escucho está matizado por todas mis condiciones?

CRIS: Con la mente callada.

CAROLINA: ¿Cómo hago para escuchar Lo Incondicional con mis condiciones? Tú puedes creer que tienes la mente abierta y que estás receptivo a escucharlo. Quizás te das cuenta de que te gustan las voces dulces o las voces masculinas o quizás prefieres los lugares pintados de blanco y no los de rojo, o prefieres el campo a la ciudad. No hay nada de malo en eso, pero has de reconocer que son condiciones: las tuyas.

Cuando aceptamos nuestras condiciones como auténticas y justificadas, la comunicación con Lo Incondicional se pierde. ¿Con quién me he estado comunicando yo? Probablemente con tu ego espiritual, que también tiene sus condiciones y te dice que debes vestir de blanco, no decir palabrotas, llevar el pelo largo si eres mujer y corto si eres hombre, y en fin, una larga lista de condiciones. Las de cada uno.

Aquello que es Incondicional no tiene pros ni contras: no está limitado. Esta mañana me decía una amiga con la que hice un trabajo de profundización durante un par de horas: "Pero es que a mí me enseñaron que uno se tiene que casar en igualdad de condiciones para evitar conflicto. La pareja de uno debe ser del mismo estatus social, del mismo país y raza para evitar el conflicto", dijo ella. Yo la interrumpí: "Así limitas las comunicación".

¿Te das cuenta de cómo condiciones tales como "el qué", "el quién" y "el cuándo" te limitan cuando deseas comunicarte en Lo Incondicional? Yo te voy haciendo preguntas porque yo me las voy haciendo a mí misma y escucho cómo caen dentro de mí. ¿Alguna vez has establecido comunicación sin condiciones, sin desear nada a cambio, sin juzgar, sin limitar? Lo Incondicional no es de este mundo, ya que aquí —en este mundo— nos movemos como especies, evitando la comunicación al creernos de diferente especie.

DANI: Pensaba en mi perrita y en que nos amamos el uno al otro siendo yo humano y ella animal ¿Puedes establecer una comunicación absoluta desde estas condiciones?

CAROLINA: No se puede. Son especies diferentes. Se aman pero no están llamadas a encontrarse y a comunicarse, en el sentido más mundanamente tradicional. Sí a amarse, mas se ha de trascender esa limitación.

Entonces, ¿por qué hay instantes en que sentimos un Amor que no es de este mundo por seres que no son de nuestra especie? Porque estamos llamados por Lo Incondicional y en ese llamado no hay condiciones ni especies, sino que se manifiesta. Lo Incondicional como uno de los tantos nombres de Dios.

Solo cuando estás dispuesto y receptivo a dejar de lado las condiciones y limitaciones, puede Lo Incondicional alcanzarte en este mundo de ensueño. Este tema de hoy surge de un sueño que tuve. Este es el sueño:

> Soñé que yo era un delfín que iba nadando felizmente por el mar abierto y a mi lado nadaba un tiburón que era mucho más pesado y voluminoso que yo. Ambos nos amábamos profundamente, nos admirábamos: él admiraba mi belleza y ligereza de movimientos; yo, su fortaleza y autoridad. Cada vez que el tiburón se trataba de acercar —en su deseo de hacer

"físico" su amor por mí—, me hería con sus dientes. Al yo sangrar, a él se le disparaban "sus condiciones" y su naturaleza era atacar y alimentarse. Cada vez que esto ocurría, el tiburón y yo orábamos —cada uno por su parte— entregándole la situación al Espíritu Santo y pidiéndole que nuestro acercamiento pudiera ser posible. Seguíamos nadando, pero nuestro encuentro como lo deseábamos no era posible, porque éramos dos especies diferentes. Por instantes sufrimos, porque lo que deseábamos no podría ser. No obstante, era tal la profundidad de nuestras oraciones, que hubo un instante en que yo deje de ser delfín y el tiburón dejó der ser tiburón y nos dejamos ir y fluir en algo que era Incondicional e Ilimitado. Esa vivencia no era de este mundo. Luego regresamos, cada uno a nuestras formas, y seguimos cada uno nuestros caminos —aparentemente separados— pero cada quien ya muy tranquilo. Supimos que en el sueño no estábamos llamados a estar unidos, pero que en la realidad ya lo estábamos. Esto era Lo Incondicional. Conocerlo brindaba mucha paz.

Este sueño me marcó. ¿Cómo lo ves tú? ¿Qué crees que me decía?

CRIS: Es muy bonito porque el delfín es mi animal preferido. Lo que veo es lo limitante de nuestros conceptos: la forma física, la dualidad que no nos permite Lo Incondicional. Pero también creo que te pasó eso en el sueño por algo. De alguna manera tenemos que vivir este sueño para darnos cuenta del encuentro sublime de dos seres; que hay algo más allá del sueño que ese encuentro entre dos seres en un solo ser, pero nunca en lo físico.

CAROLINA: ¿Cuántas veces —y usemos esa imagen— muchos de nosotros oramos pidiendo que ese tiburón se convierta en un delfín? No se puede convivir según la forma. El ego te dice que es imposible amar incondicionalmente, porque este es un mundo de condiciones. El ego ve un camello y un zorro, y te dice: "Imposible, no podrán encontrarse jamás, no podrán procrear y por lo tanto, no podrán vivir en el mismo sitio. No se van a entender". Y mi amiga esta mañana me decía esto, me hablaba de las especies en el mundo.

La experiencia de Lo Incondicional está ahí, presta para servirte. Pero para que esa experiencia te sirva, tienes que estar dispuesto a ir más allá de las condiciones que tú le has impuesto a la comunicación. Cierto que nunca te has planteado comunicarte con un mosquito o con una medusa, porque la lógica del mundo de las condiciones te dice que eso es imposible. Ni te lo planteas. He aquí el aparente dilema de las condiciones: Los negros con los blancos, los ricos con los pobres. ¡Qué doloroso es este mundo de sueños! Soñamos imposibilidades. Luego estamos nosotros, que estamos dispuestos a poner en duda toda limitación.

Sería apropiada la pregunta entonces: ¿y cómo alcanzo Lo Incondicional? No. Imposible, Lo Incondicional tiene que alcanzarme a mí porque yo no sé a dónde voy, no conozco la ruta. Con toda humildad, me corresponde simplemente reconocer que no sé. Y sin embargo, vivimos en un mundo donde tengo que "hacer y decir" constantemente.

¿Qué tengo que hacer para alcanzar Lo Incondicional? Tienes que dejar de "hacer" para que Lo Incondicional te alcance.

Un Curso de Milagros es un manual para la inversión del pensamiento. En lugar de ir en pos de "aquello", me detengo para que aquello se manifieste, pues siempre estuvo aquí.

Lo Incondicional es abstracto, amorfo, sin sentidos, sin olor, sabor, textura, color. Lo abstracto no responde a los sentidos, pues los sentidos son del ego y Lo Incondicional y el ego no se conocerán jamás.

Lo Incondicional es infinito, abundante, ni siquiera se multiplica, sino que se extiende.

En el mundo de la forma, la abundancia se entiende como "multiplicación": un cuerpo, muchos cuerpos. Pero es separación constante, multiplicación y división. Así es como el ego interpreta la abundancia, a través de la multiplicación; la división mayor.

Lo Incondicional abole la multiplicación y reinstala la extensión.

¿Cómo hago para que Lo Incondicional sea para mí? Eso depende solo de ti, de lo callada que esté tu mente de deseos, anhelos, comparaciones. Lo perderás todo, porque te conviene para vivir en la realidad y no en un sueño. Perderás todo lo que creías tener en el sueño, para ganarlo todo en Lo Incondicional. ¿Cómo te suena? ¿Es muy extremo?

REBECCA: Extremo y hermoso, a la hora de la práctica es lo complicado. Porque toda la vida te han dicho que tienes que hacer y hacer para lograr. Ahora es desaprender.

CAROLINA: ¡Sí! Expiar es deshacer. ¡Que se deshaga todo y se interrumpan todos mis pensamientos!

Esta canción que mencioné anteriormente, *Como río en primavera*, lo evoca: "No quiero interrumpir el fluir...", y cuando la escucho, pienso: "No quiero interrumpir el fluir de Lo Incondicional". Lo que fluye es lo que no tiene forma. El agua para mí es un buen símbolo y la luz solar también. El agua fluye y adopta la forma necesaria, pero nunca deja de ser agua. Igual pasa con la luz, parece contenida, pero no tiene forma.

Imagínate que ese eres tú y tu pensamiento: incondicional, amorfo, abstracto e infinito; capaz, no de adaptarte, porque la adaptación aún implica sacrificio, sino capaz de no tener juicio alguno para que las limitaciones del ego, impuestas en este mundo, no te toquen a ti. Que puedas saber que tu experiencia humana es como cuando ves el agua, que por un momento adopta una forma —redonda o rectangular— en este mundo, pero nunca deja de ser amorfa. Puedes ser como el agua, adoptar una forma temporalmente, sin perder nunca la consciencia de lo que eres.

Lo Incondicional es amorfo, eterno, infinito, extensible y sobre todo, es igual para todos. Desde el sentido común de la especie humana, Lo Incondicional es imposible. Solo podría ser posible con un estado mental de la más absoluta humildad y honestidad, en el que puedas realmente decidir a consciencia que no quieres tener más la razón acerca de las condiciones y limitaciones que crees tener, pues te las has impuesto a ti y las has lanzado vomitando sobre mí también. Con esas limitaciones nos convertimos en el camello y el zorro; no nos vamos a encontrar nunca en este mundo.

¿Quién no desea sentirse siempre acompañado y tener la certeza de que no hay nada que perder y temer? ¿Cómo puedo experimentarme así? Si yo he dicho que Sí a mis limitaciones aparentes, el ego está en control absolutamente. El ego te aleccionará, enseñándote que tú eres esa masa de huesos y carne y que estás limitado por ello, incapaz de comunicarte con lo eterno, pues si no lo ves, hueles y oyes, tiene que ser que no existe. Esta es la limitación de los sentidos. Fíjate qué limitada está nuestra decisión. Pareciera muy difícil tomar una decisión diferente, y sin embargo, es posible.

Entonces, los que tenemos una mente entrenada para la Paz, respondemos a uno de los requerimientos fundamentales: ir más allá del cuerpo y de la experiencia física, más allá de toda limitación y condicionamiento para conocerme a mí mismo en Lo Incondicional. No conocer a Lo Incondicional es quedarme condicionado en el sueño. Para conocer a Lo Incondicional, he de conocerme a mí mismo en Él.

¿Cómo conoce la gota al mar, sino en él? Cuando por un instante la ola salta y la gota se experimenta a sí misma independiente, en el aire, por un instante separada e individual, parece haberse olvidado de que forma parte del todo, del mar. Es cuando inexorablemente vuelve a fundirse en el mar, que lo conoce y se identifica con él, perdiendo todo sentido de separación y de identidad individual, recuperando así todo su poder como mar.

Entonces, ¿estarías dispuesto a saber que más allá del cuerpo has comenzado ya a extenderte, pero nunca fuera de ti mismo? "Tú, cuya mano se encuentra asida a la de tu hermano, has comenzado a extenderte más allá del cuerpo, pero no fuera de ti mismo..."[18].

Cuando mi hijo era pequeño y aún no hablaba bien, yo iba un día conduciendo por la autovía en Caracas y mis niños iban detrás, en las sillitas. Él se acercó lo más que pudo hacia mí y me dijo: "Mamá... yo sé cómo es Dios. Yo hago así", inhaló, "y Lo respiro, y hago así", exhaló, "y Él me respira. Yo estoy en Él y Él está en mí". Esa sabiduría estaba allí, aunque con el tiempo a veces se va olvidando.

---

[18] UCDM, Capítulo 18, VI, 10:2

De ahí que tu mano en la frase anterior ("Tú, cuya mano se encuentra asida a la de tu hermano...") ya no está asida de la mano de cualquiera, sino que hay una aceptación de que somos hermanos en otro espacio, que no es el de la sangre, el de la biología terrenal. Con esta aceptación, empiezas a entender que hay una hermandad que no es corporal, y esa idea ya logra que seas más de lo que eras como un cuerpo separado: "...ya has comenzado a extenderte más allá del cuerpo, pero no fuera de ti mismo".

FRIDA: Es la unión y no la separación.

DANI: La parte que dice "nunca fuera de ti mismo" no la entiendo.

CAROLINA: Ya no eres tú solo, sino que te unes con tu hermano y te extiendes "más allá del cuerpo" y quizás podrías pensar que yendo más allá de él vas fuera de ti mismo, pero cuando señala: "más nunca fuera de ti mismo", El Curso insinúa la Verdad, Lo Ilimitado, para que reflexiones en lo que quiere decir.

REBECCA: Me viene la unicidad, que yo no soy este cuerpo.

CAROLINA: La frase: "Has comenzado a extenderte más allá del cuerpo" no dice: "más allá de ti mismo". Si este es mi cuerpo, ¿qué es esto que está a mi lado que no es mi cuerpo sino otra cosa? Es imposible estar fuera de ti mismo, porque tú no estás limitado por un cuerpo físico ni contenido por él. Ahí nos adentramos hacia la posibilidad de Lo Incondicional. Las últimas lecciones de El Curso hablan de Lo Incondicional, de aquietarse para experimentar aquello que es Amorfo, porque Dios o Aquello no tiene forma, no habita este mundo.

Pues el Amor sólo puede dar, y lo que se da en Su Nombre se manifiesta en la forma más útil posible en un mundo de formas. Esas son las formas que jamás pueden engañar, ya que proceden de la Amorfía Misma[19].

En el primer capítulo de El Curso se lee: "El mejor uso que puedes hacer del cuerpo es utilizarlo para que ayude a ampliar tu percepción, de forma que puedas alcanzar la visión de la que el ojo físico es incapaz"[20].

Y se refiere a lo abstracto, a lo amorfo, a lo infinito. Dime algo de lo que tú posees, que tú puedas ver que sea infinito. Estos ojos físicos no ven eso. Sin embargo, tú, como parte de Aquello, puedes experimentarlo solo con que te aquietes y dejes de interrumpir la conversación que ya está ocurriendo en ti. ¿Te das cuenta de cómo interrumpes esa comunicación con tu insistencia en que tu "ser" separado es verdad?

El movimiento interior está en la humildad y honestidad de admitir que no sé cómo es nada, pero quiero conocer Lo Incondicional. Para poder decirlo honestamente, necesito muy humildemente, de rodillas, dirigirme a Aquello y admitir que no sé, que no lo conozco. Esa es la llave que abre la puerta a Aquello que es Lo Incondicional.

La dificultad aparece con la arrogancia de creer que sabes. Mírala sin temor. Tú valoras la parte de ti que "sabe" y "conoce" lo que debes hacer. Háblame de solo una vez en tu vida en que esa voz que te dice que sabe lo que te conviene haya tenido la razón. Siempre te equivocas y luego lo arreglas. Pensabas que sabías y no sabías. Te equivocas una y otra vez. Es muy arrogante el aspecto en tu mente que

---

[19] UCDM, Libro de Ejercicios, Lección 186, 13:5, 14:1
[20] UCDM, Capítulo 1, VII, 2:4

dice: "Yo lo sé". Qué Divino el aspecto de tu mente que te dice: "No lo sé". Pues el que lo tiene todo y tiene acceso a todo, no necesita "saber" nada. Piénsalo.

El ego, que es el más arrogante, mira su mundo, sus fabricaciones, y dice: "Mira lo que yo fabriqué, Dios". El ego se siente orgulloso de haber "creado" un mundo sin la ayuda de Dios y donde Dios no es un invitado. Todo eso ya lo sabemos, lo hemos estudiado en el libro azul. Y entonces, nos hacemos receptivos a la Creación Divina, Amorfa y Eterna solo como extensión. Su llegada ocurre a partir de nuestra humildad y el reconocimiento interior que dice: "Deseo conocerte, pero admito que no sé quién eres tú y no sé quién soy yo". Sigue habiendo un miedo ahí, una duda. Si tú supieras quién eres, no te atraerían los placeres humanos.

Tenemos la idea clara, pero nos sigue atrayendo el mundo. Lo sabemos teóricamente, pero eso no es saberlo. Saberlo, como en este mundo sabes que el sol sale todos los días; eso es tener certeza.

Si todavía esa certeza no se manifiesta en ti, es porque hay algo en la mente que aún "cree que sabe", y esa es la limitación.

Estoy listo para darme cuenta de lo arrogante que es pensar que desde este cuerpo físico puedo experimentar Lo Incondicional. No puedo.

Lo Incondicional no es pertinente a lo físico, porque lo físico no es incondicional. Para experimentar Lo Incondicional en el sueño, has tenido que estar dispuesto —aunque sea por un instante— a dejar de lado tus limitaciones.

En tu mente dejas tu cuerpo. ¡Sí! Porque no estás listo para dejar de lado tu cuerpo completamente, porque crees que eres él. Pero en tu mente, en una meditación o en una oración, sí puedes lograrlo.

REBECCA: Se me viene a la cabeza entonces ¿a qué viene lo que se menciona tanto en la pareja, lo de amarse incondicionalmente, si en el día a día de una pareja está todo condicionado, la rutina y todo?

CAROLINA: No. Comentaba antes con una amiga que si queremos vivir de otra manera, debemos dejar que las "placas tectónicas" de nuestra vida sufran un desplazamiento y se pierda todo nuestro mundo, para así resurgir de ese cambio en algo desconocido y maravilloso. La relación especial —como el tesoro más amado del ego— es la que te mantiene condicionado. Pero en realidad toda relación especial es entre el delfín y el tiburón. Es imposible encontrar dos seres físicos que sean exactamente lo mismo. Cuando eres receptivo a que se te muestre la posibilidad de "fluir" más allá de lo físico, es cuando comienzas en verdad a aceptar y luego a comprender a Lo Incondicional.

MAX: Cuando dormimos, ahí sí podemos experimentar Lo Incondicional.

CAROLINA: Y también en vigilia, cuando oras o meditas. El Curso te dice que tu sueño de la noche se lo entregues al Espíritu Santo. El sueño del cuerpo es una manifestación de muchas cosas, pero para mí, yo sé que se lo entrego al Espíritu Santo y lo invito allí para que lo inunde todo. Le ofrezco mi más absoluta rendición y pido claridad y guía en él, a conciencia.

Volviendo al tema de la pareja. Qué interesante cuando apareció la invitación a realizar dos bodas espirituales en el Ibiza Enlight Festival del 2015, y me pidieron a mí que las oficiara. Yo nunca había oficiado bodas, ni oficiales ni espirituales. Y claro, surgió en mi mente lo siguiente: "¿Deseo yo apoyar la separación casando a dos que son de diferente especie?". Yo no quiero hacer eso, no me siento guiada a eso. Yo ya no deseo prestarle mis oídos al que me habla de separación y especialismo. Quiero concentrar mi atención en Aquel que me habla del Uno.

Las bodas, pues, en lugar de realizarlas entre dos especies, las realizamos en un formato en el que cada uno, individualmente, se casó con Aquello y —en Aquello— nos encontramos todos; no nos encontramos aquí en el mundo físico, sino allí, en Lo Incondicional. En esas bodas, todos los que estuvimos nos casamos con Aquello. Puede que esto haya venido a mí así, porque creo absolutamente que esa es la única "forma" de que una boda sea real: casarse con Lo Incondicional. Si yo perteneciera a la religión católica, probablemente sería monja, estaría casada con Jesús.

¿Qué pasa si en tu cotidianidad, en cada ritual o conflicto, te permites no tener la razón, y pensar que "eso (lo que ocurre) no tiene por qué ser así" y que puede haber Paz en lugar de lo que ves? "Lo único que sé es que tengo la certeza de que la Paz de Dios es mía ahora".

Sobre Lo Incondicional, *Un Curso de Milagros* nos dice: "Percibir la bondad no es conocimiento, mas negar lo opuesto a la bondad te permite reconocer una condición en la que los opuestos no existen"[21].

La percepción nunca es conocimiento, ya que se percibe con tu historia, tu pasado, lo que crees, es decir, con el ego. Si percibes bondad, viene de un juicio; y percibir no es conocer. Levantas la mirada y crees por un instante que cuando los ojos físicos te muestran bondad, ya la conoces. A la mente que ya está entrenada, "ver" algo bondadoso la invita a entregar inmediatamente el opuesto al Espíritu Santo. Me he dado cuenta de que a mí me ocurre con mucha

---

[21] UCDM, Capítulo 1, VII, 4:1

frecuencia que me encuentro sin opinión al mirar a mi alrededor y eso me gusta mucho, lo agradezco.

He estado dispuesta a soltar los opuestos en mi mente, y esto me lleva a experimentar una condición que no tiene opuestos. ¿Qué es lo que no tiene opuestos? Aquello que es ilimitado, abstracto, indefinido e igual para todos, y es ahí donde tú habitas y donde se encuentran la Paz y Dios. Ese es tu lugar natural.

Mucha gente que estudia El Curso se desespera con el libro y lo quiere tirar. Espera, detente y date cuenta de que tú ya no vives en el conflicto todo el tiempo. Tu mente ya no está en el lugar de la mente del mono todo el tiempo. (Con "mente de mono", me refiero a esa experiencia en la que pareciera que no eres dueño de tus pensamientos y que estos saltan y se mueven alocada y erráticamente). Necesitas tomar esa experiencia, la que te muestra que ya no estás en conflicto todo el tiempo, para usarla como un bastón de apoyo cuando cojeas en el mundo, cuando te asalta la duda a medida que te acercas más a Lo Infinito, cuando el ego se pone más vicioso. Lo único que te salvará es esa experiencia, como tu punto de referencia del milagro. Yo tengo ya una experiencia que me ayuda a recordar una vivencia que no tiene opuestos, donde las especies no existen.

Queremos quedarnos a vivir ahí. Eso implica dejar atrás el mundo tal como lo conocías y prepararte para vivir en el Cielo. El Cielo en la tierra lo vivimos como una experiencia factible, esté donde esté tu cuerpo físico, el Cielo es la experiencia de Lo Incondicional.

4

HONESTIDAD RADICAL

Padre Luz, Vengo hoy a Ti con esta única
intención: la honestidad.
Entiendo lo difícil que es ser completamente
honesto contigo. Y entiendo también
que si no lo soy, avanzar es imposible.
Te entrego mi necesidad
de ocultar mis ilusiones de Ti.
Renuncio a mis pensamientos privados y
te recibo como mi mayor aliado y confesor.
Vengo a Ti para exponerte los rincones
más oscuros de mi mente, para que tú puedas
inundarlos con la luz de la verdad, y yo
pueda sanar de mis propias mentiras.
Acepto tu sanación, Padre Luz,
y te recibo humildemente y sin resistencias,
para que en mí se haga Tu Voluntad y
yo pueda ser libre de las falsedades
que he inventado.
Por tu amor y tu ayuda
te doy las gracias.
Gracias, Padre Luz.
Amén.

La honestidad es el camino de la confianza. La confianza es la causa, el resultado es la honestidad. Solo los que confían pueden ser verdaderamente honestos. Solo los que confían en Lo Incondicional pueden ser verdaderamente honestos.

Ser verdaderamente honestos no tiene que ver solo con lo que dices, tiene que ver con la congruencia de tu vida misma. La experiencia humana no es una experiencia de honestidad, pues el ego nunca examina con honestidad lo que ha fabricado. Examinar con honestidad lo que el ego ha fabricado sería ponerlo todo en duda. El ego da por sentado que la realidad no existe, que el amor no existe, que la muerte es real y que el conflicto está justificado. Sin embargo, para los que confían en la palabra de Lo Infinito, la calma y la paz verdaderas alcanzan sus corazones honestos.

La mentalidad receptiva da lugar a la honestidad, pues quien le ha dado sitio en su mente a la Verdad sabe que no hay nada que temer, que su vida no está en sus manos sino en las manos del Creador y que no puede juzgar. Saber esto es ser honesto. Para nosotros, los que nos dirigimos a habitar un espacio y un mundo de perfecta calma y perfecta paz, ser honestos es igual que confiar en la Verdad. Ser honestos es igual a saber que nada está en manos humanas y que todo está en manos de Lo Eterno. Ser honestos es aceptar que lo que es real nunca ha cambiado, aunque puedas tener atisbos de pensamientos que aparentemente cambian lo que es eterno. Lo que es eterno no cambia. Aceptar esto es ser honesto. Pretender que eso que es real ha cambiado es una pretensión deshonesta, es una pretensión que nos pierde en el mundo del ego y hace que el Cielo y el Reino del Amor queden vedados para nosotros.

Los verdaderamente honestos son —sin duda alguna— también más humildes: no temen a su honestidad porque saben que nada de lo que conocen de sí mismos en este mundo es real o puede ser atacado. La Honestidad Radical©, que es de la que hablamos hoy aquí, es fruto de una mente receptiva que confía solo en Lo Eterno. La Honestidad Radical es fruto de la mente receptiva que acepta el Amor Incondicional como la única verdad. ¿Quién podría ser deshonesto en el Amor Incondicional? Solo aquellos que creen que escondiendo un pensamiento, o pretendiendo hacer o ser algo que en realidad no son, pueden sentirse a sí mismos deshonestos. Se ponen la máscara de aquellos que creen que pueden fabricar un mundo paralelo al Reino del Amor y creen poder experimentarlo real, aunque en verdad lo hacen deshonestamente. Lo que es real es real, lo que es eterno no se ha hecho finito, lo que es amor no ha dejado de serlo y solo los que están en conflicto con estas verdades eternas sienten el deseo de ser deshonestos, pues tienen miedo de perder el pequeño espacio ganado con la mentira, con la exageración, con los pensamientos privados y con las ilusiones.

Ser verdaderamente honesto es aceptar la verdad en pensamiento, palabra y acción. Tú estás llamado a ser radicalmente honesto, pero no para sufrir, sino para gozar del Reino de la Paz aquí. Piensa por un instante que sin honestidad no puede haber confianza y hablamos de la confianza en aquello que es eterno, hablamos de la confianza en Lo Absoluto, en el reino infinito de Su Amor. Si mi deseo es ser completamente honesto, en mí se desarrollará una valentía impropia de este mundo, pues este es el mundo de los cobardes, de los que se han perdido en el ego y se han olvidado del amor real que son. Los valientes son honestos, pues no temen los resultados de su Honestidad Radical. Aquellos que sostienen aún una máscara le tienen miedo a la honestidad, pues creen que la máscara se caerá y un horrible ser quedará al descubierto. Mas en toda confianza de que solo el amor es real, los valientes dejamos que las máscaras se caigan, y al caerse, podemos ver que lo que había tras ellas era perfectamente inocente, amoroso y eterno.

Solo el ego desea sostener la máscara y toda su falsedad, pues él jamás podrá recordar la serena belleza de la Amorfía Divina, luminosa e infinita. El ego no tiene esa belleza que solo el hijo de la luz, eterno Ser, posee eternamente y que no podrá ser destruida aunque él (el ego) se esfuerce por ocultarla tras la máscara de la falsedad. Solo esa hermosa perfección es real y es eterna.

Aprender a caminar la jornada de la honesta radicalidad y de la radical honestidad implica simplemente dejar de tenerle miedo a la Verdad, pues la Verdad es solo Amor, la Verdad es solo Luz, la Verdad te acompaña en cada instante. Puedes vivir una vida de congruencia, una vida de equilibrio. Puedes vivir una vida de perfecta honestidad donde cada palabra es honesta y es cónsona con cada movimiento, que a su vez es cónsono con cada pensamiento, que a su vez es cónsono con cada movimiento. No hay defecto en la más radical honestidad, pues en esta honestidad absoluta, cada vez que nos equivocamos eligiendo por un instante el conflicto, lo abordamos con honestidad y lo dejamos pasar simplemente porque no es nuestra realidad eterna.

Ser honestos es dejar pasar los atisbos de conflicto: es mirarlo y reconocer que ese conflicto nunca pudo ser real. Eso es lo verdaderamente honesto. El conflicto es deshonesto porque niega la Verdad, tu propia verdad, que es perfecta e inocente. Jesús (el de Nazareth) fue uno que caminó por este mundo honestamente, no para decir siempre lo que pensaba, sino para demostrar que era tan perfecto e inocente como todos los demás. En esta honestidad vivida, en esta demostración honesta de la Verdad, fue sanado y su mente regresó a la Amorfía Divina solo porque se dio cuenta de que la oferta del ego era demasiado baladí en comparación con los regalos del Reino de la Paz. Usar la honestidad para abrir la puerta hacia el Reino del Amor es la acción inteligente.

Entonces observamos calladamente las ideas que tenemos acerca de la honestidad, pues es contigo mismo que se te pide que seas honesto. En la Lección 9 del libro *Un Curso de Milagros*, al principio del entrenamiento mental, se nos dice que seamos honestos, que nos atrevamos a mirar dentro de nosotros con honestidad. Esta es una de las lecciones radicales del principio y dice:

> Hay que subrayar nuevamente que, si bien no debes intentar incluirlo todo, tampoco debes excluir nada en particular. Asegúrate de ser honesto contigo mismo al hacer esta distinción. Es posible que te sientas tentado de enmascararla[22].

Observa que en esta lección se nos está diciendo que te sentirás tentado de enmascarar tu respuesta interior. Nosotros estamos ya en un punto en el que no podemos fallar. Nuevamente cuando hablamos de honestidad pareciera que tenemos que ir a confesar nuestras pequeñas cosas, nuestros pequeños errores a la gente y no es esto a lo que se refiere la honestidad de *Un Curso de Milagros*, se refiere a que observes la tentación en ti, la tentación de querer excluir y ocultar pensamientos, ideas, personas, aspectos de lo que crees ser.

Cuanto más rápido estés dispuesto a exponer el sistema de pensamiento del ego y todo lo que, desde el ego, piensas acerca de ti mismo y de los demás, más rápido dicha manera de pensar se disolverá sin que implique esfuerzo para ti. De ahí que se nos diga una y otra vez que el ego no ha de ser

---

[22] UCDM, Libro de Ejercicios, Lección 9, 5

atacado, no ha de ser agredido, ha de ser abandonado por los honestos y los puros de corazón, que en esta decisión de ser honestos, no tienen miedo de mirar lo que el ego fabricó y de ponerlo a la vista de su propia mente. Porque es ahí donde empieza la deshonestidad, en el deseo de ocultar.

Recuerdo en mi caso personal, el momento en que empecé a observar lo importante que era la honestidad. Yo sentía que había una traba. Ya había hecho las lecciones y todo iba fluyendo, pero me preguntaba: "¿Qué es lo que hay oculto en un rincón de mi mente, que me impide sentirme en paz?". Fue una vivencia extraordinaria, interior, con los ojos cerrados y en estado meditativo. Un aspecto de mí era "el observador" y sutilmente, tomé consciencia de que ese observador evitaba profundizar en la mirada por miedo a encontrar algo "terrible" dentro de mí misma. Me di cuenta de esto al "experimentar" cómo se sentía el observador.

A esto se refiere la Lección 9. Es un movimiento interior, así que yo volví a intentarlo y había una parte de mí que decía: "No, no mires ahí". Pero yo sabía que ese miedo a mirar en ese rincón oscuro de mi mente impedía que yo me experimentase a mí misma en Perfecta Paz. Un día me lo propuse y dije: "Hoy es el día en el que voy a mirar ahí". Hice acopio de valentía y miré. Y vi la envidia por primera vez en mi mente. Pensé: "No puede ser, yo que soy tan buena, tan dulce...". Y pude ver también la manera en que el ego en mí estaba enmascarando esa envidia, poniéndole otro color.

Recuerdo claramente aquel día, porque fue como un salto cuántico a mi propia liberación. El otro color que yo le ponía a esa envidia era disfrazarla de culpa. Era un pensamiento que decía: "Él es malo, es una mala persona, yo no voy a hablar con él". Cuando me atreví a mirar aquello, descubrí que era envidia e internamente, grité de asombro, porque estamos acostumbrados a rechazar ese tipo de sentimientos, pues nos avergonzamos de ellos.

En realidad no es nada. Ahí es donde está la honestidad llevada al punto extremo, donde parece que algo es tóxico, que es veneno y parece que es muy malo, pero cuando lo expones ante ti mismo, lo sacas de ese rincón oscuro donde lo tuviste oculto durante mucho tiempo o donde por tentación quieres mantenerlo oculto y te decides a exponerlo, diciendo: "¡Ah! Su nombre es envidia". Cuando lo miras así, con toda honestidad, es cuando comienza a diluirse. Tiene fuerza y poder cuando está oculto porque tiene el rol de ser un obstáculo a la Paz.

Estamos hilando muy fino. Por ejemplo, cuando trabajas con la madera, con las cosas de la madre tierra, ocurre que de repente se te mete una astilla en el dedo y tú no la ves. Sientes el dolor y te preguntas dónde estará, pero sigues trabajado y lo soportas y te adaptas. He aquí el consejo del ego: "Aguanta, ignora la molestia y avanza, adaptándote".

REBECCA: Nos damos cuenta de que mantener un pensamiento oculto es doloroso e impide la paz. No vas a alcanzar la Paz de Dios mientras exista en ti el oído que escucha la tentación de mantener un pensamiento oculto.

FRIDA: No sé si lo tengo tan claro, porque esto lo hemos hablado ya muchas veces. Sobre los pensamientos ocultos, a veces lo que digo es: "Mira esto conmigo, Espíritu Santo". Ponerle odio a algo o desearle mal a alguien, esos pensamientos los miro, y no creo que los tenga ocultos, porque me parece que tantas veces los he mirado. Y lo tengo súper claro y lo he hecho mil veces, y aun así, puede que se me oculten, no sé. También se dice que hay que llevarlos al amor, a la luz. Mi pregunta es simple: "¿Cómo lo hago de manera práctica?". No siento que se diluyan con una vez que los mire. Los he mirado muchas veces.

CAROLINA: Sí. Has mirado muchas veces las ganas de hacerle daño a alguien, por ejemplo, y sigue habiendo conflicto. Vamos a revisar cómo está tu confianza en Dios. ¿Confías absolutamente y en todos los aspectos de tu vida en Dios? Quitemos la palabra Dios y digamos en la Fuente, a donde siempre vas, en la que siempre hay en abundancia, la que te provee de todo lo que necesitas. ¿Confías absolutamente o todavía necesitas estar en control?

La necesidad o la tentación de querer estar en control implican que no has aceptado tu origen. No has aceptado absolutamente quien eres tú, entonces la confianza en Lo Divino, la confianza en Dios, la confianza en la Fuente, la confianza en tu Padre Luz es intermitente. A veces confías y a veces no confías. Confías en algunos aspectos y en otros no. La honestidad es producto de la confianza absoluta, solo puedes ser absolutamente honesto cuando no tienes nada que temer.

Ahora vamos a permitir que esta idea cale. Vamos a dirigirnos al Capítulo 27: "Nadie que se encuentre en un estado de conflicto es libre para hacer ninguna clase de pregunta, pues no desea una respuesta honesta que ponga fin a su conflicto"[23].

Entonces estamos viendo varias cosas. Lo que tú decías es lo que tú (dentro del punto mental en el que te encuentras) tienes la capacidad de ver y de mirar con el Espíritu Ser, con tu Maestro interno. Te das cuenta de que haces preguntas, pero no quieres oír respuestas que te alejen del conflicto. Esto es clave y está muy oculto. Todo el que está enfermo, todo el que está en conflicto, todo el que

---

[23] UCDM, Capítulo 27, V, 5:8

sufre realmente tiene miedo de la respuesta que lo alejará de ese sufrimiento.

Parece que no, pero piénsalo por un instante. Porque al ocurrir el milagro —el milagro como un cambio de percepción— de alguna manera este te señalaría que estabas equivocado. De alguna manera te señalaría que eso que creías ser, no lo eres y que ese control que creías tener, no lo tienes. Esto puede ser supremamente aterrador para el ego. Entonces se nos dice: "Parece una locura cuando se expone con perfecta honestidad, pero el ego nunca examina lo que hace con perfecta honestidad"[24].

¡Parece una locura! ¿Cómo te vas a exponer con perfecta honestidad? Decimos que queremos vivir en paz, pero... ¿realmente lo queremos? Date cuenta de que si realmente quisieras vivir en paz, ya estarías en paz. Si realmente desearas la Paz, confiarías totalmente en tu Fuente y no en lo que el ego te dice. Todavía tienes oídos para el ego, todavía lo escuchas cuando sale con su voz chillona y te habla de los dramas del mundo, como por ejemplo, de otro terremoto en Nepal o de otro niño que nace con un defecto congénito. ¿Quieres creer en eso y escuchar esas historias de miedo, de drama, de muerte? ¿Por qué escuchas todavía esas historias? ¿Por qué no escuchas solamente a La Vida y dejas que te ame?

Esta tarde, antes de ponerme a leer un poco acerca de esto, me hice una pregunta que sugirió un compañero, un maestro del Curso al que aprecio mucho y del que me gusta mucho su forma de enseñar. Me preguntó: "Dime, ¿qué estás haciendo para permitirle a la Vida, al Amor, a Dios que te ame?".

---

[24] UCDM, Capítulo 11, Introducción, 2:6

Una pregunta muy sencilla. ¿Qué estás haciendo para permitirle a Dios que te ame? Entonces me vino una imagen muy clara, aquí mismo, en esta casa nueva. Yo me siento en la terraza, en el jardín o en la hamaca, y me quedo muy quieta y por todos los sentidos me llega una inundación de amor, porque me siento rodeada de vida, del aroma, de los cantos de los pájaros, del zumbido de los insectos, y me siento integrada en toda esa vida. No como un ícono alejado e individual, sino como parte de una sola vida misma, y en ese instante, me siento totalmente amada. Me siento contenida y siento que no tengo que hacer nada absolutamente para que se me dé lo que necesito.

Entonces nuestra práctica no es completamente plana, es holográfica. Con holográfica quiero decir que tú estás en tu mente observando los odios que tienes, los miedos, las envidias, pero... ¿y el resto de tu vida cómo es? ¿Qué pasa cuando hierves la leche y se te desborda? ¿Qué pasa cuando quieres mover una piedra en el jardín y está muy pesada? ¿Qué ocurre cuando quieres limpiar una telaraña en un rincón y no llegas? ¿Qué ocurre? Los completamente honestos no son honestos solo a veces; son honestos siempre. Ser honesto no significa que ya solo tengas pensamientos amorosos con Dios. Digamos que ese es el destino final, pero sí significa que en todo momento, en cada instante, de cada pensamiento, de cada evento, de cada olor, de cada sonido que escuchas, tu intención sea saber que solo el amor es real y que tú puedes confiar en todo, que nada malo está ocurriendo aquí. Se nos dice: "Por lo tanto, solo pueden triunfar. En esto, como en todo, son honestos. Solo pueden triunfar porque nunca hacen su propia voluntad"[25].

---

[25] UCDM, Manual del Maestro, Introducción, 4, II, 2:7-9

La honestidad no se limita únicamente a lo que dices. El verdadero significado del término es congruencia: nada de lo que dices está en contradicción con lo que piensas o haces; ningún pensamiento se opone a otro; ningún acto contradice tu palabra ni ninguna palabra está en desacuerdo con otra[26].

Si confías, sabes que solo puedes triunfar y solo puedes triunfar porque tú no estás haciendo la voluntad del ego. ¿De qué voluntad hablamos? Pues de la Voluntad de la Paz. Si tú haces la Voluntad de la Paz, eres perfectamente feliz y todo lo que no es felicidad lo pones en duda, porque todo lo que no es felicidad no es extensión, sino proyección. ¿Me estás siguiendo? ¿Ves cómo es el orden de los factores? Entonces, ¿dónde está la clave? Poner en duda la percepción es la clave. Porque cuando estás extendiendo (la Paz) no hay conflicto alguno, no hay nada que poner en duda.

Esta experiencia que les contaba del jardín fue absolutamente una vivencia de extensión pura y no puedo decir que fuera una experiencia mística, porque fue una experiencia natural. No hay otra palabra, natural.

¿Qué es lo natural? Lo natural es que tú sepas dónde vives, y vives en la vida eterna, en el amor incondicional. Vives en un espacio de la mente donde la separación entre un ser vivo y tú no existe. Si te lo permites por un instante, descubrirás que es para los valientes. El ego siempre quiere mantener la diferencia, incluso cuando tienes una experiencia mística, el ego sostiene la diferencia. Si estás teniendo una experiencia mística, el ego dice: "Soy místico y la experiencia está separada de mí". ¿Qué pasa cuando no hay un místico y una experiencia, sino un ser que se experimenta a sí mismo, aunque sea por un instante?

---

[26] UCDM, Manual del Maestro, Introducción, 4, II, 1:4-6

La Paz es generosa. En el Manual del Maestro, en la cuarta pregunta de su Introducción, que es: "¿Cuáles son las características de los maestros de Dios?", una de ellas es la honestidad. Cuando lo lees, la primera frase dice: "Todas las demás características de los maestros de Dios se basan en la confianza. Una vez que esta se ha alcanzado, las otras se suceden naturalmente"[27].

Esta es la confianza en que ya se te ha dado todo lo que necesitas; la confianza en que solo puedes triunfar, aunque te acaben de amputar una pierna. Seguro que cuando digo "triunfar" a todo el mundo se le activan sus pequeños ídolos: triunfar en el amor, triunfar en la belleza, triunfar en la vida. ¿En cuál vida? ¿En la vida que termina con la muerte? Esa no es la vida.

¿Tiene sentido lo que digo? ¿Eso te da algo de luz a ti? ¿Cómo lo sientes?

FRIDA: Sigo queriendo saber cómo hacerlo.

CAROLINA: Puedes preguntarte: "¿Qué puedo hacer para traer más honestidad a mi vida?". Allí hay una fórmula. Lo que ocurre es que en el caso de cada uno de nosotros, el Espíritu Divino de Dios en forma de Voz trabaja de maneras inesperadas, de maneras cambiantes, porque necesita evadir, darle la vuelta al ego, que es el que quiere saber —porque el ego también quiere hacerlo bien—. El ego quiere saber cómo es la fórmula para poder alcanzar la paz. La realidad que nos envuelve es que el ego, es decir, "Frida", no va a conocer a Dios nunca por más que lo intente, porque Dios no conoce a Frida. Dios o la Amorfía Divina, conoce a su Creación pero Su Creación no es Frida. Su criatura es aquello que trasciende a Frida. A ver cómo digo esto sin que nos asuste demasiado. Solo cuando aquello en lo que

---

[27] UCDM, Manual del Maestro, Introducción, 4, II, 1:1-2

habitas recobra Su poder por un instante y Frida queda de lado, ahí podrás conocer a Dios.

¿Cuáles son las características de mi personaje que me gustan tanto? Todos tenemos características que no nos gustan y que por supuesto, son fáciles de trabajar con el Maestro Interno. ¿Qué pasa con las que te gustan? ¿Cómo las miras? Porque estas características que te gustan de ti son las que se interponen en tu trascendencia. Cuando hablamos de trascendencia, nos referimos a ir "más allá" de esas características y saber triunfar verdaderamente. Triunfar verdaderamente es ir más allá de mi personaje, más allá de lo que yo creo ser y permitirme ser inundado por aquello que no tiene justificación, pero que es absolutamente real. Permítete experimentarte en aquello que es absoluto, pero que no está justificado.

El ego busca la justificación de todo: "Estoy feliz porque salieron flores", "me siento súper espiritual porque vengo de la clase de *Un Curso de Milagros*", "me siento plena porque acabo de hacer el amor". El ego va justificando todas las experiencias de bienestar con eventos en el mundo. Acerca de esa mente que todo lo justifica, te pregunto: ¿Crees que esa es la mente del Santo Hijo de Dios que todo lo tiene ya, y que no busca justificación en este mundo para su bienestar? Entonces, ¿qué pasa si en este instante decidimos ser completamente honestos y aceptamos el más absoluto triunfo injustificado, simplemente porque esa es nuestra realidad, que no tiene justificación porque no hemos hecho nada extraordinario?

Pero, ¿quién es aquel que busca lo extraordinario? Extraordinario, no es ordinario sino "extra", es decir, especial. Fíjate dónde está oculta la necesidad de ser especial: en lo extraordinario. ¿Dónde crees que están tu misticismo y tus grandes logros? ¿En lo extraordinario? Mas yo te digo, hermano, no están ahí, están más allá de ahí.

Lo extraordinario sigue siendo una trampa del ego. Se nos recuerda: "En esto, como en todo, son honestos. Solo pueden triunfar porque nunca hacen su propia voluntad. Eligen por toda la humanidad..."[28]. Esto es importante. La Lección 137 dice: "Cuando me curo no soy el único que se cura. Y quiero bendecir a mis hermanos, pues me curaré junto con ellos, tal como ellos se curarán junto conmigo"[29].

¿Por qué dice esto? Aquí se introduce el pensamiento de Unidad cada vez que se puede. No creas que esto nos afecta solo a ti y a mí, porque no existimos solos tú y yo. La humanidad existe como un todo, no existe como seres separados. La humanidad —en lo que es real— es una, es singular. Es una manera de hablar de la Unidad. Los maestros de Dios que son honestos y eligen el triunfo porque saben que no hacen su voluntad eligen por toda la humanidad.

¿Alguna vez has orado más allá de tu nombre? Esto lo hicimos mucho en el Festival de Semana Santa (abril 2015). Venían las peticiones personales y todos oraban en primera persona, incluyendo a todo el mundo y a mí. Aunque yo no esté en Nepal, aunque no sea mi brazo el que está roto, aunque no sea mi hijo al que le estén haciendo una traqueotomía. ¿Cómo puedo creer en la honestidad, aceptar la Paz de Dios y pensar que estoy separado de ti? Yo sé, como estudiante de *Un Curso de Milagros*, que lo que veo es una extensión de mi Creador o una proyección de mi pensamiento errado. La proyección siempre proviene de mi historia personal. Entonces, la mente del estudiante muchas

---

[28] UCDM, Manual del Maestro, Introducción, 4, II, 2:8-10
[29] UCDM, Libro de Ejercicios, Lección 137, 15:5

veces lo observa todo y encuentra bienestar, calma y quietud, pero no en nada particular. No es lo ecológico la fuente de mi bienestar, sino el entorno que se reconoce como un efecto de mi bienestar interior.

REBECCA: El estudiante observa su entorno y puede ver bienestar, pero el bienestar no viene en realidad del entorno, viene de su propio bienestar que se extiende a su entorno. El entorno es el reflejo de su bienestar.

FRIDA: Y no depende de nada en particular. Tiene que encontrarlo en todo.

CAROLINA: O en nada. Simplemente todo y nada es lo mismo. Yo puedo decir que me siento bien porque todo está verde y justificar mi bienestar por algo externo a mí. Pero si yo simplemente observo y no hay nada en particular que me haga sentir bien, ya estoy casi ahí, en la Paz verdadera. Para mí todavía la temperatura del clima (en mi mente mística) tiene un valor, y por eso lo expongo rápidamente. No sabes la cantidad de veces que yo le entrego al Maestro Interno mi creencia en la temperatura, mi creencia en el bienestar de las temperaturas cálidas. Me uno a todos mis hermanos que gozan de las temperaturas frescas. Mi deseo realmente es la Paz de Dios, no una temperatura cálida, pero obviamente que con esto el ego aún me tiene pillada, porque yo todavía me noto una preferencia. El resto lo observo y es perfecto. Eso me gusta, es una perfección que no viene de afuera, es una perfección que yo empiezo a admitir dentro de mí y al admitirla dentro de mí, solo puedo verla, y ahí he triunfado. ¿Te das cuenta? No hay ningún triunfo externo, no hay un libro vendido un millón de veces, no hay una canción famosa. En el verdadero triunfo no hay nada que el ego defina como triunfo. Mas tú sabes que has triunfado.

La Paz es tu triunfo. "Deberá tener absoluta certeza de que su éxito no procede de él, pero que se le dará en cualquier momento, lugar o circunstancia que lo pida"[30]. Eso es un triunfo, no por el logro sino por la sensación que tienes de que estás siendo guiado, de que no estás haciendo la voluntad del ego y de que estás en perfecto orden. Dentro de la comunidad de *Un Curso de Milagros* en el mundo, muchas personas se preguntan qué es lo que tienen que hacer y cuál es su función y a qué se deberían dedicar. Hoy, honestamente, se nos dice a todos: "¡Tienes que triunfar!".

A eso te tienes que dedicar: a triunfar. ¿Y qué es triunfar? Solo los honestos pueden triunfar. "Solo los que tienen confianza pueden permitirse ser honestos, pues solo ellos pueden ver el valor de la honestidad"[31].

Hay que mirar eso con lupa: "Solo los que tienen confianza pueden permitirse ser honestos". Es una cuestión de permitirse ser honesto. Pongamos un ejemplo ilusorio. Hay algo en tu pasado que te acecha. Puede ser un aborto, prostitución, un robo, drogas, haber abandonado a un hijo, cualquier cosa. Si soy un buscador, en busca de la verdadera paz, un estudiante de *Un Curso de Milagros*, el desarrollo de la confianza es una de las primeras características que empieza a transformar el mundo como lo conocimos. Cuando empezamos a confiar más y más en el Espíritu Interior, parece que vamos perdiendo cosas, parece que se nos estuvieran quitando cosas. Lo que en realidad ocurre es que lo que no tenía valor se va perdiendo, pero al ego le duele, "aunque era un barco lleno de basura, era su barco y era su basura". Poco a poco, en la transformación producto de la confianza, el "barco" se va.

---

[30] UCDM, Manual del Maestro, 4, II, 16:8-4
[31] UCDM, Manual del Maestro, 4, II, 1:3

No estás perdiendo nada de valor, sino que empiezas a perder "la basura". Hay varios niveles dentro del desarrollo de la confianza y en ese desarrollo te vas dando cuenta de que realmente nada es valioso según este mundo. Empiezas a darte cuenta —si eres honesto— del miedo que te da perder algunas cosas que valoras, por ejemplo, tu pelo. Imagínate que se te cayera el pelo, o los dientes, que el cuerpo cambiara. La práctica implica ir soltando todo eso como "tesoros" que avalan lo que crees ser.

Ahí está el trabajo de los que son verdaderamente honestos: están dispuestos a mirar sus miedos, porque sus miedos son apegos, falta de confianza y temor a la pérdida. ¿Quién tiene miedo a la pérdida sino el ego, que está apegado a sus tesoros del mundo? Te podrías preguntar entonces: "¿Está mal que yo esté apegada a mi salud? ¿Está mal que esté apegada a mi hermoso cabello rizado? ¿Por qué está mal eso, si está justificado y dentro de lo normal que yo quiera ser saludable?". No obstante, eso sería como decir: "Es normal que yo quiera seguir siendo este cuerpo".

En esta frase, la honestidad se pierde, porque ahí estás negando la verdad en ti. Ahí hay una mentira que te estás diciendo a ti mismo y le estás dando valor a lo que no lo tiene. Pero en nuestra práctica, el desarrollo de la confianza lleva tiempo. Es la primera característica de los Maestros y es la que toma más tiempo, porque una vez que esa confianza se ha desarrollado, todas las demás características empiezan a aparecer por añadidura. La más exigente es la confianza. ¿Podemos ver esto? De ahí que la confianza abra las puertas para la honestidad, y se te pide confiar para mirar dentro de ti y ser honesto.

REBECCA: Yo creo también que la honestidad es darte cuenta de que no estás dispuesto a soltar algo. Eso también es honestidad. Es sentir, ver el obstáculo y en vez de decir:

"Espíritu Santo, te entrego mi pelo", que eso no es honesto, darte cuenta de que en realidad te importa tu pelo, y dices: "Espíritu Santo, me importa mi pelo". Eso también es ser honesto.

CAROLINA: Se trata de exponer al ego. Está muy bien la frase como la has formulado, estás hilando fino. Es como decir: "¿Esto es honesto?". Pero la verdadera honestidad viene después de la confianza, ese es el orden. Primero viene la confianza y luego la honestidad.

Lo que nosotros llamamos honestidad normal en realidad es el desarrollo de la confianza. Nos ha pasado a todos. *Un Curso de Milagros* usa las palabras de manera diferente, les da la vuelta, como por ejemplo "el milagro", que es un cambio de percepción. Para nosotros es muy fácil entender eso ya, pero para otras personas un milagro es otra cosa. Si hablas con gente que pertenezca a alguna religión estructurada sobre lo que es un milagro, no se hacen responsables de ese "cambio de percepción". Nosotros sabemos que el milagro es responsabilidad nuestra, con lo cual la definición de milagro cambió ya para nuestro mundo.

Cada quien tiene su camino. Lo que a nosotros se nos pide es confiar en el Espíritu Santo, confiar en la Amorfía Divina, en Dios. Confiar es entregarnos —tal y como nos conocemos— a la Voluntad de Dios, que pareciera que es distinta de la nuestra. Ahora, si la voluntad de Dios es mi perfecta felicidad, que yo admita la felicidad en mí es ser verdaderamente honesto y es decirle: "¡Sí!", a lo que es verdad en mí. Todo lo que no es verdad en mí implica deshonestidad. Puede sonar un poco confuso, pero eso es irrelevante.

CRIS: Cuándo hablas de "honestidad en mí", ¿a qué te refieres?

CAROLINA: Yo hablo siempre en primera persona, para que cuando tú lo escuches, tú lo puedas reproducir en tu mente como tuyo.

CRIS: Cuándo dices "mí", ¿te refieres al cuerpo o a la unidad con el Padre?

CAROLINA: Dependiendo del contexto que tengamos, a veces me refiero a uno y a veces me refiero a otro.

Vamos a aclarar la idea. La Honestidad Radical de la que hablo es un atributo de los que confían, es decir, es un resultado. Es un efecto, no es la causa. Los verdaderamente honestos lo son porque confían. ¿En qué confían? Confían en la Voluntad de Dios, confían en la Voz del Espíritu en ellos. Confían en que no hay nada que perder, no hay nada que temer, no hay muerte por ocurrir y no hay vida que se inició hace cincuenta años y que se va a terminar dentro de veinte. Confían en La Verdad y confían con sinceridad, con rotundez. Pero, ¿qué evita que seamos completamente honestos? La falta de confianza. ¿Qué es la falta de confianza? Es que todavía hay cosas de este mundo que crees que son importantes y crees que está justificado que las preserves para ti. ¿Dónde está nuestra práctica como estudiantes de la Verdad? Está en el desarrollo de la confianza.

En *Un Curso de Milagros* se nos está dando como un caramelo; se nos está explicando cómo ser verdaderamente honestos. Se habla como de algo perfectamente obtenible en este plano, en este momento de vida como alumno avanzado, siendo un alumno avanzado aquel que tiene resultados en su propia vida diaria. El alumno avanzado que es verdaderamente honesto es porque confía y sabe que solo puede triunfar, pues no hace su voluntad. Aquí es donde está la clave: no hace su voluntad. Hace la Voluntad de la Verdad.

Yendo un poco más allá, aprendes a darte cuenta de cuándo haces tu voluntad y cuándo haces la Voluntad de la Paz. Haces tu voluntad cuando tu felicidad depende de que las canas estén teñidas; cuando tu felicidad depende de que algo ocurra o de cómo se comporte el otro. ¿Cómo sería en ese caso en particular con la pareja? Imagina que tu felicidad dependiese de que el otro te llame tres veces al día, te sonría y te bese en la boca cada vez que te ve. Imagínate que de eso depende tu felicidad y esa es tu voluntad. "Yo seré feliz cuando esto ocurra". Pero esto no ocurre. Entonces, ¿cómo te sientes tú? Infeliz.

Sentirte infeliz es tu voluntad, no es la voluntad de la Paz; y cuando te sientes así eres deshonesto, porque no has confiado en la Paz, no has hecho Su Voluntad, no has triunfado, con lo cual no puedes ser honesto porque tienes miedo todavía. No confías absolutamente en que pase lo que pase tu felicidad siempre está justificada. Porque al ser feliz y estar en Paz, haces la Voluntad de Dios, de la Paz. ¿Y cuál es la Voluntad de Dios? Tu perfecta felicidad, hermano. Yo lo veo como un rompecabezas que se va armando.

FRIDA: ¿Entonces qué pasa con lo de mirar honestamente al miedo que me da que el otro no haga lo que yo quiera? ¿Dónde queda eso de mirar con perfecta honestidad lo que haga el otro y cómo me hace sentir?

CAROLINA: Esto, aunque usemos la palabra "honestidad", todavía no es la Honestidad Radical. Es el desarrollo de la confianza, porque te estás dando cuenta de qué parte de ti todavía quiere hacer tu voluntad. Parte de ti todavía quiere controlar el mundo. Son solo palabras. El Curso usa la honestidad como en la Lección 9, que viene perfectamente a propósito:

> Hay que subrayar nuevamente que, si bien no debes intentar incluirlo todo, tampoco debes excluir nada en particular. Asegúrate de ser honesto contigo mismo al hacer esta distinción. Es posible que te sientas tentado de enmascararla[32].

¿Qué palabra usamos, la "honestidad", la "sinceridad"? En realidad, la clave no está en la palabra, sino en el contenido. Claro, el Maestro Interno sabe que "todavía" no conocemos lo que es la Honestidad Radical. Entonces usa una palabra que para nosotros es común, para ayudarnos a entender la honestidad y dice: "Asegúrate de ser honesto contigo mismo". En realidad si miramos esto ahora, forma parte del desarrollo de la confianza. Voy a ser honesto conmigo mismo para poder trabajar con tu Espíritu Santo. Y dice: "Asegúrate sobre todo de ver si te sientes tentado a enmascarar tu tentación". Tu deseo de verlo diferente, tu deseo de sentirte mal si el otro no hace lo que tú habías pensado, lo enmascaras y dices: "Estoy enojado porque tú no haces lo que tienes que hacer". No enmascararlo sería: "Estoy enojado porque tú no has hecho mi voluntad, y yo creo que para que yo sea feliz, tú tienes que hacer mi voluntad".

A mí me pasa en mi cotidianidad con aquellos más cercanos que alguna vez me dicen: "Estoy un poco mal porque hoy trabajé mucho, me dieron muchas horas". Siempre hay una justificación para estar enojado, deprimido o sentirse mal. Entonces en mi corazón acepto que yo voy a

---

[32] UCDM, Libro de Ejercicios, Lección 9, 5:1

ser feliz igual. Yo no me puedo ir ahí a donde ellos van con su pena, esa no es la Voluntad de la Paz. No obstante, sí puedo acompañar, consolar y bendecir si se requiere.

Cuando como estudiantes de El Curso y Maestros de la Paz se nos invita al conflicto, a la desdicha, nuestra fortaleza interior y entrenamiento mental son los pilares sobre los cuales la Paz descansa. Atrévete a mantenerte en Paz cuando alguien —sobre todo si es cercano— te invita al festín del dolor. Se te pide hacer la voluntad de la Paz y convertirte en un obrador de milagros, pues con tu calma, con tu honesta calma —que tiene como fuente a Dios— podrás consolar, acompañar y bendecir a aquel que por un instante se apartó de la paz pensando que era el mundo el que se la brindaba o se la quitaba. He aquí tu función y la luz que llevas al mundo. Es en esta experiencia que la frase "hacer la Voluntad de Dios" cobra un sentido diferente, pues ahora su significado es simplemente que "tú te mantengas en paz", que es realmente la Voluntad de Dios para todos.

¿Quieres que yo vaya al infierno para acompañarte? ¡No! La ilusión o la fantasía más grande es pensar que tú puedes acompañar a alguien al infierno, porque no existe el infierno: no tienes a dónde ir. Cada vez que crees que eres empático y crees estar acompañando a alguien al infierno en su dolor, lo que haces es perder el tiempo, nada más. No hay un infierno al que ir, no hay. Es más una experiencia de negación de la verdad. Pero mientras llegamos a ese entendimiento, puede parecer muchas cosas. Entonces una de las sorprendentes coincidencias que surgen a partir de este tema de la honestidad y de otro tema de gran profundidad, el Juicio Final, aparece cuando el Curso nos dice:

Es necesario que el Maestro de Dios se dé cuenta, no de que no debe juzgar, sino de que no puede. Al renunciar a los juicios, renuncia simplemente a lo que nunca tuvo. Renuncia a una ilusión; o mejor dicho, tiene la ilusión de renunciar a algo. En realidad, simplemente se ha vuelto más honesto. Al reconocer que nunca le fue posible juzgar, deja de intentarlo[33].

A mí, una de las cosas que me ha interesado, sobre todo con este tema, es aceptar el cambio de definición de la honestidad. La honestidad siempre va a ser conmigo y mi Fuente, entre Dios y yo. Él está muy atento a que yo no quiera enmascarar la deshonestidad en mi mente.

FRIDA: ¿La máscara sería cuando culpo al otro? Si yo me siento mal porque el otro no me trata como creo que me tiene que tratar, ¿entonces sin máscara cómo sería?

CAROLINA: Llevar puesta la máscara sería negarse a aceptar que lo que a mí me ocurre lo decidí yo; es consecuencia de mi hacer y no es la voluntad de la Paz. Describamos esa situación con la pareja y cómo sería con máscara y sin máscara. Vamos a actuarlo.

Pensemos que yo soy tú y que tú eres mi pareja. Voy a decirte lo que pienso: "Yo para ser feliz necesito que me llames tres veces al día, que me cuentes lo que has comido y que cuando me vengas a ver, me traigas flores y me des un beso, me hagas caricias y me mimes mucho. Así yo voy a ser feliz". Ahora tú, como pareja, ¿lo haces o no lo haces?

FRIDA: Depende de si me apetece o no; de si me sale, si me da la gana. Quizás no, porque justamente no me da la gana.

CAROLINA: "Entonces ya no soy feliz y es por tu culpa".

---

[33] UCDM, Manual del Maestro, 10, 2:1-5

FRIDA: "Peor, porque siento mucha presión (de hacerte feliz)".

CAROLINA: "Pero yo no estoy presionándote, lo que ocurre es que tú no estás haciendo mi voluntad". He caído en la tentación de creer que el que el otro haga mi voluntad es lo que me dará felicidad. Aquí hay una deshonestidad de peso porque "hacer mi voluntad" nunca me puede dar felicidad. Porque mi voluntad depende o responde a mis necesidades separadas, independientes, mías, y exige una respuesta acorde del otro. El amor nunca exige, el amor se extiende. Entonces, en este caso, no estoy siendo honesta porque te estoy culpando a ti de mi infelicidad, cuando la única responsable de mi infelicidad soy yo, porque no hice la Voluntad de Dios, que es ser feliz.

Como ya dijimos, los verdaderamente honestos solo pueden triunfar porque nunca hacen su voluntad. Yo ahora, como Maestro de la Inocencia, elijo triunfar; elijo confiar en mi Ser Espíritu absolutamente. Algo natural empieza a ocurrir cuando no necesito justificación para ser feliz, pues eso es lo que he aceptado. He aceptado Ser feliz y ahí puedo ser completamente honesto. Soy felicidad, he triunfado, me lo merezco todo y ahora te dejo libre a ti. Pero si tú eliges ir al conflicto, vas a regresar en algún momento y yo te voy a esperar aquí, triunfando. ¿Tiene sentido? ¿Entonces cuál es la tentación de la que habla la Lección 9?

FRIDA: Poner la fuente de tu felicidad afuera. Creer saber que "yo" sé lo que es la felicidad para mí y tener la necesidad de que se cumplan ciertas cosas para poder estar feliz.

CAROLINA: Esa es la tentación. ¿Nos damos cuenta de que esa es la gran tentación, querer creer que yo estoy en control de mi felicidad? La Lección 9 nos dice: "Asegúrate de ser honesto contigo mismo". Es una descripción de la honestidad muy diferente a la característica del maestro de Dios. Lo que pasa es que al principio nos presentan las palabras como nosotros las conocemos hasta que la mente se vuelva más receptiva y pueda captar las definiciones que son de otro mundo. Las verdaderas no son de este mundo.

REBECCA: Hay una cosa de la que me voy dando cuenta cada vez más y es que todo lo que viene de Dios es fácil. Entonces, cuando estamos buscando la vuelta de cómo hacerlo, ahí estamos perdiendo el tiempo o divagando por las nubes. Porque siempre es fácil, nunca es tan complicado.

CAROLINA: Amén. Te voy a hacer un pequeño cambio. Necesariamente no es fácil. Es simple.

REBECCA: Simple. La palabra es "simple". A mí me pasa que cuando empiezo a enroscarme con algo, entiendo que por ahí no es.

CAROLINA: Se nos dice: "No trates, por lo tanto, de solventar problemas en un mundo del que se ha excluido la solución"[34]. Esa es la conclusión de este ejemplo que hemos hecho con Frida. No busques la respuesta en este mundo donde las respuestas están excluidas. No busques el amor en este mundo que ha excluido al Amor. Entonces estamos en una jornada de trascendencia, simbólicamente es eso lo que está ocurriendo. Tú sigues estando, tú siempre has estado, pero aquello que era deshonesto, que era del ego, lo dejas ir.

REBECCA: Busqué la analogía de la palabra y dice: "Ser honesto es honrar a Dios". Es esta honestidad, la de honrar a Dios, porque honrar es confiar.

CAROLINA: Exactamente. Observa que hay un aparente enfrentamiento: Perfecta Honestidad y Paz. Realmente no se

---

[34] UCDM, Capítulo 27, IV, 7:1

contraponen sino que una es el efecto de la otra porque es lo que cierra el círculo. Venimos hablando del desarrollo de la confianza y ello trae perfecta honestidad, que a su vez, trae perfecta honra a Dios, porque cuando ya confías, lo honras completamente, y al hacer esto, ¿cuál es el efecto natural? La Paz. Es ese el orden: Confianza, Honestidad y Paz.

Estamos llamados a perderle el miedo a la honestidad. Damos un paso hacia atrás y decimos: ¿cuál es mi tarea? Mi tarea es desarrollar la confianza. ¿Has leído esa parte que está al principio del Manual del Maestro, que habla del desarrollo de la confianza? Voy a hacer simplemente un repaso sobre eso.

Sobre el desarrollo de la confianza, se nos dice: "En primer lugar, tienen que pasar por lo que podría calificarse como un periodo de deshacimiento, el cual no tiene por qué ser doloroso pero generalmente lo es"[35]. Aparece una sensación de pérdida. Comienzas a perder tus cosas, vas perdiendo tus barcos llenos de basura y dices: "¡No! ¡Mis barquitos, no! ¡Mis relaciones tóxicas, no!". Pero son tóxicas, ¿para qué las quieres? Hay un sentido de pertenencia allí: "Pero son mías". Pues tíralas, abandónalas. Esa es la primera parte.

> Luego pasas por un periodo de selección, en este periodo siempre es bastante difícil, pues al haber aprendido que los cambios que se producen en tu vida son siempre beneficiosos, tienes entonces que tomar tus decisiones sobre la base de si contribuyen a que el beneficio sea mayor o menor[36].

Esta segunda etapa del desarrollo de la confianza está en un video que hice que se llama: "Todo es para mi beneficio".

---

[35] UCDM, Manual del Maestro, 4, I, A, 3:1-2
[36] UCDM, Manual del Maestro, 4:1

Esta es la segunda etapa del desarrollo de la confianza. Todo es para mi beneficio. ¿Lo voy a aceptar así, o hay algunas cosas que sí me benefician y otras que no? Cuando llevas tu mente a la idea de que todo es para tu beneficio —por eso es que se dice que esta etapa es difícil— tienes que hacer esa selección. Tienes que elegir si algo es para tu beneficio. Si perdiste algo, eso es para tu beneficio, si ganaste algo, también. Yo no lo sé, por eso la importancia del desarrollo de la confianza, porque no sabes realmente para qué te están sirviendo estos eventos, pero aprendes a confiar en que todo es para tu beneficio.

Les hablaré de un caso extremo. Hace un mes aproximadamente, una amiga me estaba hablando de un niño de ocho años a quien se le murió su madre de cáncer. Al poco tiempo, atropellaron al padre del chico y también murió. Una de las personas que lo conocía mucho me llamó muy afectada, llorando desesperada y preguntándose cómo podía ser que Dios le hiciera eso al niño. En ese momento tuve la confianza en Dios y le dije: "Todo es para su beneficio". Y ella insistía en que eso no podía ser, pero era tal la confianza que yo tenía en mi corazón, que ella se calmó. A los días, me llamó para contarme que el niño estaba con unos amigos, que lo iban a adoptar y que eso lo había beneficiado mucho porque, al parecer, su padre no estaba bien, ni económica ni emocionalmente, y en su nuevo hogar, estaría muchísimo mejor.

Entonces, aquel que está en pleno desarrollo de la confianza debe hacer esta elección continuamente. Si pasa una cosa terrible, como que mueran todas las palmeras de la isla, es imperioso recordar y tener la disciplina y la confianza de que "todo es para mi beneficio". ¿Cómo puede ser esto? Es una elección que se hace disciplinadamente.

111

Este periodo es difícil y es la segunda etapa del desarrollo de la confianza.

REBECCA: Mi frase siempre es: "El plan de Dios es perfecto".

CAROLINA: Amén.

Ahora, sobre la tercera fase. "La tercera fase por la que el Maestro de Dios tiene que pasar podría llamarse un periodo de renuncia. Si se interpreta esto como una renuncia a lo que es deseable, se generará un enorme conflicto"[37].

Aquí voy a hablar del sexo, porque en mi caso personal, mi compañero y yo representábamos dos caras de la misma moneda. Para mí, renunciar al sexo implicaba una liberación de una adicción; para él, renunciar al sexo era renunciar a algo deseable. Él se preguntaba por qué tenía que renunciar. En una pareja puedes ver estas cosas sin ningún conflicto, simplemente cada uno admitiendo cómo le afecta en particular. Esa es la tercera fase.

> Si crees que estás renunciando a algo que deseas, entonces te traerá mucho conflicto. Son pocos los Maestros de Dios que se escapan completamente de esta zozobra. No tiene ningún sentido, no obstante, separar lo que tiene valor de lo que no tiene valor[38].

Aquí está la clave: preguntarme si esto o aquello tiene valor; si esto es lo que me hará feliz o voy a hacer la Voluntad de Dios. ¿Ves por dónde va todo? Yo lo siento muy claro en mi corazón, es una elección honesta que tienes que hacer, mirar dentro de ti y honestamente reconocer cómo te sientes tú. Estas etapas en el desarrollo de la confianza

---

[37] UCDM, Manual del Maestro, 4, I, A, 5:1-2
[38] UCDM, Manual del Maestro, 4, I, A, 5:2-4

nos llevarán a la honestidad más honesta, más radical. Está escrito en el libro azul. No es que el maestro vino y nos contó un cuento; él lo escribió y lo detalló.

Después viene una cuarta etapa, que es un periodo de asentamiento, como un recreo para la mente del Maestro de Dios, que somos todos nosotros. "Es un periodo de reposo en el que el maestro de Dios descansa razonablemente, en paz por un tiempo"[39]. Como para que coja fuerza sin ponerse demasiado cómodo. "Ahora consolida su aprendizaje y comienza a ver el valor de transferir lo que ha aprendido de unas situaciones a otras"[40].

Esto es maravilloso, porque cuando el milagro ha ocurrido tantas veces ya en tu vida, te das cuenta de que puede ocurrir en todos lados. Generalmente cuando vamos experimentando el cambio de percepción, ocurren nuestros milagros personales, pero en este periodo, que es la cuarta etapa, es muy claro para ti que este milagro se puede transferir a donde aún no se había aceptado el milagro. Empiezas a darte cuenta de que es transferible a todo, que no estaba limitado solo a un aspecto de tu vida, sino que puedes dejar que lo inunde todo. Esta es la cuarta etapa, luego viene la quinta, que dice:

> ...es ciertamente un "periodo de inestabilidad". El maestro de Dios debe entender ahora que en realidad no sabía distinguir entre lo que tiene valor y lo que no lo tiene. Lo único que ha aprendido hasta ahora es que no desea lo que no tiene valor y que sí desea lo que lo tiene[41].

---

[39] UCDM, Manual del Maestro, 4, I, A, 6:1-2

[40] UCDM, Manual del Maestro, 4, I, A, 6:4

[41] UCDM, Manual del Maestro, 4, I, A, 7:1-3

Claro, el período de asentamiento era para digerir este aprendizaje y ver los resultados. Se trata de cosechar los frutos de los árboles, porque ya te han dado tus frutos. Digamos que este es un periodo para el maestro de Dios mucho más abstracto, ya ha dejado de estar apegado a las pequeñas cosas en las que tiene que trabajar a diario hasta llegar a esta etapa, y empieza a adentrarse en un periodo abstracto. ¿Qué quiero? Ya no son las cosas. Ahora es: "quiero la Paz de Dios", "quiero la felicidad", "quiero la vida eterna".

Entonces este es un periodo de inestabilidad, porque el ego ha ido reduciéndose y va a atacar, se va a defender de tu abandono con más fuerza, y eso es lo que da inestabilidad, porque ya no sabes quién eres tú. Te preguntas: "¿Quién soy yo y quién está tomando la decisión? ¿Cómo voy a vivir si elijo solamente lo que deseo en el ámbito más abstracto?".

Después, finalmente, nos alcanza la etapa número seis, en donde llega un periodo de logros, que es cuando verdaderamente el aprendizaje se consolida. "Lo que antes se consideraban simples sombras, se han convertido ahora en ganancias substanciales, con las que [el maestro] puede contar en cualquier 'emergencia'"[42].

En este caso, en este periodo, una emergencia es un mal pensamiento. Ahora se ha invertido el sistema de pensamiento. Antes todo era conflicto y había puntos de Paz, pero en este periodo todo es Paz y hay una emergencia —es decir, un conflicto— de vez en cuando. Ya el maestro que se ha desarrollado y tiene sus logros a flor de piel sabe cómo afrontar estos periodos de emergencia.

---

[42] UCDM, Manual del Maestro, 4, I, A, 8:3

Después de todo esto, lo que viene es la honestidad, justo después. Lo podemos celebrar con Dios.

Hay un punto en el desarrollo de la confianza que lo haces con minuciosidad. Es después, cerca de la etapa cinco; es más abstracto porque ya eliges entre el bien y el mal, entre la felicidad y el mundo. El ego te dice que la felicidad está en el mundo, pero ya en el período cinco o seis del desarrollo de la confianza te das cuenta de que estás eligiendo entre la felicidad y el mundo, porque te das cuenta de que la felicidad que verdaderamente deseas no está en el mundo.

5

VIDA, MUERTE, REENCARNACIÓN

Amado Maestro, Padre Dios, Hermano Jesús,
Vengo a ti con mi creencia en la vida y la muerte.
Es una creencia muy arraigada en mí
y sé que solo tú podrás salvarme.
Estoy lista para saber que la muerte no existe;
deseo saber que la vida es eterna,
por eso vengo a ti.
Mi creencia en el cuerpo limita la experiencia
de la verdad eterna en mí.
Por eso hoy te entrego mi creencia
de que he nacido a este mundo
y de que he venido a morir.
Sé que Tu Creación, Padre, y tu Amor
son infinitos como Tú. Hoy decido aceptarlo
más allá de lo que conozco.
Hoy decido permitirte que me liberes
de mi creencia en la muerte.
Hoy estoy ante ti con honestidad y humildad
agradeciendo esta sanación.
Gracias. Amén.

El concepto de la reencarnación es la idea de que tú naces y vives cuando entras en un cuerpo físico, y cuando el aliento se retira del cuerpo físico y este se deja de lado, mueres y ya no estás vivo. "¿Es [la reencarnación] un concepto útil? Y eso depende, por supuesto, del uso que se le dé. Si se usa para reforzar el reconocimiento de la naturaleza eterna de la vida, es ciertamente útil"[43].

MAX: No llego a comprender, no sé bien lo que quiere decir esta frase.

MARTA: No estoy viva en un cuerpo, pero sí estoy viva en lo que soy realmente. Sigo viviendo, pero las personas piensan que la vida se termina con el cuerpo físico.

REBECCA: No, no para mí.

CAROLINA: Entonces ahí es donde se nos dice que la reencarnación es un concepto útil, cuando te ayuda a comprender que la vida no se termina, que la vida continúa, que no depende de tener un cuerpo físico o no.

CRIS: Yo siempre he pensado que después de la separación que tuvimos y de que entramos en un cuerpo, en ese cuerpo vamos buscando el ser que realmente somos, que no tiene principio ni fin. Pero si en una de las vidas que vivimos en un cuerpo no llegamos a encontrarnos con Lo Divino, volvemos en otro cuerpo. Volvemos a nacer donde sea para ir buscándonos y buscándonos para encontrarnos con el ser que somos realmente. No sé si me explico.

CAROLINA: Entiendo lo que dices porque ese es el concepto tradicional de la reencarnación. Hay que abrir la mente a un concepto que trasciende la idea que tenemos de vida y muerte. Cuando no creemos en la vida y la muerte, el concepto de la reencarnación deja de tener valor, porque este solo tiene valor cuando nos sirve para saber que la vida siempre está, que la vida no cesa nunca.

MAX: ¿Y qué nombre se le daría en *Un Curso de Milagros* a esto de "venir"? Es decir, a esto de estar experimentando cada vida, en el sueño, digamos...

---

[43] UCDM, Manual del Maestro, 24, 1:4-6

CAROLINA: Claro, a esto se le llama "sueño" y para ello el Padre puso en nosotros a Su Voz, a la que le llamamos el Espíritu Santo. ¿Y qué es lo que hace el Espíritu Santo? En nuestra vida, que se puede comprender como varias "llegadas y salidas" con varias experiencias corporales, el Espíritu Santo nos acompaña con Su Voz para que cada vez estemos más cerca del reconocimiento de la Verdad en nosotros.

CRIS: ¿Eso quiere decir que no hay reencarnación en los cuerpos?

CAROLINA: Nunca existe el cuerpo. Forma parte de un sueño que, aunque aparenta ser muy real y físico, nunca lo es. Lo interesante es que abras tu mente para saber que la carne —de ahí la palabra "reencarnación"— siempre es un sueño, porque Lo Divino no tiene carne. Si tú fuiste creado a imagen y semejanza de tu Padre Divino y tu Padre no es un cuerpo, tú no puedes ser un cuerpo tampoco.

DANI: Sí. Es que lo que estás diciendo es muy lógico, yo no había pensado en ello. Pero claro, puesto que estamos viviendo con este cuerpo en una ilusión, el "volver" —con lo que yo llamo reencarnación— es todo un sueño.

CAROLINA: Entonces nos unimos para reconocer, como parte de nuestra "toma de consciencia", que la encarnación forma parte de la ilusión, del sueño, exactamente igual que todo lo demás que vivimos aquí. Todo es un sueño, toda instancia en la que te percibes separado, independiente de Tu Padre, en la que te reconoces a ti mismo con un nombre diferente, con un género diferente, con una vida individual, forma parte del sueño, porque en la realidad eterna esa sensación de separación o esa idea tan clara, en la que somos "varios", desaparece.

MARTA: Me has asustado mucho, porque yo comprendí que sería muy difícil la unión, volver a encontrarse con el Padre. Esto no sería posible si no hacemos unión con el hermano y vemos la luz en él. Me cuesta tanto ver la luz en el hermano y la unión con él, que casi me da miedo volver a encontrarme con mi Padre. No sé cómo hacer, no llego. Pero... ¿No tenemos niveles? Es decir, cuando uno desencarna ¿va directo a Dios o hay niveles de auto-evaluación? ¿Te encuentras con Él o no?

CAROLINA: La idea de separación no está limitada a la experiencia física. Vamos por partes. Si tú desencarnas, por decirlo así, dejas de lado el cuerpo físico. Si vas a un espiritista o a un psíquico, te darás cuenta de que la idea de separación sigue estando presente, aun cuando el cuerpo físico no esté. Por ello hay fantasmas y gente que los escucha o los ve. ¿A qué corresponde esto? A que la idea de separación es una idea del ego. Para el ego, si bien su templo es el cuerpo físico, la idea de la separación es su reino. Existe para él y está ahí, hasta que ya no está más. Es decir, que el que tú dejes de lado el cuerpo físico no significa que ahora estés en Dios. En la realidad nunca dejas de estar en Dios. El cuerpo, o la ausencia de él, no tiene nada que ver con Dios.

Tú estás en Dios siempre y lo olvidas en todo momento. Pero lo puedes recordar en presencia de tu cuerpo físico, viviendo en el sueño o habiendo dejado de lado el cuerpo físico. ¿Me sigues? Lo que ocurre es que hablamos de una experiencia a la que no tenemos acceso ahora mismo. Cuando se habla de ver luz en el hermano, se trata de un ejercicio mental, no de un ejercicio físico. No se te pide que veas a tu hermano en la luz con los ojos del cuerpo; se te pide que lo veas con tu disposición mental.

120

DANI: Estoy de acuerdo, solo que el ejercicio mental me cuesta. Pero la disposición a verlo interiormente es lo mismo, porque es la única manera de verlo, no con el cuerpo físico, pero interiormente. Entiendo, pero me cuesta.

CAROLINA: Bueno, la práctica hace la diferencia, es así como le ocurre a todo el mundo. La experiencia es similar a cuando empiezas a aprender un idioma y es difícil al principio, pero luego se va haciendo más fácil cada vez. Luego, lo interesante aquí es que no hemos dejado de estar en Dios nunca, por lo tanto, no hay nada que temer. No hemos dejado de estar en Dios en ningún momento, es imposible no estar en Dios.

DANI: Estoy de acuerdo al cien por cien con ello. ¿Y cómo es posible que estando cien por cien en ello, el cuerpo dé tantos problemas?

CAROLINA: Estar en Dios no es estar con el cuerpo en Dios. Estar en Dios es permitirle a tu mente que esté allí donde la Mente de Dios está, que es en la perfecta Paz. Se ha dicho a lo largo de los siglos y varios maestros espirituales lo han enseñado, que la paz y el gozo de estar en Dios nada tienen que ver con el cuerpo físico. El cuerpo físico puede estar de la manera en que esté, pero es solo la mente la que puede recordar a Dios.

En el Manual de Psicoterapia se dice: "Puesto que solo la mente puede estar enferma, solo la mente puede ser sanada"[44]. ¿Esto qué significa? Y esto lo decía Ken Wapnick (Presidente de la Fundación para la Paz Interior, editor y maestro de *Un Curso de Milagros*): "¿Es mi meta que mi diabetes se sane? No, realmente quieres poder decir: 'Mi

---

[44] UCDM, Anexo, Psicoterapia: Propósito, proceso y práctica, Introducción, 1:2

lección es aprender que puedo tener diabetes y aun así tener la paz de Dios'"[45].

MARTA: Perdona, cuando hablas de la mente, ¿piensas en la mente del cuerpo?

CAROLINA: No es la mente que parece habitar en el cerebro del cuerpo humano. Es una experiencia mucho más todo-abarcadora; es una experiencia que no está contenida. Cuando hablas de la mente es como si hablaras del mar siendo una gota en él. Imagínate el mar y tú siendo una gota del mar, hablas del mar. Hay una aparente idea de individualidad, pero nunca has dejado de formar parte del todo. Tú eres una gota dentro del mar mismo. Es como el pez que habla del agua; probablemente ni siquiera sabe que está contenido en ella.

Es un poco lo que nos pasa a nosotros. Como experiencia humana, hay la sensación de estar perdidos, de que no voy a llegar a mi Padre. Pero lo que no sabemos es que somos la gota dentro de la ola, una gota dentro del mar. Es imposible estar perdidos de Dios porque ya estamos en Él. En *Un Curso de Milagros*, en realidad la Expiación no implica un cambio; la Expiación de la que El Curso habla, en realidad apunta a un reconocimiento de que la verdad no ha cambiado; es un des-hacer en mi mente de la creencia de que yo fui diferente y regresé a Dios. Yo nunca me fui de Dios y tú tampoco.

REBECCA: Ya lo sé, pero no sé cómo explicarlo. Yo, cuando hablo de la mente, es como si hubiera dos mentes: una es la que va con el cuerpo, que es una ilusión con la que vivo en este sueño, y la otra mente es con la que voy buscando la mente de lo Divino, que está en mí. Es como si tuviese dos

[45] Facebook Page of *A Course in Miracles* - Foundation for Inner Peace, 21 de noviembre, 2012. (Traducido por Carolina Corada)

mentes. Entonces cuando hablas de la mente, no sé a qué mente te refieres.

CAROLINA: Hablamos en un "como si". Dentro de los conceptos que manejamos nosotros, está lo que creemos ser: la "mente errada", aquella que se experimenta como un cuerpo separado, como un individuo independiente de Dios, y que da lugar a tu vida aquí. Luego, paralelamente, está la "mente corregida" o sanada.

MARTA: ¿Y los espíritus que se quedan?

CAROLINA: Están en la mente errada. Los espíritus forman parte del ego desencarnado.

MARTA: Pero... ¿es que no han sabido ir hacia la Fuente, digamos?

CAROLINA: Lo que ocurre es que las personas están condicionadas por todas las películas sobre espíritus que van hacia la luz. No hay un traslado, no hay un lugar al que ir. No hay una distancia o un trayecto, no es posible, porque Dios es todo-abarcador. Esa idea de "ir hacia la luz" es simbólica, todo ese viaje es simbólico realmente. Ver la luz en el hermano es simplemente que estés dispuesto a verlo santo e inocente; que estés dispuesto a verlo iluminado, perdonado e impecable. Ahí, inmediatamente, verás una luz simbólica, porque, ¿cuál es tu referente de la luz? Quizás sea el sol, una estrella que brilla. Cerrar los ojos y poder ver esto te enseña que tu corazón está dispuesto a ver inocencia: es todo simbólico. Te voy a hablar de un ejercicio que te muestra el poder de la mente.

En algún momento, haciendo un ejercicio mental destinado a ayudarme a soltar los obstáculos a la paz, la imagen en mi pantalla mental era la de un barco al que yo le iba poniendo dentro mis obstáculos a la paz como si fueran bloques de madera. Este ejercicio lo hice con Marie

Gillick, una maestra de Irlanda. Entonces, en mi mente, yo lanzo el bote simbólicamente hacia el mar y veo que se lo va llevando la marea. De repente, veo que se tensa una cuerda y me doy cuenta de que esa cuerda está amarrada a mi pie. Yo estoy en la orilla y el barco se está yendo, y me doy cuenta de que no se puede terminar de ir porque está amarrado a mi pie. Observo cómo me siento y me doy cuenta de que tengo la sensación de que el barco pesa y al irse, me va a arrastrar con él. Fíjate en el simbolismo; si no suelto verdaderamente mis obstáculos a la paz, estos obstáculos me van a arrastrar, me van a llevar, voy a seguir siendo la víctima de mis propios obstáculos. Entonces, en esta meditación con los ojos cerrados, me puse a buscar dónde estaba el nudo de la cuerda y no lo veía, no lo lograba ver.

Para aclarar las ideas: esto no está ocurriendo en realidad, pero sí es un símbolo de lo que ocurre internamente, es la manera en que el Espíritu Santo me muestra lo que he de hacer y lo que no estoy haciendo; el miedo que tengo o la resistencia a dejar ir los obstáculos que conozco tan bien. Entonces, finalmente, encontré el nudo que amarraba la cuerda y lo solté, y el barco se fue y yo respiré, aliviada. Por un instante pensé: "No voy a poder soltar los obstáculos". Lo pensé, porque todo estaba ocurriendo en mi mente. Las imágenes que ocurren en mi mente son símbolos de lo que me está ocurriendo a mí internamente.

Entonces, cuando hablamos de ver la luz o de las personas desencarnadas que deben ir hacia la luz, todo es simbólico, porque el ámbito de lo abstracto —y aquí es donde entra la descripción de "la mente"— no lo puedes llevar al ámbito de lo concreto porque nunca se va a entender allí. El ámbito de lo abstracto se comprende en lo abstracto, aquello que es abstracto se acepta. De hecho, una de las lecciones que tenemos en el Libro de Ejercicios de *Un*

Curso de Milagros se refiere a lo abstracto en nosotros como la "Amorfía Misma".

> Esas son las formas que jamás pueden engañar, ya que proceden de la Amorfía Misma. Valiéndote de esta forma puedes desempeñar tu función incluso aquí, si bien el amor significará mucho más para ti cuando se haya restaurado en ti el estado de amorfía[46].

CRIS: Y las personas que quedan allí. ¿Quedan allí por siempre? ¿Qué hacen esos espíritus?

CAROLINA: Eso no forma parte de las enseñanzas de *Un Curso de Milagros*. Tendríamos que ahondar en espacios que son completamente irrelevantes para nosotros ahora, por mera curiosidad. De repente quiero hacer terapia de hipnosis regresiva. ¿Para qué? Si para ti tiene un sentido, lo haces. Si tiene un propósito santo, como podría ser, por ejemplo, que "quiero comprender la vida eterna" o "deseo sanar los obstáculos de mi mente". Pero claro, todo el mundo tiene miedo a la muerte porque no sabe lo que pasa después. La idea de la eternidad forma parte de lo que el ser humano olvidó.

REBECCA: Si nadie te lo ha dicho, ¿cómo te preparas, qué pasa?

CAROLINA: Hay aspectos de esta vida, de este sueño y de los aparentes diferentes planos de existencia en los que lo único que puedes hacer es acompañar, consolar y bendecir. La aceptación es la gran aliada cuando observamos nuestras creencias acerca de los planos de entendimiento y de qué manera estamos llamados a soltar, como en el caso de ese barco, dejar ir la curiosidad, dejar ir el deseo de saber y

---

[46] UCDM, Libro de Ejercicios, Lección 186, 14:1, 14:4

entrar en la aceptación y la confianza. Estas experiencias te las provee solo tu Maestro Interior. Provienen de adentro.

DANI: Hay cantidad de programas de TV que te enseñan a la típica monja de un hospital que murió hace cientos de años y sigue recorriendo el edificio, por decir algo. Y yo me pregunto: ¿no sabe qué hacer, no sabe adónde ir, no viene nadie a buscarla? ¿Qué pasa ahí?

CAROLINA: La gran pregunta sería: ¿para qué me sirve eso a mí, para vivir en paz? La función del mundo del ego es distraerme; es un mundo lleno de fantasía, y en el mundo del ego también está el "ego espiritual". Los programas de TV sobre la vida después de la vida son entretenimiento. Si bien algunos pueden apuntar hacia la verdad, su función no es enseñar la verdad acerca del mundo espiritual, sino entretener, distraer.

CECILIA: Con respecto a la paz, como que dices: "Bueno, luego de la muerte hay como una consciencia que queda de lo que uno ha sido", pero te da esa inquietud de: ¿qué pasará con ella? ¿Se quedará allí por siempre? ¿Y dónde es allí?

CAROLINA: Sí, pero esa monja muerta arrastrando cadenas, ¿en qué te da paz a ti? Yo no pienso en eso, y te sugiero que no pienses en eso tampoco. El mundo y todos sus fenómenos y cualidades son como un parque de diversiones para el ego. El ego te va a mantener distraído mientras se lo permitas. Es distracción, entretenimiento, un juego, diversión, curiosidad.

CECILIA: Los fantasmas que se pueden ver —porque a mí me pasó mucho eso, ver fantasmas—, ¿son una ilusión? ¿Dónde están? ¿Por qué están allí?

CAROLINA: Todo lo que ves separado de ti es una ilusión. No hay otra explicación. No lo puedes comprender, no hay manera de cambiar eso. Nosotros nos dirigimos hacia una experiencia abstracta de nosotros mismos que nada tiene que ver con los cuerpos separados. Abstracto es "sin forma", en El Curso se le llama "amorfo", sin morfología.

REBECCA: Amorfía, sí, Lección 186. Amorfía que quiere decir sin forma, un ser sin forma.

CAROLINA: Fíjate en esta frase en la que se nos dice:

Padre, no sabemos cómo llegar a Ti, pero te hemos llamado y Tú nos has contestado. No interferiremos. Los caminos de la salvación no son nuestros, pues te pertenecen a Ti. Y es a Ti a donde vamos para encontrarlos. Nuestras manos están abiertas para recibir Tus dones. No tenemos ningún pensamiento que no pensemos contigo, ni abrigamos creencia alguna con respecto a lo que somos o a Quien nos creó. Tuyo es el camino que queremos hallar y seguir. Y solo pedimos que Tu Voluntad, que también es la nuestra, se haga en nosotros y en el mundo, para que este pase a formar parte del Cielo. Amén[47].

La respuesta es tu Maestro. El Espíritu Santo es la respuesta del Padre. Con *Un Curso de Milagros*, estamos llamados a dar pasos en dirección a lo desconocido, porque el que da pasos es el ego, que es el único que puede hacerlo, dado que tiene piernas y cree que se traslada.

Entonces, nosotros nos dirigimos a Dios usando al personaje que jamás conocerá a Dios, y esto al ego le da mucha rabia y mucho miedo. Pero no es un miedo a Dios,

---

[47] UCDM, Libro de Ejercicios, Lección 189, 10

sino un miedo a Ti, porque el ego sabe que tú tienes la respuesta ya contigo, que tú ya lo lograste y él tiene sus días contados. Para alargar un poco más su tiempo, juega con el pasado y el futuro, y te ofrece experiencias fenomenológicas que te distraigan, te lleva a su parque de atracciones, para que te pierdas en él y te olvides de que tu propósito era recordar a Dios.

El Curso dice que todo puede ser usado correctamente. Usar todo correctamente es que cada aspecto que vivas no te lo quedes tú como el personaje, para que te distraiga, sino que se lo entregues al Espíritu Santo. Imagínate que a ti te atrae lo oculto, te gusta el espiritismo, la reencarnación, los fantasmas, lo esotérico, el tarot, y hay una parte de ti que dice: "Esto no combina mucho con *Un Curso de Milagros*". Sin embargo, sí hay una parte que combina con El Curso y es que tú estés dispuesto a no quedarte nada para ti. Eso que te gusta y que te divierte, que se lo entregues al Espíritu Santo como un regalo, es decir: "Te entrego mi atención hacia lo esotérico, te entrego lo distraída que me quedo con el tema de la reencarnación, que me encanta o que me da miedo"

Por ejemplo, a mí me encanta ver la serie *Entre fantasmas,* de una chica que ve muertos. Me divierte. Esta diversión también se la "entrego" al Gran Maestro para que pueda ser usada para Sus fines y no los del ego.

CRIS: A mí me pasa que veo fantasmas.

CAROLINA: ¿Y te gusta?

CRIS: Ni me gusta ni me disgusta. Siempre les he preguntado por qué están ahí. Les pregunto lo que quieren, pero no me contestan, se disuelven.

CAROLINA: ¿Y has considerado la opción de entregarle eso al Espíritu Santo?

CRIS: No, nunca lo he pensado.

CAROLINA: Pues hoy es tu día. Cuando yo era más joven, me pasaba eso. Veía gente que no estaba ahí, escuchaba voces. Y yo, con veinticinco años, oré, oré, oré, y se lo entregué al Espíritu Santo con las siguientes palabras: "Espíritu Santo, Espíritu de la Luz, si esta experiencia fenomenológica tiene algún valor para mi aprendizaje espiritual, la acepto, pero si no lo tiene, si es solo un ardid del ego, te la entrego completamente".

Y desapareció. Pero cuando desapareció me di cuenta de que había un morbo, una "cosita" que me agradaba de que me ocurriese eso. Había una parte de mí que se sentía especial de que me ocurriese ese fenómeno "solo a mí". Al soltarlo, eso se fue y ese deseo de ser especial se fue también, para dar cabida a una experiencia de mucha más paz, porque bienaventurado el buscador espiritual que pueda lograr su camino sin distraerse con los fenómenos psíquicos. Porque lo que el ego ve como "dones" en realidad son fenómenos que te distraen de la verdadera jornada espiritual. Nuestro camino no tiene como meta la adquisición de poderes psíquicos. Nuestro camino tiene como objetivo recordar a Dios Mismo.

CRIS: Nunca lo hubiera pensado, eso de darle eso al Espíritu Santo.

CAROLINA: Pues date cuenta de que "eso" es algo que te estabas quedando para ti, es decir, para el ego.

CRIS: Sí, completamente, sin darme cuenta.

CAROLINA: Queremos entregarle todo al Espíritu Santo; primero lo que nos disgusta, lo que nos hace sufrir, pero no solo eso, sino también todo lo que nos gusta. Ahí es donde al ego le das miedo tú, porque sabe de tu devoción y dice para sí: "Es que le va a entregar mi mundo a Dios. El mundo que yo le di, se lo va a entregar a Dios. ¡No!". Y tiene razón. Lo harás.

El ego jamás podrá escuchar al Espíritu Santo, mientras que tú sí y yo también. El ego va a buscar mil maneras de distraerte, de hacerte creer que hay algo de espiritual y místico en la separación, de ahí que aparezcan los fantasmas, que investiguemos en la reencarnación, que nos interese lo psíquico. Lo psíquico nunca está en el momento presente; siempre está enfocado hacia el futuro o hacia el pasado.

Imagínate que te vas a hablar con un psíquico. ¿Qué te va a decir? Seguramente algo de tu pasado o de tu futuro. Nunca te hablará de este momento presente, pues el momento presente es un fenómeno para el ego. Pero para nuestro Ser Real, para la mente que está unida y que habita ya en lo abstracto y amorfo, tener poderes psíquicos no es nada extraordinario. Es natural.

Porque si ya tú te reconoces en lo eterno, ¿qué puede haber allí a lo que no tengas acceso? En esa misma parte, al final del libro, en el Manual del Maestro, N°. 25, bajo el título: "¿Son deseables los poderes psíquicos?", esta idea queda clarificada. También en el N°. 24: "¿Existe la reencarnación?", donde se habla de este concepto, se mencionan los poderes psíquicos.

Yo anoté —cuando lo estaba estudiando— una frase que me saltó a la vista: "la atracción por el engaño". El ego dice silenciosamente: "Te voy a engañar y te voy a contar que yo tengo un poder que tú no tienes". Este comportamiento define lo que es usar el desarrollo espiritual para manipular y atraer adeptos. Y te pregunta: "¿Son deseables los poderes psíquicos?".

...cada individuo tiene un sinnúmero de capacidades de las que no es consciente. A medida que su consciencia se expanda, es posible que desarrolle capacidades que le parezcan muy sorprendentes. No obstante, nada que él pueda hacer puede compararse en lo más mínimo con la gloriosa sorpresa de recordar Quién Es[48].

¿Hacia dónde nos dirige eso? Voy a dejar que te lo leas. Se dirige a que no te intereses por los poderes psíquicos, porque lo que está más allá de ellos te sorprenderá mil veces más. Si te quedas en el ámbito de lo fenomenológico, te perderás el regreso a Dios en tu consciencia. Te lo perderás, porque todo lo fenomenológico será como un caramelo que te distraerá con su sabor, aunque también lo puedes poner al servicio del Espíritu si lo decides. Pero tú tienes una autopista directa al recuerdo de Dios. Entonces depende de ti. El Curso dice:

> Ciertamente hay muchos poderes psíquicos que están claramente de acuerdo con los postulados de este curso. Las capacidades aparentemente nuevas que se pueden adquirir en el camino hacia Dios pueden ser muy útiles. Cuando se le entregan al Espíritu Santo y se usan bajo Su dirección, se convierten en recursos de enseñanza muy valiosos[49].

Hay gente que recuerda lo que llamamos "vidas pasadas", por ejemplo. ¿Hay algo en tu vida que no le hayas entregado al Espíritu Santo? Si lo hay, que probablemente lo haya, el ego lo está usando en tu contra.

---

[48] UCDM, Manual del Maestro, 25, 1:3-5
[49] UCDM, Manual del Maestro, 25, 2:1, 3:1-2

TAMARA: Estas cosas se pueden entregar una por una. Luego está la idea de que no tienes por qué entregarle al Espíritu Santo lo que sea uno por uno. ¿Por qué no puedo entregarle todo a la vez? ¿Por qué tengo que hacer ese trabajo de entregarle cada cosa?

CAROLINA: Es un atajo, nada más. ¿Pero es real esto? Eso cada uno tiene que mirarlo y experimentarlo como le corresponda. Yo en la mañana, antes de bajarme de la cama, le entrego mi día entero al Espíritu Santo, para asegurarme de que todo sea usado para Sus fines y no para los del ego. Entonces me bajo de la cama, pongo los pies en el suelo y como está frío, me da una pequeña molestia. Eso ya me muestra que no le entregué todo, porque hay una pequeña molestia, que es el frío del suelo. Entonces, ¿a qué voy con esto? Es todo muy fácil, digo: "Te lo entrego todo, Espíritu Santo'", y después voy viviendo mi día. Y a medida que lo vas viviendo, te das cuenta de que el Espíritu Santo, tras hacer esa entrega general, se queda con ciertos aspectos —sin mostrártelos—, porque tú no los quisiste mirar. Tuviste miedo a mirar. Entonces, parece muy fácil decir que le entregas todo al Espíritu Santo. Yo puedo entender racionalmente que a mí me conviene entregarlo todo, pero... ¿lo he entregado todo en verdad? ¿Al decirlo implica que ya lo logré?

TAMARA: ¡Claro que no! Bueno, ojalá.

CRIS: A mí no me funciona. En tus cursos me he dado cuenta de que decirlo es una cosa y no funciona solamente con decirlo; sentirlo interiormente es otra cosa, mucho más profunda.

CAROLINA: Ahí está, ¿y cómo lo sentimos? ¿Cómo sabemos que está siendo una realidad para nosotros? Todo esto puede ser utilizado correctamente y eso es lo que nos

132

tiene que importar más a nosotros, pero para ello tenemos que tener la disposición de entregárselo al Espíritu Santo.

Es obvio, y esto lo hemos hablado muchas veces, que es imposible que tú entregues cada uno de los aspectos de tus creencias, porque sería titánica e infinita la tarea. Pero sí se nos pide estar alerta y en atención, minuciosidad en la búsqueda espiritual, y por nuestra vivencia, sabemos que es así. Tú —con toda tu buena intención— puedes hacer una entrega general de "todo" al Espíritu Santo, pero... ¿quién determina lo que es todo? Es el ego quien lo hace, y piénsalo de esta manera: el ego dice: "Sí, lo entrego todo, pero me voy a quedar con este poquito (inconscientemente) para mí". Así evita que la experiencia sea una experiencia diferente. Por supuesto que vamos a lograr entregarlo todo, pero esto requiere de una gran devoción. Requiere la liberación del miedo, estar dispuesto a mirar adentro.

CECILIA: Pero si entonces me siento bien y estoy empezando mis ejercicios y comienzo a entregar cosa por cosa, ¡no termino nunca!

CAROLINA: Claro, pero lo que ocurre es que no se te pide que estés entregando las cosas del mundo: las plantas, el sofá, etc. Se te pide que estés observando en qué momento tu mente es perturbada por pensamientos que te impiden estar en la vivencia de Paz. Eso es lo que el Espíritu Santo te señala y te indica que es "tu perturbación" y te ayuda a decidir si es algo que tu desees guardarte o soltar. ¿Qué te impide levantarte por la mañana y decir: "Espíritu Santo, te entrego mi vida entera, todo"? Lo puedes decir, es una buena intención, como que yo te diga que te deseo un día maravilloso; lo puedes decir —en voz alta o en tu mente—, pero que se haga realidad lo vas a saber por tu experiencia. "Te entrego esta situación", dices.

Ahora imagínate que me voy a encontrar contigo para tomar café y entre tú y yo hay un roce y se lo entrego al Espíritu Santo para que este evento esté en sus manos y sirva solo para la sanación de mi mente. A continuación, yo digo algo que dispara la rabia en ti. ¿Qué hacer con esa rabia? "Ups, perdón, no te la entregué, Espíritu Santo". Si la rabia aparece es porque aún está vivo el deseo de estar en control y los deseos inconscientes que no se han entregado siguen "mandando" en las vivencias. Se manifiesta aún la necesidad de tener la razón y no se ha logrado ver la luz en el otro. ¿Cómo lo sabes? Lo sabes ahí, en ese momento, porque yo me puedo despertar entregándole todo al Espíritu Santo, pero si no estoy en paz, ¿qué más hago?

En el capítulo 21 de *Un Curso de Milagros*, en el sub-capítulo "El miedo a mirar adentro" se te pide que lo mires todo. Y yo te pregunto: ¿Sabes tú lo que es "todo"? No todo lo del mundo, no todo lo de los demás. ¡Se trata de saber todo lo mío!

CECILIA: ¿Y eso lo miras a cada instante del día?

CAROLINA: Claro. Porque en tu cotidianidad vas viviendo. Por ejemplo, ahora estás aquí, hablando con nosotros, pero imagínate que se te rompió la calefacción y tienes frío. ¿Puedes pasar frío y estar en paz? Déjame decirte que no. Puede haber frío y tú estar en paz. Nada en el mundo ha de cambiar para que tú alcances lo que ya es tuyo. El frío no tiene nada que ver con tu paz.

MARTA: Es una vigilancia mental constante de ti mismo.

CAROLINA: Es así. Hablemos del atajo: "De la vigilancia a la paz". La vigilancia es el nivel medio, si se quiere hablar de niveles. Todavía no se está en la paz, se está en la vigilancia, en la práctica. Hay golosinas espirituales: los poderes psíquicos, la reencarnación, la telekinesia, la sanación por imposición de manos. Todas esas opciones o poderes espirituales son golosinas.

Por ejemplo, hace muchos años, antes de conocer las enseñanzas de la Paz en *Un Curso de Milagros*, yo fui ayudante de un hombre que operaba con las manos, de esos que sin usar bisturí, introducen sus manos en el cuerpo y operan. Eso lo vi yo con mis propios ojos. Lo vi meter la mano dentro de un vientre con cáncer y sacar un quiste, y la persona estaba completamente alerta, conversando, sin anestesia. En ese momento, yo era muy jovencita y me dije: "¡Qué maravilla!". Y sin embargo, también me pregunté: "¿Y cómo me afecta a mí? ¿Cómo estoy yo más en paz con esto?". Porque todo se sentía súper espiritual: "¡Qué bello, estamos ayudando al prójimo!". Pero la pregunta seguía en mi mente: "¿Cómo estoy cambiando yo?".

Entonces, me di cuenta de que la única manera de que yo estuviera en paz era dedicándome a mí misma y a mi mundo interior, que no era el físico. Yo debía estar en vigilancia, porque aun cuando ayudas a que se sane el cuerpo físico con una intervención de la índole que sea, ello no implica que el espacio mental de paz regrese. Te garantizo que no estarás en paz y tampoco el paciente.

Con honestidad, lo he visto mucho a lo largo de los años, y tú también: la sanación física, bien sea por una sanación espiritual o con una medicación, no atrae paz. Si tú meditas o te sometes a cualquier sanación espiritual y se te quita la gripe, ¿inmediatamente estás en paz? Perdona que te recuerde que la respuesta honesta es que no.

La Paz nada tiene que ver con el estado del cuerpo físico; el gozo se puede lograr aun cuando el cuerpo físico no esté en su estado más óptimo. Tú conoces a mucha gente con su cuerpo en su estado más óptimo y esas mentes que caminan en esos cuerpos físicos no están en paz; sufren de ansiedad, dolor emocional, miedo. Entonces, ¡qué confusión! ¿Cómo tengo que hacerlo? ¿Verdad que esa es la pregunta?

Quieres entender por dónde es el camino. Lo único que te queda es que te entregues, que te rindas, eso sí, de todo corazón, al Maestro Interno, al Espíritu Santo, a la Voz que Dios puso en nosotros en este sueño. Y eso hay que hacerlo una y otra vez, porque a medida que vamos viviendo la vida en este mundo, las condiciones van cambiando. Hay creencias colectivas: en el género, en el Big Bang, en envejecer, en la menopausia, y todo eso está siendo la causa de tu experiencia. Vas a ir llegando a estas creencias, te darás cuenta poco a poco.

Hemos hablado de los "racimos de creencias", como de un racimo de uvas. Ahora, cada uva representa un aspecto de la misma creencia, por ejemplo, la creencia en las arrugas, la creencia en que los órganos se dañan con el tiempo, la creencia en que a los mayores les falla la vista, que a los cincuenta años te puede dar cáncer.

Todas estas creencias vinculadas al paso del tiempo y a envejecer forman parte de un "racimo". Todo es simbólico, para que lo podamos entender. Todo esto forma parte de un racimo de creencias, ahora: ¿vas a entregar cada uva mirándola? ¿Vas a entregar cada una de las creencias que forman parte del racimo de creencias llamado "envejecer"? No necesariamente, si tú eres consciente de la creencia, tiras de ella por uno de sus aspectos y si tienes la fortaleza, le entregas al Espíritu la creencia completa. Lo que nos ocurre a nosotros es que no tenemos la fortaleza suficiente y tiramos y arrancamos un solo aspecto de la creencia, pero están los demás aspectos que se quedan intactos. Y dices: "Le estoy entregando al Espíritu Santo, pero todavía tengo la creencia ahí, sin moverse. Lo estoy haciendo mal". Nos ha pasado a todos.

MAX: Si de eso se trata el ser honesto conmigo mismo, pues sí, claro que ha de ser todo el tiempo.

CAROLINA: Has dicho la palabra ganadora: honestidad. ¿Cómo estamos con la honestidad?

MAX: Cada día que pasa me doy cuenta de que espiritualmente no estoy siendo honesto conmigo mismo, sin darme cuenta de ello. Es El Curso que me está abriendo la visión de todo esto. Y sin darme cuenta, no era honesto conmigo mismo y ahora me estoy dando cuenta de ello poco a poco.

CAROLINA: En todo aspecto de nuestra vida aquí en el mundo, el ego se apodera de todo. Se apodera también de tu espiritualidad y te dice cómo tiene que ser: "Esto es espiritualmente correcto, esto no es espiritualmente correcto...". Si alguien te dice: "¿Vas a entregarle todo al Espíritu Santo?", a ti te conviene contestarle con el corazón: "¡Claro!", porque es lo espiritualmente correcto. Pero muy probablemente, en lo que es espiritualmente correcto, la honestidad no está, porque te aprendiste lo que era correcto —como las normas, como la buena educación— aprendiste unas normas que son las que rigen tu mundo. ¿Y por qué me sigo sintiendo mal, me sigo enfermando, me siguen ocurriendo estas cosas? ¿Será que no he sido honesta? Y ahí empiezas a mirar un poco más, a permitirle al Espíritu Santo que te muestre los rincones ocultos.

Se dice en El Curso que "no quedará ni un solo rincón oscuro en tu mente". Entonces volvemos a lo mismo, si yo digo: "Voy a limpiar todo, se lo entrego todo". ¿Dónde están los rincones, dónde queda lo de levantar los cojines (en tu mente) para mirar debajo; dónde está el deseo de "mover los muebles para mirar bajo las alfombras"? Ahora, el camino no tiene que ser incómodo para ti, no tiene por qué ser doloroso, aunque generalmente lo es, pero no tiene que ser así. Tú puedes elegir sanar sin sufrir, esto lo puedes hacer y depende solo de ti, especialmente de ti. ¿Queda más claro esto?

CRIS: Bueno, mejor, pero no al "cien por cien". Intento ser honesta con lo que siento y con lo que pienso.

CAROLINA: El tema de la reencarnación. ¿Por qué te interesa?

CRIS: No es que me interese ese tema exactamente, hay tantos temas que me interesan profundamente, del por qué esto y por qué lo otro. Busco, busco y busco.

CAROLINA: En El Curso se habla de la mente que busca y nunca encuentra. Entonces, es interesante que te preguntes: "¿Y quién quiere saber? ¿Quién pregunta?".

CRIS: Mi cuerpo.

CAROLINA: ¿Y quién es ese?

CRIS: Estoy con un lío terrible, porque quien pregunta es el cuerpo. Yo sé que si pregunto lo que soy realmente, tendría la respuesta. Pero eso que soy realmente no lo he encontrado. Entonces, quien lo busca es el cuerpo, que está fuera de lo que soy realmente, ese será el que está preguntando. Pero lo que soy realmente no tendría ni que preguntarlo, porque lo sabría.

CAROLINA: Te voy a contar una anécdota que tiene que ver con esto. Al principio del trabajo con *Un Curso de Milagros* había muchas preguntas, pero cada pregunta se la entregué al Espíritu Santo. Hoy en día me doy cuenta de que no tengo preguntas. Hay una parte de mi mente correcta que se ha apoderado de mí y me ha mostrado que no hay nada que saber. ¿Quién quiere saber, quién investiga? En algún momento pensé: "¿Quién quiere vivir una vida así?". Pero en realidad la vida es mucho más calmada sin la emoción de aquel que pregunta. El que pregunta es como un niño pequeño que quiere saberlo todo. Cuando dejas de lado la pregunta, la respuesta llega desde adentro hacia tu consciencia.

CRIS: Es lo que estoy comprobando, cada vez pregunto menos y dejo llegar, de manera muy sorprendente, a la respuesta.

CAROLINA: La única respuesta, se nos dice en El Curso, es un poco esto: permitir que el Espíritu Santo nos hable en todo momento.

> Recuerda que el Espíritu Santo es la respuesta, no la pregunta. El ego siempre habla primero. Es caprichoso y no le desea el bien a su hacedor. Cree y con razón, que su hacedor puede dejar de brindarle apoyo en cualquier momento[50].

El ego te tiene miedo a ti porque sabe que la respuesta ya está contigo. Es decir, hubo una pregunta que dio lugar al sueño. "¿Qué soy?". Esa es la pregunta, pero Dios puso la respuesta dentro de nosotros cuando surgió la pregunta, y el Espíritu Santo es la respuesta. De ahí que volvamos una y otra vez al Espíritu Santo a por las respuestas y las preguntas interiores se acallen. ¿Y quién soy?, ¿y cuándo?, ¿y cómo va a ser esto?, ¿qué tengo que hacer ahora?, ¿hacia dónde voy?

Se acallan las preguntas porque las respuestas están ahí, contigo, continuamente. ¿Dónde está la respuesta a todas las preguntas? En el Espíritu Santo. Todo lo que necesito

---

[50] UCDM, Capítulo 6, IV, 1:1-4

escuchar está en Él. El Espíritu Santo me trae todas mis respuestas.

CRIS: Lo que pasa es que no siempre lo puedo escuchar.

CAROLINA: Lo que pasa es que la voz del ego habla primero. Para poder escuchar la Voz del Espíritu Santo y su mensaje hace falta aquietar la mente. Cuando tienes dudas o estás distraído, la mente del ego —la mente errada—, está activa y no puedes escuchar Lo Verdadero.

REBECCA: Es un entrenamiento, hace falta meditación. ¿No?

CAROLINA: Meditación y práctica: cada quien ha de encontrar lo que le sienta bien. Hay gente que no medita, hay gente que solo entra en oración, por ejemplo. Maríalcira Rincón, maestra venezolana, relata cómo su vida ha cambiado; ella no medita, nunca ha meditado, no es lo suyo, ella ora. Ella ora en movimiento, ella está cocinando y está orando, rindiéndose, pidiendo ayuda.

MARTA: Es como una meditación activa. ¿No?

CAROLINA: Sí, es una meditación de ojos abiertos, en conversación. Se parece un poco a este momento mío. Yo tuve un periodo de muchísima meditación en silencio y quietud, y ahora esa quietud se está extendiendo a todo, incluye a todo, en todo momento. Cada quien ha de darse el tiempo que necesita para encontrar "su forma" y hay que saber que se pide meticulosidad para tener ese tipo de respuesta.

REBECCA: Ahora en las lecciones, que voy por la 121, estoy en un momento en que me cuesta un montón concentrarme. Serán las resistencias, porque hace rato que las lecciones están pidiendo meditaciones y silencio. Hoy una amiga me decía que ella no había aún aprendido a meditar. Entonces yo me pregunto: ¿el Curso te pide meditar o no?

CAROLINA: Te lo pide y te guía. Se trata de entrenar tu mente. Fíjate en la experiencia, por lo menos en la mía. Se nos pide meditación porque es una manera de que te acuerdes de Dios, de que tú le saques tiempo a tu día para estar en Dios. Cuando tu mente ya está entrenada, la inversión del pensamiento ha ocurrido para ti y tú estás ahí, en el silencio, en la conversación continua con tu Maestro Interno, y el ego a veces viene a tu mente y te distrae, pero tú ya estás ahí; porque ahí es donde encuentras lo que estás buscando. ¿Para qué entonces distraerte o hacerlo de otra manera?

CECILIA: ¿Y sí o sí tienes que hacer los ejercicios, verdad? ¿No solo venir a la clase? ¿Puedes explicarme una cosa? En una meditación yo me encuentro en un vacío y es absoluto: no hay nada, no se oye nada. Está todo oscuro, hay mucha paz, pero no hay nada. Empiezo a meditar en una pregunta, por ejemplo, que quiero conocer con más claridad a Dios, pero no hay respuesta ninguna. Es un vacío total, me encuentro bien, pero es un vacío total.

CAROLINA: ¿Y quién te dice que esa no sea la respuesta?

CECILIA: No lo sé.

CAROLINA: Es ahora cuando vamos aprendiendo a escuchar la Voz del Espíritu, que no tiene por qué hablarte con palabras humanas y darte respuestas de este mundo. Muchas veces, por lo menos ese es mi caso, Su Respuesta es certeza, calma, quietud.

CECILIA: ¡Estoy bien, entonces!

CAROLINA: ¿Qué pasa si te dejas ir en ese vacío de tu meditación?

CECILIA: Me da miedo.

CAROLINA: Eso se llama "miedo al Amor". El ego lo ve como vacío, pero en realidad es todo-abarcador; es la ausencia de división. ¿Correcto?

CECILIA: Cuanto más me encuentro en este vacío, más me da la impresión de que es una paz "terrible", que me llega, y el miedo me echa hacia atrás.

CAROLINA: Tú dices: "Es una paz terrible", y yo te pregunto: "¿Qué paz es esa que te llega tan terrible? ¿Será quizás una Paz absoluta y eso es "lo terrible"?

CECILIA: No lo sé, pero hay algo que me hala hacia atrás. Quisiera combatirlo, pero no llego a hacerlo.

CAROLINA: En la experiencia de Paz absoluta, de soltar, de entregarse y rendirse, el ego tendrá miedo siempre porque ese no es su mundo. Ahí el ego queda fuera. Es como si tú pudieras dar un paso hacia delante y el ego se quedara atrás. Tú entras en la Paz y el ego deja de estar presente, te adentras en ese vacío y te dejas llevar por Él. La denominación de "vacío" se la da el ego, porque es un "vacío de mundo"; no hay objetos, no hay cosas, no hay palabra, no hay divisiones. El ego esto lo ve como un vacío y le da mucho miedo, pero la realidad es que La Totalidad se presenta así, sin separación. Se trata de dejarte ir y observar si puedes hacerlo sin que te dé miedo, aunque sea por un instante.

CECILIA: Sí, pero hay algo que me hala hacia atrás, yo pienso que es el miedo. Sí, el miedo a morir, a desaparecer, seguramente.

CAROLINA: Entonces esto es lo que pasa con los primeros ejercicios del nivel en el que estás tú. A partir de la

Lección 220, se te empieza a pedir en *Un Curso de Milagros* que te aquietes.

> Las lecciones que aún nos quedan por hacer no son más que introducciones a los períodos en que abandonamos el mundo del dolor y nos adentramos en la paz. Ahora empezamos a alcanzar el objetivo que este curso ha fijado y a hallar la meta hacia la que nuestras prácticas han estado siempre encaminadas. [...] Diremos más bien algunas palabras sencillas a modo de bienvenida, y luego esperaremos que nuestro Padre Se revele a Sí Mismo, tal como ha prometido que lo hará[51].

CECILIA: Ya entiendo, y antes ya te va pidiendo meditación. Hablando y repitiendo la frase está bien. Pero entonces te pide: "...y ahora aguarda en absoluto silencio", por quince minutos... y a mí esto me sale fatal. Llevo desde la Lección 150 queriendo hacerlo bien, tal y como lo pide. Setenta lecciones después no lo he logrado, no hay manera.

CAROLINA: Sigue tal y como vas. Nosotros aquí, en este grupo, hemos tenido momentos de quietud sin repetir nada; estos son lo que se te pide que reproduzcas, recuerda cómo llegamos a ellos. Es como si vinieras volando desde tu mundo y vas llegando a este instante presente y te vas quedando quieta, quieta, quieta. Todo va cada vez más despacio, hasta que no se mueva nada en ti, ni dentro ni fuera. Todo en ti se relaja, se rinde. Ahí está: perfecta quietud. No necesitas repetir un mantra o una lección, solo quedarte muy quieta para poder recibir a Dios, para no interrumpirle. Esto tú también lo puedes hacer en tu casa.

---

[51] UCDM, Libro de Ejercicios, Segunda Parte, Introducción, 1:4-5, 3:3

CECILIA: Supongo que sí.

CAROLINA: Por supuesto que sí puedes, porque si lo puedes hacer aquí, lo puedes hacer allí. La invitación es a soltar "la muleta" de las palabras humanas y aquietarte para que Dios pueda hablarte y, sobre todo, que estés dispuesta a escucharlo. Yo recuerdo cuando hice por primera vez estos ejercicios. Pude sentir a Dios venir a mí como un tsunami de amor, y tuve que parar. Paré porque me dio mucho miedo. Descubrí vivencialmente el miedo al Amor, el miedo a Dios.

CECILIA: Eso es lo que me debe pasar a mí, el miedo al Amor.

CAROLINA: El miedo es gratis, el ego te lo regala, pero no por eso te lo vas a quedar. Hay que descartarlo. Como cuando te hacen un regalo que no necesitas y te lo llevas a casa aunque no lo necesitas, solo porque es gratis. Es igual con el miedo, es gratis. Hay que aprender a descartar lo que no nos sirve, aunque sea gratis.

CRIS: Una pregunta que me hago muy a menudo, igual tú tienes la respuesta. Si en esta vida que estoy viviendo ahora llego a encontrarme lo que soy realmente, ¿cómo puedo seguir viviendo en este cuerpo?

CAROLINA: ¿Y quién pregunta?

CRIS: Mi cuerpo. No sé cómo puede pasar y me da miedo a veces, lo busco y al mismo tiempo tengo miedo de encontrarlo.

CAROLINA: No puedes saberlo. Gracias, eres muy honesta. La respuesta está en no proyectarte al futuro, porque la mente del "ego espiritual" quiere que le cuenten cómo va a ser esa iluminación, cómo ese despertar, para ver si a "ella" le interesa. Quiere saber si todo estará bien y seguirá igual, quiere que se lo describan. El punto interesante está justo ahí. No queremos ir allí. Cada vez que quieras saber lo que va a pasar si te entregas completamente, por ejemplo, te preguntas: "¿Cómo voy a seguir viviendo, qué le va a pasar a mi cuerpo?". Entonces nunca te entregarás, porque pareciera que Dios te puede dar algo muy bueno y algo muy malo. Piensa. ¿De dónde viene ese deseo de saber? ¿Si me adentro completamente en la experiencia de Amor qué va a pasarme? En realidad esa pregunta lleva implícita la posibilidad de que te ocurra algo que tú no desees; admite la posibilidad de que Dios puede ir en tu contra.

Deja que ese miedo sea purgado, que salga y se lo entregas al Espíritu Santo, completa y absolutamente, una y otra vez, para que puedas cada vez más confiar y soltar. En estos días hablé con una amiga que desde hace diez años también estudia El Curso y lleva una vida muy mística. Ella me contaba que cada vez tiene experiencias más largas de misticismo, donde se dejar ir completamente: "... y no tengo hambre ni frío; siempre hay alguien que me cuida. Es impresionante. Viene alguien que me trae algo de comer o vienen y me ponen una mantita encima o me acompañan, y esto me permite a mí abandonarme completamente a esa experiencia".

REBECCA: Es como los *sanniasins* o renunciantes que entran en gran introspección y meditan todo el tiempo. Acaban de encontrar a uno que estaba momificado en posición de meditación y dicen los budistas que está vivo. Y yo pienso que no puede ser, no creo que esté vivo.

CAROLINA: Pero claro que está vivo, eternamente, como el resto de nosotros. Estás aprendiendo a permitir que la experiencia que te esté llegando, te llegue. En cada uno de nosotros llegará de una manera diferente. Yo la entiendo también a ella, a mi hermana mística. Y también te entiendo a ti. Entiendo que permitirte experimentar esto a veces significa el no saber qué va a pasar si te dejas ir. Pero si lo único que significa es confiar absolutamente en lo que el Maestro nos trae... ¿cómo lo sientes?

CRIS: Es donde no soy honesta conmigo misma, porque cuando esa experiencia está llegando, yo no tengo aún la confianza, y vuelvo a tener miedo.

CAROLINA: Aun así puedes entregarle al Espíritu Santo el miedo y aceptar que te ayude a superarlo. El Espíritu Santo es nuestro liberador del miedo. Él ha venido a hablarnos solo de Amor. Si ves el miedo, está ahí para que tú des el paso y se lo entregues al Espíritu Santo, como una purga, una limpieza, una liberación. Cada cosa a su tiempo.

MARTA: Hoy me cuesta escuchar.

CAROLINA: ¿Estás distraída?

MARTA: Sí, mucho, por las cosas turbias que —supuestamente —me están pasando. Sabes que a veces escuchas las palabras y no encajan. No las entiendo y no las acepto.

CAROLINA: Vamos a abrir el libro al azar para ti. Ábrelo, pidiéndole a Lo Divino una guía clara de lo que te corresponde aprender hoy, y me lo das.

MARTA (leyendo): "No subestimes la necesidad que tienes de mantenerte alerta *contra* esa idea, ya que todos tus conflictos proceden de ella"[52].

CAROLINA: Esto habla de la idea de "Perfecta Igualdad", dice además: "Sin embargo, si perciben a cualquiera de sus hermanos de cualquier otra forma que no sea con perfecta igualdad, es que se ha adentrado en sus mentes la idea de la competencia"[53].

---

[52] UCDM, Capítulo 7, III, 3:5
[53] UCDM, Capítulo 7, III, 3:4

La idea de diferencias aparece con regularidad y "yo" creo que es verdad; es la vida en este mundo, en nuestras relaciones, por donde caminamos. Es pensar: "Yo no soy igual que aquel, ¡qué diferentes somos!". Esta idea es por la que te debes mantener alerta en la búsqueda de aceptar en nuestra mente la igualdad, el reflejo del otro en mí; esta es la parte más dura de una Relación Santa o de una relación que pretende ser santa.

CECILIA: Estoy viendo esto mucho en estos días. Es difícil cuando sientes que odias al otro. Es interesante observarlo, porque mi compañero también es honesto y me dice que él tampoco puede pretender que todo es perfecto si él también siente odio. Yo veo que vigilancia hay que tener todo el rato. Esa vigilancia es lo que te agota, lo que te da el resfriado, por ejemplo.

CAROLINA: Mira lo que se nos dice:

> Sin embargo, si perciben a cualquiera de sus hermanos de cualquier otra forma que no sea con perfecta igualdad es que se ha adentrado en sus mentes la idea de la competencia. No subestimes la necesidad que tienes de mantenerte alerta contra esa idea[54].

CECILIA: Es muy cansino. Reconozco que mantener la idea de que el otro es diferente cansa, agota; y a la vez, ¡ya me gustaría a mí ver al otro santo! Pero a veces esto parece imposible y absurdo. Estoy en un momento revuelto. Me agota y no sé mantener el rol del que es fuerte o débil... o de esto o de lo otro... porque ninguno funciona.

CAROLINA: Y encima te resfriaste y hay que descansar. Ves qué importante que expreses la desesperación con esta

---

[54] UCDM, Capítulo 7, III, 3:4-5

idea: "Ya no sé mantener el rol". Todos entramos en una relación sosteniendo un personaje muy pesado, una máscara. Pero si realmente estás haciendo bien tu transformación interior, tal y como te conviene, es insostenible; llega un momento en que es un esfuerzo tan grande sostener esa máscara que la dejas caer y ahí empiezas a ver el miedo que tenías a mirar adentro. Sería bueno mirar ese capítulo: "El miedo de mirar a dentro". Ese miedo a mirar adentro aparece porque vas a ver cosas feas, solo por un instante, porque las atravesarás: son ilusorias todas, al igual que estarás dispuesto a ver perfección y amor en el otro. Yo, que tengo esto muy sabido, a veces aún me "resbalo" y caigo en ocasión de algún pensamiento que estaba oculto. Por ejemplo, últimamente veo que hay una parte en mí que ve la perfección en el otro, su inocencia y otra parte de mí que no quiere verla.

Es como si ya estuviera viéndolo todo perfecto y maravilloso y una parte de mí me tirara del pelo y me dijera: "¡Que no! Que no veas eso, vuelve conmigo, no puede ser todo perfecto y ser tan maravilloso". Mira que lo veo todo así, perfecto y maravilloso, pero existe en mí aún esa vocecita que El Curso dice que habla más fuerte y habla primero, que es la del ego, que me grita diciendo: "¡No, no, no mires allí, mírame a mí!".

Puedo verlo claramente. He visto la manera en que se ha invertido el pensamiento; inicialmente, cuando empieza una relación o nuestro camino espiritual empieza a cobrar fuerza, vemos todo negro y Lo Divino, de vez en cuando, nos muestra algo hermoso, nos muestra la posibilidad. Cuando el pensamiento se invierte, ves lo que tienes que ver: perfecta hermosura, fluidez y el ego te sigue halando de la manga para que no lo veas, para que te quedes en su mundo de oscuridad.

CECILIA: Sí, por ejemplo, el otro día estaba observando. Ahora estoy con un compañero nuevo que es muy seguidor de El Curso y es muy bueno. Todo maravilloso hasta que empiezan a salir cosas. Pasamos algunos días acumulando pensamientos y de repente los dos decidimos entregarlo al Espíritu Santo, hacer el trabajo y ocurre el milagro. ¡Y gracias, Dios! Me fui a trabajar y me salió genial y así vamos. Pero cuando vuelvo a casa, comienzo a verlo todo mal otra vez.

CAROLINA: Pero estuviste un rato largo en un espacio de calma y tranquilidad. Tuviste un "punto de referencia".

CECILIA: Bueno, también influye el encuentro de dos fuerzas: la positiva siempre lo repele, como dos polos opuestos. Cuanto más positivo estás por lograr algo, también sale la fuerza opositora que se revela: el ego. Es como la lucha entre Cielo e Infierno.

CAROLINA: No subestimes la necesidad de estar alerta; la necesidad de estar en la práctica. No subestimes el requerimiento de que entrenes tu mente. Esa fuerza opositora que es el ego es la que se opone a tu felicidad. A medida que profundizas más hacia el Amor y la Verdad —atravesando las invitaciones que el ego te hace para que entres en el conflicto—, el ego patalea con más fuerza y tú podrás sentir que has perdido el camino, pero en realidad no es así. En realidad lo estás haciendo muy bien. En estos instantes, tú tienes el poder de tu entrenamiento mental, tu poder de volver a Dios una y otra vez se activa, puedes volverte al milagro, al perdón, una y otra vez.

Lo voy a leer en el capítulo titulado "Los regalos del reino". El Curso nos dice: "Estar en el Reino quiere decir que pones toda tu atención en él"[55]. Por eso ocurren esas

---

[55] UCDM, Capítulo 7, III, 4:1

experiencias que parece que van y vienen. Suceden porque no tienes toda tu atención en el Reino todavía.

> Dije anteriormente que el amigo del ego no forma parte de ti porque el ego se percibe a sí mismo en estado de guerra y, por ende, necesita aliados. Tú, que no estás en guerra, debes ir en busca de hermanos y reconocer en todo aquél que veas a tu hermano, ya que únicamente los que son iguales están en paz[56].

Date cuenta de cómo sales a tu vida y no estás buscando "hermanos". Estas buscando enemigos, guerreros, víctimas y victimarios. Nos dice El Curso: "Puesto que los hijos de Dios gozan de perfecta igualdad, no pueden competir porque lo tienen todo"[57].

¿Cuántas veces el conflicto proviene de competir? En tu caso, por ejemplo, me parece que el conflicto viene porque tú lo tienes muy claro de una manera, y él lo tiene muy claro de otra.

CECILIA: Él me dice: "Es que como con mi última pareja esto lo teníamos muy claro y contigo es todo muy nuevo...". Y yo pienso: "¿Pero qué me estás diciendo?". Está claro que es él quien me ha elegido a mí; él ha venido a verme aquí. Los dos estábamos muy claros hasta que empezamos a competir por quién tenía la razón y ahí perdimos la guerra los dos, perdimos la paz los dos.

REBECCA: Mira que esto está en mis oraciones mucho: renuncio a tener la razón; prefiero la Paz de Dios. Pero estos días estoy como muy agarrada a la razón y... Entonces me

---

[56] UCDM, Capítulo 7, III, 3:1-2
[57] UCDM, Capítulo 7, III, 3:3

repito que no quiero tener la razón, para luego escucharme decir: "¡Pero es que la tengo!".

CAROLINA: Al respecto, El Curso nos dice:

> Puesto que los hijos de Dios gozan de perfecta igualdad no pueden competir porque lo tienen todo. Sin embargo, si perciben a cualquiera de sus hermanos de cualquier otra forma que no sea con perfecta igualdad, es que se ha adentrado en su mente la idea de la competencia[58].

Es esto lo que te ha pasado y te ofrezco mil milagros, hermana. La invitación medular que Jesús nos hace en *Un Curso de Milagros* es a re-unirnos en igualdad y liberarnos de la competencia. Es esto exactamente: que podamos vernos inocentes y perfectos los unos a los otros, o sea, iguales. Esta invitación es justamente la que hacemos con el Ibiza Enlight Festival a sus participantes: encontrarnos más allá de la comparación, trascender la competencia.

Cada quien, donde está, es perfecto, tiene todo lo que requiere y posee toda la verdad que necesita. Cuando se adentra en nuestras mentes la idea de la competencia, el conflicto y la comparación aparecen y nublan la vivencia de la Paz absoluta. Si yo necesito competir con mi hermano, significa que a uno de los dos mi Padre le dio menos y al otro le dio más, y vamos a competir a ver quién gana. Con esta idea se perdió todo y nunca puede haber un ganador. La única manera de que haya un ganador es que podamos vernos iguales y entonces quien gana es el Santo Hijo de Dios.

---

[58] UCDM, Capítulo 7, III; 3:3-4

DANI: Es difícil actuar así en todo momento, con todas las ocasiones en que se te presenta.

CAROLINA: ¿Estarías dispuesto a que no fuera difícil?

DANI: Sí, estaría dispuesto, pero...

CAROLINA: No. Sin el "pero". Te invito. Vamos a decir: "Estoy dispuesto a actuar así en cada circunstancia de mi vida".

DANI: Siempre es difícil, me gustaría...

CAROLINA: Es difícil... ¡Hasta que ya no!

DANI: Bueno, pero cuéntame cómo lo haces.

REBECCA: Tenemos que tener también la disponibilidad a reconocer que quizás, tal vez, en algún momento, sí estaremos dispuestos.

CAROLINA: Esto se logra cuando mantienes tu atención en el Reino. Y esto se nos ha dicho en varias partes de El Curso. Lo podemos encontrar en el Capítulo 6: "Las Lecciones del Amor", subcapítulo V: "Las Lecciones del Espíritu Santo", que se resumen en tres:

Para poder tener, da todo a todos[59].
Para tener paz, enseña paz para así aprender lo que es[60].
Mantente alerta sólo en favor de Dios y de Su Reino[61].

Mantenerte alerta es una de las características que te ayudarán a lograr la Paz. En el Reino de Dios no hay error, no hay defecto, no hay conflicto, no hay ganador ni perdedor, no hay mejor ni peor. Mantener tu atención en el Reino es desechar todo pensamiento que hable del reino

---

[59] UCDM, Capítulo 6, V, A

[60] UCDM, Capítulo 6, V, B

[61] UCDM, Capítulo 6, V, C

del ego y mantener tu atención en el Reino de la Perfección. Y cada vez que tu mente divague, acordarte de invocar a la Verdad: "¡Padre, por favor, muéstrame lo que tú ves!". Estar listo para ver la Verdad es volver y volver, una y otra vez, hasta que la experiencia se estabilice.

En estos días he tenido una experiencia mística extrema con mi pareja, también. Vengo de haber tenido muchas discusiones fuertes y de haber pensado: "Vale, voy a ver lo que Dios me quiere mostrar, pero no voy a vivir con él bajo el mismo techo, ¡me niego rotundamente!". Ahora estoy viendo claramente perfección, inocencia, amor, solución, bienestar. ¡Gracias, Dios!

No obstante, escucho muy quedo una vocecilla interna, un aspecto de mí misma que aún vive y que me dice: "¡No, no, no, perfección, no!". Luego escucho una Voz Interior también, cuyo sonido es dulce, pero mucho más contundente su mensaje, y me dice: "Observa y ve, ¡cuánta perfección!". Esa Voz me acompaña a mantenerme alerta al Reino que me muestra que solo los iguales pueden vivir en Paz; cuando somos iguales y nos reconocemos como iguales, el conflicto no puede sobrevivir.

Por ejemplo, si tienes hijos y si tú te reconoces igual a tu hijo varón, ¿qué conflicto puede haber entre ustedes? El conflicto está en que no te reconoces igual a él, en que lo ves peor, o mejor, tú con más o menos autoridad.

Date cuenta de dónde surge el conflicto en nuestras mentes, en nuestras vidas y en nuestras relaciones. Debemos recordar que *Un Curso de Milagros* es un tratado de regreso a la Paz a través de las relaciones; no tienes otro laboratorio. Tu laboratorio son tus relaciones. Es interesante ver, respecto a tu pareja, que confías en ella, pero también confías en que se equivocará, en que te fallará. Hay que tener la cordura de darse cuenta de que hemos convenido en encontrarnos con aquellos con quienes potencialmente tendremos una relación sanada si aceptamos el reto con humildad.

¿Por qué querría el Espíritu Santo que revisáramos algo que ya estaba sanado? Te aseguro, con mi testimonio propio como testigo, que lo que está verdaderamente sanado no levanta ni el polvo nunca más; desaparece de tu vida por completo. Lo que vuelve a aparecer es otra "uva de un mismo racimo", otro aspecto de la misma creencia, que se presenta una y otra vez. Date cuenta de que cuando esto ocurre solo se te pide que admitas que quizás has soltado un aspecto de esa creencia, pero todavía quieres tener la razón.

MARTA: ¿Siempre creencias?

CAROLINA: Sí. Fíjate en la palabra "creencia". Creer en algo no significa que sea verdad, porque la Verdad es incambiable, por eso es que a todo lo que no sea Perfecta Paz se le llama "creencia", porque fluctúa de acuerdo con las circunstancias en un momento dado, es ilusorio.

MARTA: Claro, y a la vez, al creer en ella, le damos una realidad.

CAROLINA: Que es la que tú tienes, ese supuesto conflicto. Nuestro compromiso es ir soltando las creencias, aquellas ideas en las que "yo creo". Nunca mejor utilizada la frase. El ego se convierte en el "yo creo", en el creador de una nueva realidad a partir de la creencia, pero que nunca es verdad.

¡Qué rabia creer en la menopausia y sufrir sus consecuencias! Yo tuve una madre que me hablaba de la menopausia desde que tengo doce años, y me ha tocado vivir una menopausia importante, que yo he sentido que me ha afectado mucho. Una y otra vez me perdono por haber escuchado a mi madre y haber aceptado por mucho tiempo esa creencia en la menopausia como real. Quizás la acepté para serle fiel a ella y a su amor por mí. En ese "darme" cuenta, le entrego al Gran Maestro el racimo que incluye la creencia en la menopausia, porque comprende otras creencias afines que la sostienen.

Siempre hay varias ideas que sostienen una creencia, y la práctica honesta es ir soltándolas. Hay veces en que tienes la fuerza espiritual para soltar la creencia completa y otras veces solo la fuerza para ir soltando las ideas que la sostienen, una a una.

CECILIA: Es decir, que toda la irrealidad son creencias. Lo bueno y lo malo, aparentemente; las ilusiones, lo que parece ser real. Es que... esto es muy radical.

MARÍA: Escucho y trato de quedarme con ideas. Al principio es un poco caótico, pero trato de entenderlo y buscarle un sentido.

CAROLINA: Este ha sido un instante dedicado a ir mirando varios aspectos e ir identificando lo que cada uno traía. ¿Quieres mirar el libro tú ahora?

REBECCA: Antes de que leas lo que te ha salido ahora en el libro, ¿cómo actuarías frente a una persona que te dice que no tienes razón cuando tú estás segura de que tienes la razón, cien por cien? Por ejemplo, dices que Dios existe porque tú lo sientes poderosamente dentro de ti y el otro te lo refuta. ¿Cómo actúas ahí? Es difícil.

CAROLINA: En este caso, yo esto también lo suelto y se lo entrego al Espíritu Santo. No es difícil. Yo nunca quiero tener la razón, en verdad.

REBECCA: En eso tendrías la razón

CAROLINA: No, la Verdad no necesita ser defendida.

155

REBECCA: Es una verdad para ti, pero no para el otro.

CAROLINA: Es igual. La Verdad no necesita ser defendida, lo que es verdad, es verdad. Eso no admite discusión.

REBECCA: Pero el otro quiere una discusión porque piensa que no es la verdad. ¿Cómo haces frente a esto?

CAROLINA: ¿Cómo puedes tú tener una discusión con alguien si tú no quieres tenerla?

REBECCA: ¿Le das la espalda y te vas?

CAROLINA: Para que haya una discusión hacen falta dos. Hay que dejar caer la invitación a la discusión. Pregúntate quién quiere discutir, quién quiere convencer y tener la razón. Este aspecto del pensamiento no me interesa. A ti tampoco te interesa realmente, porque en este caso es usar a Dios para separarte de tu hermano, tener la razón y ganar. ¡Demente!

Ahora me viene un recuerdo de la última vez que me pasó esto, hará un año y medio, en Málaga, con un grupo que me invitó a una cena y ellos no eran estudiantes o seguidores del Curso. Yo no abro mi boca a menos que me lo pidan, y yo no hablo de Dios a menos que alguien me pregunte al respecto. Esa noche, justo alguien que tenía un problema con Dios y sabía de mi trabajo, me incitó a discutir, para buscar un conflicto.

Fue maravilloso, hermoso de ver, porque él se dio cuenta enseguida de que yo no tenía ninguna necesidad de convencerlo de nada. Le dije: "Lo que tú quieras, para mí está bien; lo que tú quieras". Ese "para mí está bien", dicho desde mi corazón, en Paz, le habló a él de una certeza que le dijo (sin decirle en palabras realmente y sin discusión alguna) de que yo sabía quién era Dios y también quién era él. Y por más que él quisiera discutírmelo, eso no iba a cambiar. Yo no sentía ninguna necesidad de convencerlo de algo que es verdad en él, con lo cual puedo dejarlo ir —soltarlo— y no discutirlo.

REBECCA: Tú sabes que está en él, pero él no lo sabe todavía.

CAROLINA: Exactamente y no tiene importancia discutirlo o no. Eso no cambia la verdad ¿Por qué te tengo que convencer a ti de que tu cabello es negro? Es negro. Si tú lo ves rubio, para mí está bien. Tú lo puedes ver del color que quieras, pero yo sé el color que tiene, entonces no necesito convencerte, da igual que tú lo quieras ver o no, no cambia nada. El "aparente" problema se presenta cuando tú quieres tener la razón; quieres convencer a alguien de algo y que el otro cambie y te dé la razón, para ganar. Ahí somos desiguales y entramos en competencia y en conflicto.

REBECCA: En ese momento ya no se trata de Dios o no.

CAROLINA: No. En ese instante nos separamos más para poder "ganar". Ahí se trata de ti y de mí, no de Dios.

REBECCA: O la vanidad de "mira todo lo que yo sé y tú con lo que me dices, no sabes nada".

CAROLINA: Se mezcla todo y la paz se pierde. Entramos en el infierno directamente. Tenemos que saber que la Verdad no necesita ser defendida y no necesitas defenderla. El que necesita estar seguro de la Verdad eres tú. Porque cuando estás seguro de la Verdad, no necesitas nada. No necesitas que nadie esté de acuerdo contigo, y las personas con las que te encuentras se dan cuenta de ello y ya no hay conflicto con eso.

REBECCA: Cuando me estaba ocurriendo, me acordaba de no defenderlo o defenderme, pero se me creó una sensación de que soy tonta.

CAROLINA: Claro, pero eso que te sucede es para entregárselo al Espíritu Santo. Mientras estés en esa vivencia, cierra tu boca y camina. Ve a "vomitarlo" a otro lado, no te quedes ahí, quiero decir, en ese espacio mental.

REBECCA: Claro, porque los otros me refutaban que no tenía ni argumentos para explicarme.

CAROLINA: ¿Quién quiere ganar? No es una guerra. Hace muchos años, cuando empezaba a enseñar *Un Curso de Milagros*, alguien me dijo: "Convénceme de que yo debo estudiar El Curso". Y recuerdo haber mirado al señor y haber sentido claramente la ausencia de cualquier deseo de convencer a nadie. Le dije: "Yo no soy esa, no necesito convencer a nadie". "¡Ah, entonces tu curso no sirve!", dijo él. "Si eso quieres pensar, para mí está bien: Tú viniste aquí, yo no fui a buscarte para convencerte", le contesté. Recuerdo aquella respuesta. En ella había una calma y una tranquilidad inmensas.

Entonces para ti, hermana, una sugerencia: qué más da esa emoción que te viene, de que eres como tonta, de que te quedas sin argumentos. ¡Gracias a Dios que te quedas sin argumentos! ¿Quién quiere argumentar? Se nos invita a mantenernos alerta contra la comparación, la competencia, el conflicto, el querer tener la razón; esto es lo que te enferma, el ser víctima. Yo lo veo en mí. Me doy cuenta de aquellos aspectos —similares a estos— que no están ya en mí, pero otros que sí aparecen y que tengo que mirar con lupa, más de cerca para que la Paz prevalezca.

Voy a leer algo de El Curso que es tuyo; lo que te salió al abrir tú el libro: "¿Es acaso el miedo un tesoro? ¿Puede ser la incertidumbre tu deseo? ¿O es simplemente que te has equivocado con respecto a lo que es tu voluntad y a lo que realmente eres?"[62]. "Es imposible perder nada si lo que tienes es lo que eres. Este es el milagro mediante el cual la Creación se convirtió en tu función, la cual compartes con el Amor mismo"[63].

Como esta parte de El Curso te ha salido a ti, al abrir al azar el libro, me indica —dulcemente—, me señala el miedo a la pérdida. ¿Lo ves tú en ti? El miedo a perder el empleo, la pareja, la belleza. Es la creencia en que se puede "perder" algo.

REBECCA: Sí, puede ser.

CAROLINA: Este miedo está latente en todos, hasta que ya no está más. El miedo a la pérdida es un miedo todo-abarcador. "Es imposible perder nada, si lo que tienes es lo que eres". ¿Cómo cavilar sobre eso? Solo se justifica el miedo cuando no sabes quién eres tú. Tú crees que eres un cuerpo y que lo puedes perder. Es perfecto para cerrar, porque abrimos con la dicotomía de quién soy, cuerpo o espíritu. ¿Quién soy en realidad? Se nos dice: "Esto no se entiende estando separado de Dios, y, por lo tanto, no tiene sentido en este mundo"[64]. En este mundo, tú eres lo que tienes, piénsalo de esa manera. Si tienes dinero, belleza, novio, posesiones, pareces "ser" eso.

REBECCA: Está muy relacionado a lo material.

CAROLINA: Claro, porque ese es el mundo del ego. Solo en el mundo del ego puedes perder. En la Verdad, no hay nada que perder. El miedo a la pérdida vive en el mundo de lo material.

MARTA: Bueno, pero puedes perder tu identidad.

---

62 UCDM, Capítulo 26, VII, 11:12-14
63 UCDM, Capítulo 26, VII, 11:4-5
64 UCDM, Capítulo 26, VII. 11:6

CAROLINA: Eso es también material.

MARTA: ¿Sí? Bueno, entonces tu simpatía, por ejemplo.

CAROLINA: Eso también es material.

MARTA: ¿Eso también es cuerpo?

CAROLINA: Son todas características de esta identidad física que usas para moverte por el mundo. Imagínate que esta identidad física desaparece. ¿Dónde quedan todas estas otras características?

MARTA: Aquí está el miedo. Miedo a perder toda esta identidad. Creo que me he despegado, pero otra vez, con honestidad, me doy cuenta de que no debo estarlo aún.

CAROLINA: Porque hay miedo a la pérdida, a perder todo aquello que "creo" ser. Todo está vinculado a "mi" identidad separada, a mi identidad de madre, de trabajadora, de pareja, de vecina, de amiga, de buscadora espiritual...

DANI: También esto de la competencia te lo enseñan desde muy pequeño. De niño estás compitiendo con tu hermano o en la escuela, y ya de mayor, en el trabajo, en las relaciones.

CARMEN: Mira, yo que soy maestra de escuela y enseño a niños, he visto que la manera en que más se comprometen con el material educativo que hay que estudiar es con la competición.

CAROLINA: Bueno, lo interesante no es cambiar el mundo del ego. Su mundo no va a cambiar; es lo que es y tiene sus reglas. Con nuestra decisión de dejar de competir y atrevernos a justificar la ausencia del miedo con nuestro deseo de vivir sin miedo, nosotros rompemos las reglas del ego. Las reglas del mundo dicen que el miedo está justificado. Pero nosotros somos rompedores de las reglas y leyes escritas por el ego. Al hacerlo, aceptamos cuando El

160

Curso nos pide que nos atrevamos a ejercer nuestra función: "La tarea del obrador de milagros es, por lo tanto, *negar la negación de la verdad*"[65]. Este mundo es la negación de la Verdad.

Tal y como lo ves, se enseña a competir, y eso no lo enseña Dios y no viene de él. No es la Verdad. ¿Y cuál sería la solución? ¿Cambiar las leyes del mundo? No. Porque el mundo es el mundo del ego. Nosotros cambiaremos simplemente nuestra atención y la pondremos sobre las leyes de Dios. ¿A qué leyes les prestarás tu atención, a las leyes del mundo o a las de Dios? Estaré alerta para encontrarme con mis hermanos separados o con el Reino. Mucha gente me dice: "Es que el miedo es bueno, te da adrenalina, te permite superarte, te permite proteger a tu familia". Y El Curso nos pregunta: "¿Es acaso el miedo un tesoro?"[66].

MARTA: Sí, para la supervivencia.

CAROLINA: ¿Y si no tuvieras que sobrevivir? ¿Y si solo tuvieras que amar? El miedo dejaría de ser un tesoro. Ya no haríamos uso para él y lo descartaríamos. Como hemos citado antes: "Es imposible perder nada si lo que tienes es lo que eres". Se nos está hablando de un ámbito que no es físico. ¿Quién soy? Esa es la gran pregunta que nos invitaba a hacernos el místico de la India, Ramana Maharshi. He leído acerca de sus enseñanzas, son muy cónsonas con El Curso.

Las Leyes de la Curación frente a las leyes del mundo se nos presentan en el Capítulo 26, subcapítulo VII. Y se nos dice que las respuestas de Dios se encuentran en este mundo, aunque no forman parte de él. ¿Qué es lo que evita que aceptemos cabalmente las Leyes de la Curación? Sería

---

[65] UCDM, Capítulo 12, II, 1:5
[66] UCDM, Capítulo 26, VII, 11:12

161

interesante que cada uno se atreva a mirar en su corazón y se pregunte: "¿Es el miedo un tesoro para mí? ¿Me nutre el miedo? ¿Para qué lo uso? ¿Me da la adrenalina que necesito para sobrevivir?".

Y ahora imagínate cómo sería vivir sin miedo. Hay todo un subcapítulo que se llama: "Cómo escaparse del miedo"[67]. ¿Y sabes cómo? Te voy a dar un atajo: a través de tu hermano. Viendo igualdad. ¿Si ves igualdad, a qué le puedes temer? Es como una escalera de dominó. Si yo logro ver a mi hermano igual a mí, significa que he aceptado la Voluntad de Dios, y si he aceptado la Voluntad de Dios, ¿a qué le puedo temer? ¿A la pérdida del cuerpo, a la pérdida de los objetos materiales? Podría... Ya no.

MARTA: A través del hermano. Es interesante, porque siempre hay un hermano por ahí.

CRIS: El miedo casi siempre está por debajo de la psicología, de lo que les pasa a las personas. Es como algo inconsciente que tenemos todos.

CAROLINA: Está a todos los niveles. Quien libera eso es el Espíritu Santo. ¿Es raro para ti hablar del Espíritu Santo?

CARMEN: Tú dices que debo relacionarme con Él, pedirle, hablarle. No. No estoy mucho con Él. Estoy más con el Padre, el Universo, más con Jesús. Al Espíritu Santo lo he ignorado.

CAROLINA: Yo no me cansaré de hablar del Espíritu Santo. Es un personaje con el que muchos estudiantes se incomodan. Como nombre/símbolo da igual. Puedes usar a Jesús, al Padre. Pero se nos dice que fue el Padre quien puso al Espíritu Santo en tu mente. En el libro tienes varios nombres, el Gran Consolador, el Traductor Oficial, la Voz que habla por Dios. No obstante, nunca está fuera de ti. Es

---

[67] UCDM, Capítulo 24, VI

el aspecto más Santo de tu propio Ser. No se va y vuelve cuando lo llamas. Siempre está contigo y es solo tu atención la que activa el que te ayude, cuando se lo permites.

El Espíritu Santo ha venido a este sueño nuestro a liberarnos del miedo, esa es Su función. Detrás del miedo, ¿qué hay? Perfecta Calma. El miedo es como un tupido velo que no te permite ver la realidad y tú no sabes cómo quitar el velo, pero Él si lo sabe. Él lo quita por ti y detrás está la Verdad. En El Curso se habla mucho de quitar, de correr el velo. Queremos enfocarnos para que la incertidumbre no sea más mi/tu deseo.

CECILIA: ¿En esta vida se puede llegar a quitar ese velo, o es cuando mueres o cuando desencarnas, digamos?

CAROLINA: Cuando desencarnas está la idea de que despiertas al Mundo Real. ¡No, no, no! Puedes hacerlo aquí, ahora. Esa es una falsa idea que el ego ha insertado en esta mente errada y que dice que cuando eres un cuerpo estás en este mundo y cuando mueres despiertas y ya estás con Dios. No es verdad esta idea. ¡Tú ya estás en Dios! No te hace falta desencarnar. El ego tiene trampas de postergación para ganar tiempo, para perderte en el tiempo y que decidas esperar a morir para recordar a Dios. Pero yo te digo, hermano, el momento es ahora. La forma más rápida es con el Espíritu Santo y a través de tu hermano.

MARTA: No lo termino de captar.

CAROLINA: ¿Quién te lleva al infierno sino tu hermano? En su cuerpo físico, estando allí presente contigo o cuando te acuerdas de lo que te hizo o de lo que no te hizo. Siempre en tu vida el conflicto implica a otro, al hermano.

REBECCA: Tu hermano refleja todo lo que tú tienes para arreglar. ¿Es un espejo, no? Si no lo ves reflejado, no lo vas a ver, no lo vas a sentir así. Eso tú lo sabes ya, solo que estás

163

en el laboratorio ahora. Es así. Cuando estás en tus relaciones, estás en tu laboratorio.

CAROLINA: ¿Que cómo se convierte mi hermano en mi salvador? Cuando yo lo uso, no para atacarme, sino para recordar a Dios. Te lo extiendo desde mi experiencia vivida, lo logras cuando tienes el deseo de ver perfección en el otro. Pero necesito ser honesto y decir: "¡Espíritu Santo, por favor, muéstrame lo que Tú ves!". Y si lo dices honestamente, la Visión se te concede. Entras en el Arca de la Paz, en el Cielo.

DANI: ¿Y si no soy del todo honesto?

CAROLINA: Es lo que hablábamos de lo que es espiritualmente correcto. Es espiritualmente correcto que yo quiera, pero... ¿y si yo no quiero? La vivencia de la más absoluta Paz esperará tu regreso, hasta que lo desees. Serás honesto y no lo harás por el otro, lo harás por ti.

DANI: Y a través del otro, ¿puedes liberar el miedo?

CAROLINA: Sí. Él es el que te inspira a pedir ayuda, a cambiar, el que te inspira a abandonar los defectos que ves en él, y te ayuda a centrarte solo en el Reino, en la Perfección. Al tú hacer eso por él, lo haces por ti. Es gracias a que lo has decidido hacer por él, que lo haces por ti. Para darme cuenta yo, para sanarme yo, para estar en Paz y no en conflicto, para dejar de estar en conflicto. El ego te dirá que el otro tiene que cambiar o desaparecer para que tú te cures de este conflicto. Pero el resultado más inmediato —que ya todos conocemos— consiste en que a mí se me muestre lo que no estoy viendo. Que se me muestre el Reino frente a mí; que se me muestre la Perfección ahí. Y que la honestidad cobre Vida Eterna. ¿Estoy dispuesta yo a ver ahí la Perfección?

Aparece una respuesta, quizás no deseada: "No. Es una porquería. No puedo verla perfecta. En este instante se dan pasos agigantados hacia la Paz, pues la honestidad se presenta y me muestra que soy "yo" quien no quiere "ver" perfección. Ahora, no se nos obliga a que estemos en la presencia física de ningún hermano, porque nuestro hermano está en nuestra mente. Siempre lo digo, porque muchos interpretan que tienen que quedarse a vivir con alguien con quien no quieren vivir. Al fin y al cabo, cuando estás en una relación de sanación, toda la sanación está en la mente.

Tú no estás en la presencia de alguien las veinticuatro horas al día. Pero sí lo tienes en tu mente las veinticuatro horas del día. La cuestión es lo que haces en tu mente. ¿Te da miedo lo que piensas? ¿O no? Porque piensas barbaridades. Y allí es donde necesitas invitar al Corrector, al Traductor Oficial, a la Voz que habla por Dios a que te muestre que no hay nada que temer; que mi hermano es igual que tú: Perfecto. ¿Lo puedes aceptar así para ti?

DANI: Sí.

CAROLINA: Vamos a orar. Empezamos a estar listos para la transición. Es la transición de un lado a otro, de la mente errada hacia la mente silenciosa y calma. Vamos a darnos un instante de quietud. Vamos a hablar con nuestro Padre con la certeza de que nos escucha y de que Su Voz se comunicará con nosotros cuando sea el momento.

Padre, estamos aquí reunidos en tu nombre,
estamos reunidos aquí solo por un bien común.
Hemos venido para recordarte en grupo y te
agradecemos por tu inspiración y tu amor.
Deseamos ser cada vez más honestos.
Deseamos estar cada vez más alertas
en favor del Amor y a favor del Reino.
Para ello te pedimos ayuda,

y la aceptamos y la recibimos.
No sabemos bien cómo escuchar
esta ayuda que hemos recibido,
pero estamos receptivos a dejar pasar
a la voz que habla primero y poder escuchar
y atender a la Voz que habla solo de Amor,
dulce y sencillamente.
Te damos las gracias por tu acompañamiento,
te damos las gracias por tus soluciones y
por la Voz que has puesto en nuestro sueño
para que no nos sintamos solos.
Te damos las gracias.
Padre nuestro que estás en el cielo,
venimos contigo para acompañarte,
para experimentarnos en el Cielo
y abandonar eternamente el infierno.
Aceptamos y recibimos tus regalos y
te damos las gracias por las Lecciones de Amor
que nos envías a través de tu Hijo Jesús.
Aceptamos y recibimos tus lecciones de amor
Y las tomamos y las seguimos como nuestra guía,
dejando de lado las leyes del mundo
y aceptando solo las Leyes del Amor.
Gracias, Padre.
Amén.

6

EL PAPEL QUE ME CORRESPONDE

Padre Dios, Espíritu Santo,
Aceptaré el papel que me corresponde
en el plan de Dios para la salvación del
mundo. Que se haga Tu Voluntad
es mi único deseo hoy.
He pensado que podrían existir varios roles,
varios propósitos que mis hermanos y yo
debíamos cumplir por separado,
pero poco a poco acepto que
"hacer Tu Voluntad" es parte de mi Plan
y parte del Plan para mis hermanos.
Hoy vengo a Ti, humilde,
para ofrecerte mis palabras.
Acepto hoy que Tú me ayudarás a entender
y a aceptar mi función aquí.
Hoy quiero pasar más tiempo contigo
y preparar mi mente para Ser feliz
más a menudo.
Te invito, te autorizo, te permito, Espíritu Santo,
que me ayudes, que me cambies,
que me transformes, para que yo pueda
verdaderamente reconocer
el papel que me corresponde
y cumplirlo sin temor.
Te doy las gracias por tu ayuda.
Amén.

Un Curso de Milagros dice que no es necesario sentarte a meditar todos los días, ni estar en meditación todo el tiempo, porque una vez que has aceptado al Maestro Interno, que has abierto el canal, el Maestro te habla todo el día.

De alguna manera, yo me siento así. Antes tenía una disciplina bastante constante de una hora a la mañana, al mediodía y en la noche, y ahora me doy cuenta de que hablo todo el tiempo con Lo Divino. A veces tengo un llamado a meditar más y lo hago, o a orar más y lo hago. A veces simplemente paso los días y Jesús me habla al oído en cada momento. Es como si yo reconociera los pensamientos que vienen de Él.

Queremos llegar a la certeza de que se nos está hablando. Queremos reconocer que no es el ego el que nos habla, sino el Espíritu Santo, Jesús, Lo Divino o como tú lo quieras llamar: el Maestro.

La Lección 98, que me inspiró una meditación unos días atrás, dice: "Aceptaré el papel que me corresponde en el Plan de Dios para la Salvación[68]".

Es importante que sepamos que cada uno de nosotros tiene una función, un papel específico dentro de la salvación, y si no lo estamos cumpliendo, es porque no lo hemos aceptado, porque tenemos un plan en paralelo. Pareciera que tú dices: "No, yo me voy a organizar, me voy a hacer vegetariano, voy a meditar tres veces al día, y listo. Así cumplo el plan, cumplo mi papel". Y a lo mejor resulta que tu papel es ir a limpiar baños en una cárcel, porque es allí donde tu luz brillará. Si tú te empeñas en saber cuál es tu papel, lo pierdes.

La Lección 98 es maravillosa y no se puede perder, yo siento que no me canso de ella y sobre todo, de las primeras

---

[68] UCDM, Libro de Ejercicios, Lección 98

frases, que dicen: "Hoy es un día de una consagración especial"[69].

Puede parecer contradictorio el uso que se le da aquí a la palabra "especial", a la que El Curso siempre le da una connotación vinculada al ego. Sin embargo, también nos aclara que todo es potencialmente especial hasta que se lo entregamos al Espíritu Santo. Entonces se nos dice: "Hoy es un día de una consagración especial. Hoy vamos a adoptar una postura firme en favor de un solo bando"[70].

Piensa por un instante. ¿Qué bando será ese? Solo hablamos de Amor y de Paz. Date cuenta de que has estado jugando a dos bandos, a veces en favor de la Paz, pero más veces en favor del conflicto. De alguna manera esto tiene que terminar. Cuando llegamos a un espacio espiritual como es el de *Un Curso de Milagros*, por lo general la mente viene en conflicto, en duda, en dualidad, en miedo, y El Curso —si haces las lecciones como se te dice— te va llevando dulcemente a que esto se invierta y a que ahora tu mente viva la mayor parte del tiempo en Paz, aunque tengas algunos exabruptos de conflicto de vez en cuando. Esto pasará, hasta que ya no ocurra nunca más, hasta que el ego quede deshecho completamente.

"Aceptaré el papel que me corresponde en el Plan de Dios para la Salvación". Piensa si esa frase es honesta para ti. ¿Es verdad eso, o te da miedo que haya un papel que a ti no te dé la gana de cumplir? Yo —porque me dedico a ser maestra de El Curso desde hace tanto tiempo— me resistí mucho ante la idea de organizar un festival (Ibiza Enlight Festival) porque yo no quería hacer eso; y llegó un momento en el que no me pude resistir. Veo, por ejemplo, la carrera

---

[69] UCDM, Libro de Ejercicios, Lección 98, 1:1
[70] UCDM, Libro de Ejercicios, Leccción 98, 1:1-2

musical que mi hijo tiene por delante, y siento que lo debo apoyar a él. A lo mejor creo que ese es mi papel. Y entonces veo una parte de mí que todavía quiere mantener rígidamente lo que "yo" creo que es mi papel, pero después escucho al otro aspecto de mí, mucho más amplio y flexible, que dice que yo sí quiero cumplir con mi papel real. Esta frase es un llamado a la honestidad.

¿Realmente quieres, aceptas cumplir el papel que te corresponde, cualquiera que este sea en la forma?

Les voy a hablar de un papel extremo que me he sentido inspirada a cumplir ahora. *La Pequeña Alma y el Sol*, un libro infantil del autor de *Conversaciones con Dios,* Neale Donald Walsch, explica para los niños de una manera muy suave, pero muy contundente, lo qué es aprender a perdonar y los papeles que desempeñamos los unos en las vidas de los otros. En él nos relata que una vez eran millones de millones de almitas viviendo en Dios, como una vela en el sol, y entonces una de ellas quiso saber qué era perdonar, y Dios le respondió que eso no era posible, porque allí no había nadie a quien perdonar. Pero ella insistía en saberlo y experimentarlo. Entonces de la luz salió una vela (otra almita) y le dijo que ella la ayudaría a satisfacer su deseo. A esta almita la llamaron "el alma amistosa".

Dice el texto que el almita que quería aprender a perdonar preguntó qué podía hacer a cambio de esta ayuda. Y la respuesta fue:

> En el momento en que te golpee y te despedace —repuso el Alma Amistosa—, cuando te haga lo peor que puedas imaginarte, en ese mismo instante, [...] Recuerda Quién Soy Realmente. [...] porque pondré tanto empeño en fingir, que olvidaré quién soy. Y si tú no me recuerdas cómo soy realmente, no podré

acordarme durante mucho tiempo. Y si olvido Quién Soy, incluso tú olvidarás Quién Eres, y las dos estaremos perdidas. Entonces necesitaremos que venga otra alma para que nos recuerde a Ambas Quiénes Somos[71].

¿Aceptas realmente tu papel en el Plan de Dios para la Salvación? Quizá este sea abofetear a uno que se está ahogando en medio del mar. Quizá tu papel es robar a un hermano para que aprenda lo que es el perdón, o hacer "en la forma" cualquier cosa, manteniendo en mente que siempre el que camina contigo es el Santo Hijo de Dios. ¿Estarías listo para aceptar tu papel o te da miedo todavía?

DANI: Si supiera con la mayor certeza que si tengo esa actitud (la de matar o robar) es porque estoy siendo guiado, y me siento seguro de que ese es mi papel, sí lo aceptaría. Pero uno se lo cuestiona. ¿Estaré haciendo bien o mal?

CAROLINA: Aquí es donde se activa la mentalidad que no juzga y se abre la mente a saber que todo está en su santo lugar y que todo lo que está ocurriendo en este plano tiene una función y que no hay nada bueno ni malo aquí. Se presenta una gran controversia y se puede caer en interpretaciones incorrectas. Esto es algo extremo que El Curso te ofrece: o todo es santo, o nada lo es. No conviven lo santo y lo mundano. Una mente que ha sanado solamente tiene una posibilidad. Y se nos dice:

> Hoy vamos a adoptar una postura firme en favor de un solo bando. Nos vamos a poner de parte de la Verdad y a abandonar las ilusiones. No vacilaremos entre una cosa y otra, sino que adoptaremos una firme postura en favor de Dios. Hoy nos vamos a consagrar a la Verdad y a la Salvación tal y como Dios la planeó. No vamos a

---

[71] *La Pequeña Alma y el Sol*, Neale Donald Walsch, Editorial Grijalbo, 1998

alegar que es otra cosa ni a buscarla donde no está. La aceptaremos gustosamente tal como es, y desempeñaremos el papel que Dios nos asignó. ¡Qué dicha tener tanta certeza![72]

Hoy es ese día. Qué dicha tener tanta certeza, porque hoy voy a abandonar todas las ilusiones en favor de la verdad. Aquí en España se hace mucho hincapié en la televisión, por ejemplo, en las "ilusiones" de los niños. Las ilusiones son muy deseables: "Que ilusión la fiesta de la niña"; "que ilusión mi viaje de luna de miel". La palabra ilusión se usa así, pero nosotros ya no la usamos con estas connotaciones, puesto que la ilusión no es real y nunca lo será. La ilusión es algo que te engaña. Aquí en España se usa la palabra para describir algo deseable. En América Latina, por ejemplo, no se usa así.

¿Estás dispuesto a que hoy tu mente se consagre solo a la verdad? ¿Estás dispuesto hoy a aceptar dejar de lado las ilusiones? Es dejar de lado el "pero". Dejar de lado hoy mi hábito de juzgar y justificar, mi miedo y su justificación, mi culto a la enfermedad. Pareciera que se nos pide poco, y es poco, en realidad; no vale nada, porque las ilusiones nunca serán reales. Pero para alguien que camina por el mundo creyendo que es el ego, que esa es su identidad, pedirle que por un día —nada más— abandone sus ilusiones y se consagre a la Verdad, es pedirle el mundo realmente.

¿Cómo se siente eso? Te conmueve internamente, y es literal: hay cosas internas que se están cambiando de sitio. Pareciera que abandonar las ilusiones es dejar de vivir, cuando en realidad es lo contrario. El sistema de pensamiento

---

[72] UCDM, Libro de Ejercicios, Lección 98, 1:2-8, 2:1

está tan invertido que pensamos: ¿quién puede vivir sin ilusiones? Y sin embargo, aprendemos y aceptamos que el Santo Hijo de la Luz vive en la Verdad Eterna.

Yo acepto vivir *sin* ilusión. Qué raro suena, ¿verdad? Nosotros sabemos a lo que se refiere esto, es como decir que yo quiero vivir sin mentiras, sin lo falso. Ahí está hecha la traducción. Hoy quiero vivir solo en la Verdad, hoy le consagro mi día a la Verdad y cada vez que mi mente divague hacia lo falso y lo ilusorio, lo observaré y lo abandonaré, no le daré realidad y no me lo quedaré como mi identidad.

Somos ya muchos los que tenemos nuestra mente entrenada y estamos listos para esto. Pero quizás seamos pocos aún para lo que se requiere. Hoy me decía mi compañero, al hablar de las personas inscritas en el Pascua Enlight Festival, nuestro festival de Semana Santa, que en su mayoría son extranjeros y no españoles. "Pero, ¿cómo va a ser eso? Yo pensé que todos vendrían corriendo a inscribirse". Yo le respondí que ocurre que España es católica, entonces debemos tener paciencia. A ver quién quiere realmente celebrar la Semana Santa según El Curso. Y él me decía: "Pues con más razón, se supone que si son estudiantes de *Un Curso de Milagros* deberían venir".

Y comentamos cómo él, en particular, no tenía la visión católica del estudiante de El Curso y eso marcaba la diferencia. Yo si tengo esa influencia, pero él no, y la mayoría de los estudiantes de habla inglesa —que son lo que vienen como él— no tienen el peso del catolicismo en su cultura y crianza. Tampoco tienen el peso de la Semana Santa, como en Andalucía, por ejemplo, donde la gente la celebra casi más por tradición que por convicción.

Como hijos de países católicos (España y toda América Latina), aceptar los postulados de El Curso —tan radicales y

173

diferentes de la Biblia— toma tiempo y paciencia, práctica y devoción. Es una transformación interior para liberarnos del yugo de la culpa religiosa.

Nos estamos moviendo hacia la Verdad, dejando de lado la ilusión y no es poca cosa, porque tu vida en este momento se basa en las ilusiones, en aquello que no es verdad: tus relaciones, tu trabajo, tu salud, todo está basado en algo que no es verdad. Así que *solo por hoy* vamos a consagrarle el día a la Verdad.

"Hoy dejamos de lado todas nuestras dudas y nos afianzamos en nuestra postura, seguros de nuestro propósito y agradecidos de que la duda haya desaparecido y la certeza haya llegado"[73]. En ningún momento se nos dice que luchemos, ni ataquemos, ni nos esforcemos.

Toma una respiración profunda ahora, y por un momento, repite en tu mente:

> *La certeza ha llegado,*
> *dejo de lado todas mis dudas*
> *y me afianzo en una postura,*
> *en un objetivo.*

Observa cómo se siente esto, si es una verdad posible para ti. ¿Cómo lo sientes?

MARTA: Lo siento con paz, pero siento también un pinchazo en el corazón.

CAROLINA: ¿Como si estuvieses perdiendo algo?

MARTA: Sí. Como miedo...

CAROLINA: Qué bueno que lo digas, gracias ¿Alguien más siente ese miedo?

---

[73] UCDM, Libro de Ejercicios, Leccción 98, 2:2

EDITH: Sí, yo también sentí miedo.

CAROLINA: Me encanta que nos permitamos reconocerlo y decirlo en voz alta, para que nos demos cuenta de cómo el miedo que sientes es el "miedo al Amor", a la Verdad, en última estancia, el miedo a Dios, porque... ¿qué te está pasando en este instante que te amenace?

EDITH: En realidad, yo siento miedo al futuro por la situación que estoy viviendo ahora y que... bueno, me da miedo. Y lo que tú dices de dejarte llevar y asumir tu papel, lo escucho. Pero llevo mes y medio con mucho movimiento y es el miedo de dejarme llevar hacia donde la vida quiere llevarme.

REBECCA: Y miedo al pasado, también.

CAROLINA: Sí, porque el papel es el que te toca y no el que tú decides. Tu papel ya te fue asignado.

DANI: Sí y es esto lo que me cuesta.

CAROLINA: El Curso dice: "Qué dicha tener certeza". Acepto tener certeza, quiero tener certeza, para que, aunque me lance de cabeza, yo sienta la certeza absoluta y por ende, la Paz absoluta de que era así como tenía que ser.

Por eso necesitamos entrenamiento mental. Por ejemplo, yo, que estoy dedicada a dejar de comer harinas como un ejercicio espiritual, me paso todo el día pensando en tartas y en galletas. Qué adicción tan grande tenemos, obsérvala. El miedo es una adición; porque si ya sabes que abandonar las ilusiones te trae certeza y calma, ¿por qué sigues adicto al miedo? ¿Por qué te da tanto miedo dejar de lado las ilusiones? Para el ego, el que tú abandones las ilusiones genera una sensación de pérdida. El ego basa su existencia en las ilusiones, porque él nunca es verdad, es un compendio de ilusiones. Dejar de lado las ilusiones es dejar de lado al ego. Pero solo por hoy, solo por un instante, vamos a sostener esta postura mental.

No hay nada que temer, ya sabes que ese miedo que ha aparecido es irracional y proviene del maestro equivocado, de la voz que todavía escuchas, y está bien, no pasa nada, porque está destinado a sucumbir ante tu devoción por Dios. Tu devoción por la Verdad gana, eso está garantizado. Estamos aquí hablando de Dios y de Su plan para mí, para nosotros; y no hay nada que temer. Y en el "mientras tanto" tenemos nuestro entrenamiento mental que nos va ayudando a dejar de lado esas ilusiones.

"Tenemos una importante función que desempeñar y se nos ha provisto de todo cuanto podamos necesitar para alcanzar esta meta. Ni una sola equivocación se interpone en nuestro camino"[74]. ¿Alguna vez has pensado que no tenías lo suficiente para alcanzar tu meta, que te faltaba mucho, que no tenías la suficiente fuerza interior, el suficiente apoyo, suficiente enseñanza? ¿Has tenido este pensamiento de escasez? Y sin embargo, hoy se nos recuerda que se nos has dado todo lo que necesitamos para lograrlo.

¿Estarías dispuesto a aceptar esta idea hoy, a saberlo, como sabes que el sol sale por la mañana; a no tener la menor duda de que se te ha dado todo lo que necesitas? Vamos a hacer una honesta oración sobre el tema:

> *Padre Dios, vengo a Ti directamente*
> *con mi disposición a tener la certeza,*
> *la seguridad de que se me ha dado todo*
> *lo que necesito para lograr la meta*
> *que hoy me dispongo a alcanzar.*

---

[74] UCDM, Libro de Ejercicios, Lección 98, 2:3-4

Hoy es un día de consagración especial,
hoy mis hermanos y yo vamos a adoptar
una postura firme a favor de la verdad y
vamos a dejar de lado todas nuestras dudas
para afianzarnos en nuestro propósito.
Venimos a Ti agradecidos y expectantes
por saber que se nos ha dado todo
para lograr esta meta.
Hoy acepto completamente el papel
que me corresponde
en el Plan para la Salvación
porque sé que se me ha dado todo
para que yo pueda cumplir ese papel.
Por eso te doy las gracias.
Amén.

Un Curso de Milagros nos dice al respecto: "Hemos sido absueltos de todo error. Hemos quedado limpios de todos nuestros pecados, al habernos dado cuenta de que no eran sino errores"[75]. Yo quiero saber esto siempre. ¿Y tú? Quiero recordar siempre que no soy un pecador y que, si lo permito, el Espíritu Santo corregirá mis errores y me liberará de sus consecuencias.

¿Estás dispuesto a que esta sea tu realidad o quieres sentirte culpable y vivir con miedo? El tema que nos ocupa es que siempre surge un "pero" que justifica para nosotros no aceptar esta idea. Se dice en El Curso que "sólo los que tienen culpa sienten miedo" porque tienes miedo al castigo, miedo a haber hecho algo malo, miedo a perder lo que conoces. Ese deseo de preservar lo que conoces te hace sentir culpable, pues en alguna parte inconsciente de tu ser

---

[75] UCDM, Libro de Ejercicios, Lección 98, 2:5-6

hay una Verdad que estás rechazando, y esto el ego lo utiliza para hacerte sentir culpa.

"Los que están libres de culpa no tienen miedo, pues están a salvo y reconocen su seguridad"[76]. ¿Estás dispuesto a vivir libre de culpa? ¿Qué significa eso? Significa vivir libre del pasado, porque la culpa está en el pasado. La culpa está asociada a un pensamiento del pasado, a un recuerdo, porque en este instante vives como si fuera la primera vez, así que, ¿de qué te pudieras sentir culpable? ¿Estás dispuesto a conocerte hoy como si fuese la primera vez? Hoy es el día que le estamos consagrando a la Verdad. Los que viven sin culpa no pueden sentir miedo porque se sienten seguros, felices, guiados. ¿Estarías dispuesto a vivir sin culpa? ¿Cuál es la respuesta para ti?

DANI: Sí.

CAROLINA: ¿Ese "sí" es de verdad o es un "sí" espiritualmente correcto?

DANI: Es un "sí" que reconozco que me cuesta mucho trabajo. Porque sé de mi culpa y sé dónde la tengo, pero me cuesta. Y el miedo, reconozco que me tiene pillado. Claro que si me haces esa pregunta, ¡yo te digo que sí!

CAROLINA: ¡Aparece el "sí, pero", que siempre aparece! Te cuesta conocer a ese Ser que no tiene culpa. ¿Estarías dispuesto a vivir sin pasado?

DANI: Sí estaría dispuesto. Porque ahora veo toda mi película, mi fabricación. Y veo dónde hay un cambio en mí y que mi mente está mucho más calma, y veo cómo valoro las cosas que me tienen atrapado, pero ya no es como antes y siempre lo pido; que se me libere de la culpa para sentirme en paz.

---

[76] UCDM, Libro de Ejercicios, Lección 98, 3:1

CAROLINA: Es la liberación de la culpa. ¿Por qué todavía hay culpa en mi mente?

DANI: Bueno, porque es una adicción. Una forma de no responsabilizarse.

CAROLINA: ¿Qué es lo que me ofrece la culpa para que yo no la suelte? Imagínate que la culpa es una yegua que está amarrada a tu pierna. Esa yegua no te deja caminar libre. ¿Qué te da esa yegua para que tú no la sueltes a ella y quedes libre? ¿Por qué no la desamarras, la dejas y caminas?

DANI: A mí me da "justificación" y el poder culpar deliberadamente.

REBECCA: También poder asumir el papel de víctima

CAROLINA: Es tan sencillo como desamarrar a esa bestia que es la culpa. Encontrar dónde está ese nudo y qué es lo que me gusta de ello. ¿Para qué la uso? Y con la ayuda del Maestro Interno, desamarrar ese nudo y dejar a esa bestia de lado.

DANI: Yo veo también el pensamiento de que "yo solo puedo". No estoy liberado de ese pensamiento que dice que yo "solo" puedo quitarme esa culpa.

CAROLINA: Es interesante, porque tú particularmente has tenido ese interés de cómo lograr no hacerlo solo, sino hacerlo con el Espíritu. Nosotros, internamente, le ofrecemos al Espíritu esa dosis de buena voluntad, esa idea que dice: "Estoy dispuesto", pero lo que ocurre es que muchas veces no es honesto, porque no estoy dispuesto realmente. Puedo decirlo con las palabras, porque es "espiritualmente correcto", pero internamente no es honesto; el personaje de la víctima me sigue interesando. Una cosa tan sencilla en tu cotidianidad, como que tu hijo vaya a la compra y se quede con el vuelto. Inmediatamente la culpa se enciende, y sin darte cuenta, ya eres víctima de tu hijo que se quedó con ese vuelto, que se lo "roba".

Cosas así de sencillas al ego le encantan. Esas cositas son fantásticas para él porque ellas evitan que te consagres a la Verdad, ya que por un instante el otro es culpable. Me dirijo a esas cosas pequeñas porque puedes identificar con rapidez lo que recibes a cambio: la culpa que te interesa te da permiso de criticar y enjuiciar, te convierte en víctima inocente. Tiene un sabor amargo, que te gusta.

Hoy es el día en el que aceptas el papel que te corresponde en el Plan para la Salvación, lo que implica que la certeza te alcance; que permitas que tus dudas te sean disipadas, que aceptes que la Paz alcance tu corazón, que conscientemente el juicio no sea ya interesante para ti. ¿Te gustaría o todavía no te atrae esta idea?

CECILIA: Hay momentos en que te liberas y es tan grande la paz que... claro. Pero hay otros momentos en que te das cuenta de que lo otro también te da disfrute. Yo el otro día, escribiendo unos emails, me di cuenta de cómo me gusta el conflicto. No me sentí culpable, pero sí me vi con una adicción al conflicto y al poder. Ya lo había hecho y me di cuenta después, y tuve que hacer mis entregas al Espíritu. Palpé que me estaba gustando hacer lo que estaba haciendo.

CAROLINA: Qué bien que lo veas, y se te presentó claramente para que pudieras dejarlo de lado. ¿Esto le ha pasado a alguien más?

MARTA: Sí que hay un disfrute, un morbo incluso.

CAROLINA: ¿Y cuando alguien te frena? A mí me pasa con mi hija, que cuando alguna de las dos va a entrar en conflicto, la otra la frena y esta no se opone, sino que lo deja pasar, aunque cueste y sea un mal trago. Querías entrar en conflicto y pelea, pero el otro no quiso, entonces tú te quedaste descolocado. Fantástico darte cuenta de esto.

"Todos aquellos que adoptaron la postura que hoy vamos a adoptar nosotros, estarán a nuestro lado y nos transmitirán gustosamente todo cuanto aprendieron, así como todos sus logros"[77]. Esto se refiere a los poderosos acompañantes que están en la eternidad. Esta postura es en favor de un bando solamente. Hubo muchos que ya la adoptaron y ellos hoy estarán a nuestro lado.

Estamos abriendo nuestro corazón y mente hacia la Mente Uno. En Ella es imposible que aquellos que lo lograron estén separados de nosotros. Nosotros tenemos acceso a sus logros cuando aceptamos cumplir nuestro papel, y de repente compartimos una misma piscina, cuando antes estábamos en el borde mirándolos nadar. Cuando te lanzas a su piscina, lo compartes todo con ellos y ellos contigo gustosamente. De ahí que es importante saber que cada vez que estás sanando, eso no te afecta solo a ti, y cuando el otro sana, tampoco lo afecta solo a él. Y cuando estamos sanando juntos, en una relación de pareja, en un grupo de estudio o entre un padre y un hijo, tampoco estamos sanando solo nosotros.

He aquí parte de nuestro papel. Todo lo que haces para la sanación de tu mente me afecta a mí y yo te estoy agradecido. Todo lo que yo sano en mi mente también te afecta a ti y por eso debes estar agradecido por mí. Por ello, la gratitud siempre está justificada, porque la Presencia de Dios está ahí, en todas partes. "Yo sé lo que estás haciendo y te estoy agradecido". Allí, empieza a haber una disolución del conflicto y empieza una existencia libre de miedo.

---

[77] UCDM, Libro de Ejercicios, Lección 98, 4:1

Los que todavía no están seguros también se unirán a nosotros y, al compartir nuestra certeza, la reforzarán todavía más. Y los que aún no han nacido, oirán la llamada que nosotros hemos oído y la contestarán cuando hayan venido a elegir de nuevo. Hoy no elegimos sólo para nosotros[78].

Es tiempo de darnos cuenta de que no elegimos solo para nosotros. Cada vez que elegimos, estamos afectando a toda la creación. Y cuando lo hacemos en contra, eso también afecta a todos. Esa es la fuerza y el poder que tienes, de ser afectado y de afectar. De ser el efecto del pensamiento del otro y que el otro se vea afectado por tu pensamiento. ¡Qué poderosos somos!

"...Y la contestarán cuando hayan venido a este mundo a elegir de nuevo". Aquí, en la lección 98, es de las pocas veces en que se nos dice que "hemos venido aquí", es decir, al mundo. Y además, se habla de los "no natos", los que no han nacido aún, pero que vendrán a elegir de nuevo. Me encanta, porque nos muestra que no queremos negar que estamos sanando, mas sí darle la vuelta para que se entienda de una forma Divina y Santa que hemos venido aquí a elegir de nuevo, a hacer el papel que se nos ha asignado en la Salvación.

Imagínate que cada bebé que nace tiene muy claro eso y lo tendrá cada vez más claro. Depende de ti, de que tú aceptes tu papel en Plan de Dios para la Salvación. Al hacerlo estarás influenciando a todos los que vengan aquí para que elijan de nuevo y no vengan a sufrir, sino a hacer su papel, como esa "almita amistosa" del cuento del que hablábamos antes. Es parte del quantum de El Curso, saber que no estás

---

[78] UCDM, Libro de Ejercicios, Lección 98, 4:2-4

solo y que la Perfección y la Verdad son lo único posible. Y el favor que nos hacemos los unos a los otros es recordarlo.

En el recuerdo y la aceptación que hago de la Verdad en mí, lo hago por ti también, porque tú y yo no estamos separados. Muchos caminos espirituales hablan de hacerlo solos, pero este dice que es imposible hacerlo solo, que siempre lo haces en favor de la filiación. Y de ahí mi gratitud siempre justificada, aun cuando vengan a despedazarnos; y vienen así, para que yo elija de nuevo y acepte mi papel. Si estoy en una situación extrema y de dolor, ¿cómo acepto mi papel? ¿Cuál pudiera ser mi papel? Si es un papel que viene directamente desde Dios y del Plan; ese papel es Divino y Santo, y la manera de ejecutarlo es, obviamente, dejándome guiar.

Solo los que analizan, organizan y planifican no ven lo obvio. Te acercas a un semáforo y hay un ciego que no halla cuándo cruzar. ¿No es obvio que estás ahí para acompañarlo? Dejarse guiar es más sencillo de lo que tú crees. Es atreverte a ver lo obvio, la guía del Espíritu es muy evidente, pero eres tú quien lo complica con tus planes, tu análisis, tus preferencias.

ELENA: Si estás siendo guiado para cumplir con tu papel, ¿esto se supone que te tiene que producir un disfrute?

CAROLINA: Definamos "disfrute". Disfrutar, según el ego, tiene un opuesto que es sufrir. Lo que viene de Dios no puede tener opuestos, entonces se requiere que estemos muy atentos a cómo el ego se quiere apoderar incluso de esta opción. Tu destino es la Paz, que no tiene opuestos. Muchas veces me he sentido llamada a hacer cosas que normalmente no haría y hacer eso en particular no me daba placer, pero sí certeza. Es parecido a la certeza que tiene la mamá águila cuando empuja a su aguilucho del nido porque sabe que va a volar y sabe que es lo que tiene que hacer, aunque el hecho de empujarlo no le agrade.

La certeza es la clave de que has aceptado tu papel, aun cuando la forma de la acción pueda ser algo que no parezca agradable. Lo que buscamos es certeza; el placer es del ego, por eso tiene opuesto.

MARÍA: Con placer me refiero a bienestar, que es también paz.

CAROLINA: Define Paz. El ego te dará unas definiciones de la paz que son intermitentes. El placer es intermitente, el bienestar también. La Paz no es intermitente. Ahora comienzas a discernir si lo que experimentas viene de Dios o no. Si lo que describes es intermitente, es decir, a veces sí y a veces no, entonces no viene de Dios y no puede ser Paz.

Esa Paz que viene de Dios la sientes como algo que no requiere de justificación y se sostiene pase lo que pase. Proviene de la certeza de que es lo correcto. Dios justifica que siempre estés en Paz, sea la circunstancia que sea.

No queremos conflictos internos. El ego también asume la posición de sustituto. Dice que "él" también te puede guiar. Por eso buscamos la certeza, la calma, la Paz. Y te digo siempre en primera persona, "yo", pues solo puedo hablarte desde mi propia experiencia. Me ha pasado muchas veces que siento como una ola que me quiere llevar a tomar decisiones sin consultar con el Maestro Interno y no sé qué hacer con ello. La clave es siempre dejar de lado el evento y buscar la certeza y la calma interior. Cuando me he visto en medio de ese movimiento, de esa adrenalina, me he detenido. He dejado de "hacer lo que hacía" y me he quedado "sin hacer nada" sin tomar decisiones. La "Voz" interior me dice: "No hagas nada hoy. Espera que te llegue la calma de nuevo y a partir de ahí, verás". La función del Espíritu Santo nunca es el conflicto interno.

MARTA: Claro, el conflicto interno viene de querer ir contra corriente.

CAROLINA: Eso solo lo sabes tú. Te conviene siempre pedir la calma. Soltar. Dejar de lado el miedo. Dejar de lado las dudas. Preguntarse: ¿qué dudas tengo? Es mirar hacia dentro de mí mismo y observar: ¿qué me pasa?

MARTA: En mi caso, es miedo al futuro, a los ataques públicos, a ser una cara pública. Son un montón de miedos.

CAROLINA: Yo me siento cada vez más clara de que mi papel, como el vuestro, excede mi imaginación. Si tengo la certeza de Dios, voy a donde sea que tenga que ir y se me mostrará con claridad, y queda de mi parte dejar de lado las dudas; observar de dónde vienen los miedos. Mi voluntad ahora es aceptar que hay un papel que yo he de cumplir y que nada de lo que pueda ocurrir en la forma es quien yo soy en realidad. Si lo permito, a mí se me usará como una luz brillante, allí donde yo esté. La clave para nosotros es dejar de lado las dudas y "...mantener la postura firme a favor de un solo bando". El conflicto interior es del bando contrario.

La búsqueda interior es la búsqueda de calma y certeza, y en realidad no es una búsqueda exterior, en realidad no es una búsqueda en absoluto. Se requiere —más bien— que te detengas, permitiendo que la duda se disipe. No vamos a encontrar lo que estamos buscando en el mundo, porque lo que buscamos ya va con nosotros. Pero sí vamos a reconocerlo, para así permitir que las dudas se disipen.

MARÍA: Y las dudas son juicios. Yo me acuerdo de una vez en que tú me lo dijiste y se me quedó grabado. Estaba con ambivalencia y me dijiste que cuando dejara de juzgar lo que estaba haciendo, tendría paz. Y la verdad es que sí, y cuando aún me pasa, uso esta idea.

CAROLINA: Por ejemplo, me comenta una hermana, que ella enjuicia el tipo de trabajo que tiene —que es atendiendo a clientes que vienen descontentos— y yo le digo que quién mejor que ella para ver el amor incondicional allí donde aparentemente no se encuentra. "Por algún motivo estás allí", le he recordado.

Uno dice que debería estar haciendo otra cosa, pero... ¿quién lo dice? Si estás allí, es que así debe ser. No nos podemos agrupar todos los espirituales en un solo lugar y vivir juntos, porque allí el ego montaría una fiesta. Cada uno de nosotros —donde estamos— tenemos una función, hay un plan. Es importante recordar también que tú siempre puedes decir que no y detenerte. Al ego le da miedo lo que pueda perder. Si dejaras de ejecutar cualquier acción que estés realizando, ¿qué es lo peor que pudiese pasar? En un extremo, perder al cuerpo físico —para el ego— es lo peor que podría pasar, y sin embargo, en la "realidad" tampoco tiene valía.

Con un empleo, por ejemplo, dejas el empleo y no pasa nada. Los humanos nos ponemos unas limitaciones grandes, muy cuadradas y rígidas, y se nos pide salir de esos encajonamientos y ser libres. Lo que pasa es que cada quien tiene su caja de distinto tamaño y cierra la tapa. Jesús quiere que salgamos de nuestras cajas y nos extendamos.

Nos toca mirar ese miedo, esas dudas, ese juicio, para ponernos a un lado y que la Verdad se presente. Yo tenía una gira para Argentina y ahora resulta que no voy. Tenía la intuición de que no iría, aunque tenía muchas ganas de ir, pero mi calma no ha variado por ello. Ya casi no conozco la palabra decepción. Tenemos que borrar esa palabra de nuestro diccionario. La decepción aparece cuando tienes juicios, proyecciones y expectativas. Y cuando estos no se cumplen, aparece la decepción y ella vive en el infierno, porque no hay nadie que sea feliz sintiéndose decepcionado.

Se nos dice: "¿No vale la pena acaso dedicarle tiempo a poder aceptar la felicidad que Dios te dio?". Ese giro idiomático "valer la pena" no es tan preciso en castellano, porque dice: "Vas a pasar pena y lo vale"; en inglés sería: "Lo vale, vale el tiempo, vale la inversión del tiempo". Pensemos que dice: "Vale mi tiempo, vale mi dedicación". ¿Acaso no vale tu tiempo aceptar la felicidad que Dios te dio? Esto quiere decir que Dios te dio la felicidad y todo el tiempo que inviertas en aceptarla es valioso, lo vale. ¿Inviertes tú mucho tiempo en ser feliz al día? Hoy llegó mi hija a comer después del trabajo, yo estaba barriendo y me dice: "¡Ah! Me siento feliz'". "Y yo también", le contesté. En ese momento se dio cuenta de que le daba miedo sentirse feliz. Claro, mi hija tiene muchos años de estudios y es minuciosa en su mente, y no sabía si estaba bien sentirse tan feliz sin ningún motivo. Entonces, si no te sientes feliz durante todo el día, es porque te sientes culpable, o porque no quieres o porque no le dedicas el suficiente tiempo.

Tengo un librito que es como un manual de sugerencias y ejercicios de escritura, que compré hace años. Se titula: "Ejercicios para aprender a maravillarse". Qué maravilla poder aceptar la Paz de Dios en cada momento, no solo de los atardeceres y las flores en primavera, sino también de todo lo que está ante ti.

Anoche, en una serie televisiva de forenses, uno de los médicos veía la mano de uno de los muertos y le decía a su compañera: "Mira esa mano y ve qué te dice, es una mano amada, suave, con arrugas...". Esto es un ejercicio de maravillarse de tu propia mano, simplemente de la textura de tu piel o de lo que sea. Esto es permitir que la felicidad de Dios te embriague, no que te embargue, porque ya lo hizo. ¿Cuánto tiempo de tu vida le dedicas a maravillarte? Debes dedicarle más tiempo, no tengas pudor, no creas que estás perdiendo el tiempo. Hay un espacio en el día para maravillarte. Yo le decía a mi hermana que se maravillara con cada sonrisa que entra, con cada pregunta que hacen las personas, con cada cosa que le toca escribir o hacer.

Maravillarte para que hagas la Voluntad de Dios y aceptes la función que Él te dio; no hay tiempo suficiente en el mundo para eso. El tiempo se acaba cuando empiezas a hacerlo.

¿No vale acaso tu esfuerzo, tu dedicación, el reconocer cuál es tu función especial aquí? ¿Y qué tal si dedicas tu tiempo a ello cinco minutos de cada hora, tal como pide El Curso? No es tan difícil, pero exige de ti un poco de dedicación.

El ego quisiera que fuese más difícil, para tentar a la inteligencia, organizar tu trabajo espiritual y llevarlo a su mundo. Dice El Curso: "¿Qué son cinco minutos si a cambio puedes recibir algo tan grande que es inconmensurable?"[79]. Y eso inconmensurable se refiere a lo que Dios te dio.

Al ego le da miedo prolongar por siempre el placer, lo que viene de él, por eso la humanidad está cómoda entre el dolor y el placer: un poquito de cada cosa aparenta ser lo normal. Pero lo que viene de Dios... ¿tampoco lo quieres o es que lo comparas con lo que viene del ego? ¿Necesitas el "sí" y el "no" para que te guste? No, los necesitas para que al ego le guste, hay placer si hay dolor; y lo que antes me dolía, ahora ya no.

---

[79] UCDM, Libro de Ejercicios, Lección 98, 5:3

El ego coge el concepto de la felicidad que Dios te dio y lo encaja en sus conceptos de placer, pero allí no cabe, porque la felicidad de Dios es inconmensurable. Se te pide, pues, que aceptes que te gustará y que la deseas. No es comparable a los placeres que el ego te ofrece, y por ello el ego no la acepta, porque te dice que necesitas que te falte algo, para que luego te guste cuando lo tengas.

Lo que cuenta es la decisión de ser feliz, estés donde estés, sin importar las condiciones. Se te pide, en este ejercicio en particular, que los primeros cinco minutos de cada hora recuerdes aceptar el papel que te corresponde en el Plan de Dios para la Salvación, y quedarte ahí. Imagínate a ti mismo en todas las formas espirituales en las que tú aceptas internamente y dices: "Sí", abriendo los brazos, recibiendo luz, no importa la forma que adoptes mientras sea un símbolo de aceptación para ti.

"He aquí una oferta que garantiza tu total liberación de cualquier clase de dolor"[80]. ¿Aceptarías esta oferta o no?

El otro día, hablando con alguien del rubro de la salud física, me decía: "Que difícil es para los enfermos que reciben una ayuda del gobierno, aceptar que ese dolor o enfermedad crónica les sea curada, porque el gobierno les paga por ese mismo dolor y les permite vivir sin trabajar". Aparentemente, todo el mundo quiere liberarse de todo dolor, pero yo te digo que no, que es mentira. Me atrevería a decir que el 99,9% de las personas que sienten dolor reciben "algo" a cambio de él.

Recuerdo un paseo con una amiga que recibía un pago por minusvalía debido a un diagnóstico de fibromialgia. Ella me iba describiendo todos los beneficios que ella veía que recibía de su enfermedad, hasta que se dio cuenta de lo que

---

[80] UCDM, Libro de Ejercicios, Lección 98, 6:1

estaba diciendo y se detuvo, sonrojándose, tomando consciencia. Por eso es que no es tan obvio esto de elegir la felicidad de Dios, si lo fuese para nosotros ya todos la hubiésemos elegido.

También me pasó con otra amiga psicóloga, que al preguntarle si verdaderamente quería que todos sus pacientes se curaran, se dio cuenta de que no era verdad, porque eso supondría que ella se quedara sin trabajo. Para ella eso fue fuerte y estuvo enfadada conmigo durante mucho tiempo. Yo me he cuestionado sobre este tema muchas veces, me digo que debo dejar de dar clases de *Un Curso de Milagros* al querer aceptar que ya todos estamos sanados, pero ese parece ser "mi" plan, pues vuelve a aparecer la convocatoria a enseñar.

¿Estarías dispuesto a ser sanado de todos los dolores y recibir una dicha que no es de este mundo? Da miedo pensar en esta idea. Una calma y una paz inamovibles e inmensurables, esos son los regalos, y aún a muchos esto les da un poco de miedo.

¿Y se consigue vivir en ese estado, hay alguien que viva en ese estado? Yo vivo ahí cada vez más y más tiempo. No siempre, aún. He ido experimentando esa paz de a ratos y cada vez por un tiempo más prolongado. Me he ido dando cuenta de que va en aumento y aunque yo no viva ahí todo el tiempo aún, sé que es posible.

Todos necesitamos esa certeza de que, aunque no la conoces, ya sabes que es posible, porque se te ha ido mostrando.

DANI: A mí me ayuda mucho pensar que esto irá aumentando en la medida en que yo vaya entendiendo también.

CAROLINA: Qué interesante que digas eso. Te voy a volver a decir lo que El Curso dice: "No creas que sabes nada hasta que pases el examen de la Paz Perfecta, pues la Paz y el entendimiento van de la mano y nunca se les puede encontrar aparte"[81]. Entonces no importa cuál de ellos llega primero, puesto que viene acompañado del otro. Y lo entiendes por tu vivencia, no por tu intelecto. Es tu experiencia de Paz la que te lo explica.

MARTA: Sí, exacto. Yo, por ejemplo, en el Ibiza Enlight Festival de octubre, hubo un momento en que me sentí por primera vez Hijo de Dios. ¿Tú sabes lo que es eso para mí?

CAROLINA: Esa experiencia te da una certeza y un entendimiento que hace que cuando vuelvas a estar en conflicto, sepas a ciencia cierta que no es real y reconozcas lo que sí lo es. Entonces, eliges de nuevo cada vez que tu mente se distrae hacia el conflicto, tú ya sabes apostar por un solo bando, porque sabes que es el ganador.

Se nos libera de toda clase de dolor y de toda clase de dicha mundana. "Puedes intercambiar una pequeña parte de tu tiempo por paz interior y certeza de propósito, con la promesa de que triunfarás"[82].

No se te pide todo tu tiempo. De ahí la gran pregunta: Hagas lo que hagas, ¿qué parte de tu tiempo está dedicado a aceptar el papel que te corresponde en el Plan de Dios? Y es en tu mente donde inviertes el tiempo, porque cuando estás trabajando tú puedes tener tu mente en Dios mientras haces lo que tengas que hacer. Ese tiempo tiene un gran valor, porque lo estás invirtiendo en los regalos del Cielo. Ese tiempo que le ofreces a Dios se te recompensa con Paz y certeza.

Aunque todavía ocurra que el ego me intente convencer de que no dedico suficiente tiempo a Dios porque no me

---

[81] UCDM, Capítulo 14, XI, 12:4
[82] UCDM, Libro de Ejercicios, Lección 98, 6:2

siento tanto tiempo a meditar, la realidad puede ser que todo mi tiempo es para Dios, mientras cocino, todo lo que esté haciendo se lo dedico a Dios, y hay una calma que es bastante permanente, aunque aún no es total. Puedo ver de qué manera la calma que experimento es proporcional al tiempo que me entrego al gozo y la alegría que Él me da, sin justificación alguna. Cuando me distraigo, cuando el ego aparece, es muy obvio para mí. Y puesto que todo es una decisión, la decisión de elegir un solo bando es parte de la disciplina.

Se nos ha dicho que, puesto que el tiempo no tiene significado, se te está dando todo a cambio de nada, para ir más allá de la estructura del ego: para el ego, todo es tiempo. Se nos dice que el tiempo no es nada, solo existe en el sueño del ego, porque en la realidad verdadera, que es nuestra meta y objetivo, el tiempo no es nada. Entonces todo el tiempo que le dediques a Dios ni siquiera consiste en que esté bien invertido, ya que se te da todo a cambio de nada, pues el tiempo es nada.

¿Qué te detiene, qué evita que tú le dediques más tiempo a Dios? Porque tu retraso me retrasa, yo sin ti no puedo ir al Cielo. Te necesito. Plantéate esto con respecto a cualquiera. ¿Qué puedo hacer por ti para que no me retrases? El ego te dice que lo hagas solo, pero eso no es *Un Curso de Milagros*. El Curso se trata de ir rápido gracias a mis hermanos. Piénsalo, no como algo bonito y onírico, sino como una práctica real.

Perdonar todo es permitirte ver la luz donde sea que estés, porque allí donde estás logras que tu hermano vaya más rápido tan solo reconociendo Tu Presencia y Su Presencia. Si le dedicas tu tiempo a Dios allí donde estés, estarás siendo una luz muy brillante que alumbra el camino del otro para que él pueda ir más rápido y tú también puedas ir más rápido. Cuando das, es a ti mismo a quien se lo das. En la realidad que ordena todo en su Santo Lugar, tú y yo no hemos estado separados nunca.

Estamos transitando el camino que nos reitera que no podemos perder en ninguna instancia. Entregamos nuestro tiempo y recibimos todo a cambio. En verdad se nos pide lo "irreal" a cambio de lo "real". Tu tiempo, que no es real, a cambio de todo, que es lo real y es la Verdad. Es tu tiempo mental, hermano, no se te pide que te arrodilles ni que hagas nada. Simplemente que en lugar de pensar en el futuro, pienses en Dios y en cómo servir a Su plan. Es mental lo que se nos pide. Esta es la ofrenda que le hacemos, nuestro deseo.

"La confianza que él tiene en ti impartirá luz a todas las palabras que pronuncias y más allá de su sonido y de lo que estas significan"[83]. Siento esto con mucha fuerza. Siento que hay algo dentro de ti que te apoya cuando hablas. Hay una palabra que sale, pero con ella viene una luz. No son las palabras, pero tú te prestaste. Estuviste de acuerdo.

Las palabras realmente no tienen nada que ver con lo que dice El Curso. Aquí y en este instante hablamos de *Un Curso de Milagros*, pero durante el resto de mi tiempo, lo veo en todo. Esa luz que sale se refleja en tus palabras, cualesquiera que sean; te acompañan mientras Dios esté en tu mente, y las palabras que salgan serán las necesarias y justas. En algunos casos será la metafísica de El Curso y en otros será cualquier otra cosa, como la política o la salud.

CRIS: A mí me pasa en donde trabajo. Es alucinante lo que llegas a ver. El año pasado fue la primera temporada que no tuve ningún cliente desagradable y ninguna riña laboral. Y yo lo sabía. Elegí que eso fuese así.

---

[83] UCDM, Libro de Ejercicios, Lección 98, 7:4

CAROLINA: Recuerdo que cuando estaba embarazada trabajaba en una tienda de antigüedades. La gente venía a comprar y también a estar y a hablar conmigo. Ahora tengo una alumna, aquí en el pueblo, que nunca viene a mis clases porque no puede y yo voy, y se la doy allí donde ella esté. No hablamos de enseñar la metafísica, lo intelectual, las palabras de El Curso; esto es lo menos importante. Es la atracción del Amor por el Amor lo verdaderamente movilizador; si tú estás conectado con el Amor, este se sentirá atraído. ¿Y quién es este? Todo. Todos y cada uno somos Amor.

En mi caso personal, yo me peleé con mi función de maestra de El Curso durante muchos años, tenía conflictos internos. Llegó un instante en el que dejé de pelearme y todo cambió y fluyó de otra manera. Me retiraré si me corresponde y cuando me toque, cuando sea muy obvio. He tenido amagos, cuando no viene nadie —por ejemplo— pero cuando ya quiero cerrar, acabar con este rol, entonces llegan los que tenían que llegar. En realidad me enseño a mí misma y me doy cuenta de que se me presenta como una manera de desmitificar al gurú y dejarlo libre.

El maestro es El Maestro, y es el Espíritu Santo dentro de ti. Que tu maestría sea simplemente poderle servir como instrumento sin interrupción. Yo escucho mis clases grabadas y me sorprendo, porque no recuerdo nada de lo que dije. Las escucho en total desapego del personaje y me doy cuenta de que las recibo primero para mí.

Está todo bien siempre que puedas desapegarte de tus aparentes creaciones, pues no son tal cosa, y no son de este mundo.

7

LO SANTO

No hay nada que yo necesite que este instante
no me lo ofrezca.
No hay lugar a donde ir, estoy aquí,
y permito que Lo Santo me inunde.
Padre Dios, Hermano Jesús, Espíritu Santo,
estoy hoy aquí con el único propósito
de estar en calma y en Paz,
escuchar a la Verdad en mi corazón
y en mi mente, y permitir que ella inunde
cada instante de mi experiencia humana.
Te doy la bienvenida en mis emociones y
en mi experiencia física, para que este instante
lo guíes Tú hoy; para que este momento
solo sea usado para un bien mayor.
Hoy es el día en que decido aprender y
aceptar Lo Santo, Lo Divino, Lo Infinito y
Lo Eterno en mi experiencia física.
Gracias a Tu Guía, lo acepto como real,
como nunca antes.
Por tu inspiración y presencia te doy las gracias
y acepto que no hay nada que temer
ni nada que perder.
De ahí que pueda yo estar en calma, paz y
quietud, receptiva e inspirada para reconocer
aquello que es verdad en mí,
en nosotros, en todos. Te doy las gracias.
Amén.

Ahora es el instante en que hablaremos de Lo Santo. Es una palabra grande y quizá algunos de nosotros no sepamos lo que realmente significa, ya que ha sido usada tantas veces y en tantas formas en las religiones, que pareciera que pertenece a ellas. *Un Curso de Milagros* reinterpreta esta palabra una y otra vez, y aun así algunos de sus usos, como cuando al Espíritu se le llama "santo" en "Espíritu Santo", no son aceptados por algunos grupos de estudio o maestros de El Curso. Al parecer existe aún algo de pudor religioso cuando aparece la palabra "santo".

Hoy queremos liberar a la mente de la asociación entre "lo santo" y "lo religioso". Asumimos que lo santo pertenece a una edificación (iglesia, *ashram*, mezquita), a una institución (las diversas religiones) donde se supone que habita Dios. Hoy lo vamos a traer más cerca, hasta nuestra experiencia directa y vamos a aceptarlo en una vivencia altamente individualizada. Reconoceremos hoy "Lo Santo" como lo que es verdaderamente, y todo lo que no es verdadero, nos atreveremos a sentirlo como "no santo".

Aquello que es verdadero se nos ha dicho que es eterno, infinito e igual para todos. Es incambiable, incontenible e ilimitado.

Fíjate cuan sencillas son las palabras que definen aquella que genera tanta incomodidad en muchos, como es la palabra "santo" o "santa". Cuando las escuchas piensas en alguien que era beato de la religión cristiana o piensas en los santos de otras religiones. Siempre se asocia la palabra con una forma humana, generalmente una que ya no vive en este mundo. Veamos de qué forma la palabra "santo" se manifiesta para ti ahora, pues esa manifestación te define.

> Hoy nos embarcamos en un viaje con el que jamás has soñado. Pero el Santo, el Dador de los sueños felices de la vida, el Traductor de la percepción a la verdad, el santo Guía al Cielo que se te ha dado, ha soñado por ti esta jornada que emprendes y das comienzo hoy, con la experiencia que este día te ofrece para que sea tuya[84].

Aquello que es Santo es eterno. Hay un aspecto en ti que es eterno, con el que aprendemos ahora a contactar sin miedo y sin juicios. Ese aspecto santo en ti no es corporal. Esa santidad de la que El Curso habla nada tiene que ver con el cuerpo físico, pues no hay nada físico que sea santo.

A lo largo de la historia del mundo, al ser humano le ha fascinado el fenómeno de que algunos cuerpos, al morir, no sean presa de la descomposición. Cuando esto ocurre, en muchas religiones al fallecido se le da la connotación de santo. No es el caso de la madre Teresa de Calcuta, quien ha sido llamada "santa" aun cuando su cuerpo sin vida siguió su tránsito común.

Quiero aclarar y extenderme sobre este punto, tan difícil de entender para el ego: si hay un cuerpo que se descompone y otro que no, esto no tiene nada que ver con la santidad, pues lo que no es igual para todos, no es santo. Existe un aspecto interno de ti que ya lo sabe y al escuchar este recordatorio, se conecta con tu aspecto abstracto y eterno, y lo acepta como verdadero.

Santa es la amorfía: la abstracta experiencia de ti mismo que El Curso llama "la Amorfía Divina". Y al reconocer esto, te haces consciente de que formas parte de ella; es tu aspecto santo.

¿Estamos dispuestos hoy a reconocer que Lo Santo no es de este mundo?

---

[84] UCDM, Libro de Ejercicios, Lección 157, 8:1

Lo Santo no tiene su origen aquí, no lo podemos construir ni fabricar ni ampliar aquí, ni siquiera lo podemos extender. Sin embargo, sí lo podemos convocar como una experiencia donde los límites corporales se disuelven, también lo hacen los límites del pensamiento y la santidad se manifiesta. Tú tienes la habilidad de conectarte con "eso" con el propósito de saber que te define, más allá de tu identificación con tu experiencia corporal.

Ese instante es santo. No es físico (aunque parece estar en el tiempo) sino que es eterno, y en esa apertura mental, la Divina Abstracción que somos comienza a ofrecerse a sí misma como una vivencia; ya no se rige por las leyes del mundo y del tiempo.

Para que ese instante sea santo no puede estar regido por las leyes del mundo, puesto que estas tienen opuestos, y la santidad no tiene antagonistas, no hay santos y no santos. O todo es santo o nada lo es.

Hoy hablamos del Espíritu Santo, así tenemos que empezar, sabiendo de qué estamos hablando, para quitarle las connotaciones adjudicadas por el mundo; para quitarle de una vez y por todas el matiz religioso que esas dos palabras tienen.

En El Curso se generaliza un aspecto que es fundamental para tu liberación. En el mundo de los rituales, de las religiones y las líneas de pensamiento espiritual, que tiene aspectos contradictorios y opuestos, se presenta la posibilidad de que algo pueda ser santo y algo pueda no serlo, se habla de tierras, lugares, personas y libros santos. Si usamos esta palabra para definir objetos, espacios y personas físicas, estamos queriendo decir que hay otros objetos, espacios y personas físicas que no lo son.

¿Cómo puede haber dos opuestos en aquello que es solo Uno?

Entonces, el principio de la Unicidad, de la No Dualidad es que nos abramos a la posibilidad de que aquello que es santo ES, y lo demás NO ES.

Así, empieza a desmoronarse la necesidad de competir, contrastar y comparar que el sistema de pensamiento del ego manifiesta en cada aspecto humano. Empezamos a comprender y aceptar que Lo Santo es vida infinita y eternidad, sin límites ni condiciones.

Date cuenta de que *Un Curso de Milagros* es una herramienta muy potente para llevarte a la Paz y sin embargo, no utiliza rituales. El Libro de Ejercicios puede parecer ritualista, pero un ritual es algo que en sí mismo carece de todo sentido, porque se repite automáticamente, y llega un momento en el que tú ya no te das cuenta del propósito que tenía al principio, pierde todo el valor que originalmente tenía por razón de aquello que representaba.

Sin embargo, ninguno de los ejercicios de El Curso es igual al siguiente, lo que evita que se conviertan en rituales, ya que cada uno requiere de ti la máxima atención. Estas enseñanzas no incluyen rituales porque estos tienen opuestos, santifican los momentos, algunos instantes específicos se convierten en santos, se santifica a las deidades, a las imágenes, a las personas. Esta práctica ofrece una aparente sensación de calma y bienestar (velas, ropa blanca, mantras, incienso), separa y divide los momentos, las personas, los lugares. ¿Puede Lo Santo ser dividido?

El que es verdaderamente honesto sabe que el aparente bienestar del ritual tiene su opuesto en el malestar del momento siguiente: se apaga una vela, hace frío, se escucha un ruido que "interrumpe" la paz. El bienestar del ritual es una de las caras de una moneda cuya otra cara se llama "malestar". Si hay dos caras, no es real, no es el Uno, ya que la Unidad siempre se mantiene incólume.

Lo que le ocurre a la mayoría de los estudiantes dedicados de *Un Curso de Milagros* es que esa experiencia, continua y perdurable, cada vez la experimentamos durante más tiempo sin necesidad de un ritual. Es lo que llamamos el Instante Santo: un espacio de quietud en el que no estás luchando. Con la práctica, este Instante Santo —en el que el juicio, la comparación, la selectividad y la división no están presentes— se va extendiendo a cada aspecto de tu vida y la robustez de esa vivencia se va quedando contigo, diciéndote que gracias a las elecciones que vas haciendo en el día, este puede llegar a ser tu estado natural.

Es importante describir internamente lo que implica experimentar "Lo Santo", para no usarlo como un indicativo de exclusión, que es la manera en que lo ha usado el mundo. Nosotros estamos trascendiendo la descripción del mundo para entrar en la realidad de lo que es santo: el Espíritu Santo. *Un Curso de Milagros* nos dice:

> No soy un cuerpo. Soy libre [...] el miedo no puede infiltrarse en una mente que se ha unido al amor. [...] Es esencial para tu progreso en este curso que aceptes la idea de hoy y que la tengas en gran estima. No te preocupes si al ego le parece completamente descabellada[85].

Fíjate por un momento en que todo aquello a lo que temes está asociado a tu experiencia corporal, si te reconoces espíritu, el miedo desaparece. Todo lo que temes perder tiene que ver con algo físico, tu integridad, tus objetos, tu reputación, etc. En el instante en que te identificas con el Ser que no es un cuerpo, el miedo desaparece porque puedes ver que todo lo físico no tiene

---

[85] UCDM, Libro de Ejercicios, Lección 199, 2:2, 3:1-2

ningún valor y no se corresponde con tu Identidad Verdadera.

En esta práctica que llevamos con El Curso, reconocer que el Espíritu Santo es la parte santa de nosotros mismos es fundamental. Es reconocer tu aspecto abstracto, es aceptar tu Verdadera Identidad. No hay un Espíritu Santo externo que sea diferente de ti. A este Espíritu Santo —o Santo Espíritu, si prefieres— se le menciona como el aspecto de tu mente que es abstracto, eterno, quieto e incambiable. Ese ERES TÚ.

Ahora, reflexiona un poco en cuán distinto creías que eras tú del Espíritu Santo. Pensabas que era otro ser aparte de ti. Estamos en un punto en que tenemos que saber que cuando hablamos con Él, es una conversación interna (esquizofrénica, si se quiere) que tenemos con nosotros mismos. Es una conversación contigo mismo en la que solo una voz es real y la otra no lo es.

REBECCA: Me cuesta verlo, porque he tenido una formación religiosa y aprendí que el Espíritu Santo estaba fuera. Me ha costado mucho ver que está en mí. Al estudiar El Curso he ido integrándolo en mí.

CAROLINA: Yo, por ejemplo, no tuve educación religiosa y mis hijos tampoco. ¡Gracias a Dios! Crecimos casi libres de dogmas, y digo "casi", porque esas creencias y asociaciones están ahí, aparentemente afuera, dependiendo de nuestras edades y países de origen.

Yo puedo sentir en las personas que han estado muy vinculadas a la religión que hay una sensación de vergüenza, de pudor, al pensar que el Espíritu Santo está dentro de nosotros mismos. "¿Cómo va a ser eso, si se supone que él estaba allá afuera y era mejor que yo, mientras yo estaba aquí, culpable y no merecedor de sus dones?".

Ahora, hay una clave fundamental a la hora de trabajar con tu Espíritu Santo y la voy a compartir contigo: Él es tu aspecto más abstracto y está conectado con la Fuente del Amor, con Dios. El aspecto físico de tu personaje es el ego y está completamente desconectado al creerse un cuerpo e imaginarse a un dios físico que jamás ha existido.

¿Para qué, entonces, vincularnos profundamente con el Espíritu Santo, con esa parte tuya que nunca olvidó que su Fuente era el Amor? Pues porque es el único que te irá mostrando, poco a poco y si lo permites, que tú y Él son lo mismo. Es un Maestro cuyo único propósito es enseñarte que entre tú y Él no hay ninguna diferencia. Es el maestro de la Unicidad, pues Su función es liberarte de la idea de que estás separado.

Fíjate si será distinto el papel de los maestros del mundo, que estos aún sostienen las jerarquías. Imagínate cómo cambiará lo que se vive ahora en el mundo, donde los maestros siempre saben más que los alumnos. Mientras que en la relación con el Espíritu Santo, a medida que el alumno avanza, la distancia entre ambos se acorta hasta que el alumno admite que es Uno con aquello que lo enseñaba.

Este curso se basa en la abolición de la meritocracia. No tienes que hacer nada para merecértelo todo, pues ya lo tienes; ya eres absolutamente Espíritu. Este maestro, a quien también se le llama la Voz de la Intuición, es tu aspecto más lúcido. El ego, que es el otro maestro —el del conflicto, con el que caminas aún—, es la voz de la demencia. Lo que ocurre con la práctica, con la disciplina espiritual que te brinda el Libro de Ejercicios de *Un Curso de Milagros*, es que mientras vas escuchando a La Voz del Espíritu con más claridad, ya no querrás caminar con ninguna piedra en el zapato, por más pequeña que esta sea. Más claramente dicho, cualquier deseo de conflicto, por más leve que sea, se hará insostenible porque ya estarás disfrutando de caminar libre de molestias, con Su Guía.

Observa cuándo estás viviendo tu vida escuchando la voz del maestro equivocado y aprende que puedes elegir no vivir tu día así. Contigo está Lo Santo, siempre. Y si te atascas por el motivo que sea, puedes aprender a descansar y a no darle fuerzas a aquel que habla sin conocer la verdad. Aquí es donde descansamos, en nuestro entrenamiento mental. Es importante que la definición del Espíritu Santo cambie para ti; que dejes de verlo fuera de ti y que cuando converses con Él, dejes de creer que lo haces con un ser de otro plano que viene a ayudarte, porque no es así.

El Espíritu Santo es Tu Santidad hablándote.

Eres tú quien ha decidido dormir en otro planeta que se llama conflicto, castigo, sacrificio, dolor: el planeta del ego. El Espíritu Santo vive en ti a la espera de que lo escuches. Y quien lo escucha, lo logra mediante la humildad y la quietud. Hay un nivel de pensamiento en el que tus ideas son ruidosas y te hablan con fuerza, casi gritando. Si allí —en ese lugar mental— das un paso hacia atrás y te observas, te sumergirás en las profundidades de tu pensamiento hasta que escuches otra voz —por debajo de aquella voz ruidosa— y descubrirás que siempre te habla con dulzura, con calma y te invita a dejar esa conversación. Te dice: "Sígueme a mí y te llevaré a la Paz". Te lo transmito así porque así es como lo vivo en mí día a día.

¿Queremos realmente saber lo que debemos hacer en cada instante, lo que nos conviene?

Hay que aprender a escuchar a La Voz que vive en Lo Santo, en aquello que es amorfo y eterno, y de lo que tú formas parte ya. ¿Cómo te sientes ante la posibilidad de que tú seas el Santo Espíritu?

MARTA: ¿Entonces qué se hace con todos los pensamientos tóxicos y la porquería que llevo dentro?

REBECCA: Yo creo que la cosa es que cuando aparezca no te identifiques con ella, que sepas que es falsa. No es ignorarla o negarla.

CAROLINA: Seguirás en tu práctica de disciplina hasta que deje de aparecer, y lo hará cuando le hayas quitado toda tu atención y todo el valor que le habías dado.

FRIDA: A veces es como un reflejo ante algo que ocurre, un impulso negativo, lo tienes y no lo controlas, pero empiezas por no identificarte con ello.

CAROLINA: A mí, en relación con cómo ha sido mi vida, ya casi no me ocurren esos reflejos, y cuando aparece alguno esporádico, sé perfectamente que no es real y encuentro en mi mente su origen. Entonces escucho claramente esa Voz dentro de mí que me dice: "No es real, aquiétate". Es la des-identificación con el eco del conflicto, aquella adicción pasada cuyo eco casi no escucho ya y que sé que en algún momento se va a detener.

FRIDA: Yo a veces veo que hay mucha gente que tiene una práctica espiritual, cualquiera que esta sea, y no se permite experimentar esa sensación. Si te viene, creo que la tienes que sentir, pero algunos la reprimen. Y yo creo que si te viene es porque la tienes que sentir, sea lo que sea. Te viene, pero la cosa es saber que no estás en lo correcto.

CAROLINA: Primero, escuchar y darme cuenta de que si es algo tóxico, no viene de mi Espíritu Santo. Reconocer que Él es un acompañamiento quieto, noble y en Él, siempre ganas junto con el otro, en amor, en comprensión, en dejar ir. Voy a leer un poco de lo que dice el Curso acerca del Espíritu Santo:

El Espíritu Santo goza de conocimiento porque es parte de Dios; mora en la parte de tu mente que es parte de la Mente de Cristo. Él representa a tu Ser y a Tu Creador, Quienes son Uno. Habla por Dios pero también por ti, ya que está unido a Ambos. Por consiguiente, Él es la prueba de que Ambos son uno solo. Parece ser un Guía por tierras lejanas, pues esa es la clase de ayuda que necesitas[86].

El Espíritu Santo se mantiene en contacto con Dios, con lo abstracto. Es una conversación "esquizofrénica", aunque Él sigue morando en ti, también te acompaña en esta otra parte, en el sueño, para recordarte el lugar al que debes regresar, allí a donde perteneces realmente.

CRIS: ¿Entonces cuando nosotros aceptemos que somos ese Espíritu Santo, este desaparecerá?

CAROLINA: Más que desaparecer, digamos que se integra, Su función deja de ser necesaria al tú reconocerte en Él.

DANI: ¿Puede ser que llegue un punto en el que no sea necesaria tanta oración y entrega, o quizá te sigas conectando con eso, pero de otra manera?

CAROLINA: Correcto. Esa es mi experiencia ahora. De haber empezado hace muchos años a practicar El Curso, haciendo meditación y oración un buen tiempo por la mañana y por la tarde, ahora esto ha ido a menos. Un día, hace cinco o seis años, recuerdo que en una conversación interna con Jesús, me sentí culpable por no hablar con él como lo hacía antes, durante esos momentos de meditación y oración que eran fijos, y escuché claramente una voz dulce que me dijo: "Yo ahora estoy contigo a todas horas, siempre".

---

[86] UCDM, Clarificación de Términos, 6

205

Me di cuenta de que todos los momentos de quietud y calma eran esa conversación y que ya no necesitaba encajarlo en el tiempo. Me di cuenta de que cada cosa que yo hacía era Guiada por Él. A medida que vamos dándole más espacio al Maestro Interno en nuestra consciencia, para que se vaya apoderando de nuestra experiencia humana y así ir descartando al ego, la calma y la quietud son más constantes. Siento que es así hasta que el Maestro termine con Su función: que tú y yo sepamos que eres Uno con Eso.

FRIDA: ¿Qué concepto existe de la oración?

CAROLINA: La oración es el vehículo de los milagros. Es la llamada humilde que hacemos a la Verdad en nosotros. Se habla de la "oración del corazón" como la verdadera oración. En Semana Santa del 2015 hicimos un festival en Ibiza para profundizar en esta pregunta que haces. También se habla extensamente de la oración en uno de los anexos a *Un Curso de Milagros* que se llama: "El Canto de la Oración".

REBECCA: El concepto que yo tengo de la oración es el concepto religioso, y también en mis meditaciones a veces me cuesta, al llegar a la oración se me cruzan los cables. Yo sé que al meditar estoy orando, al hablar con Jesús, pero el concepto de oración me confunde un poco... son las palabras y su asociación a la religión.

CAROLINA: Estás en lo correcto. Te recomiendo que te leas "El Canto de la Oración", en el que se te explica cada etapa de la oración. También en el Manual del Maestro se nos habla de la verdadera oración, que nada tiene que ver con las palabras.

> Estrictamente hablando, las palabras no juegan ningún papel en el proceso de curación. El factor motivante es la oración o petición. Recibes lo que

pides. Pero esto se refiere a la oración del corazón, no a las palabras que usas al orar. A veces las palabras y la oración se contradicen entre sí; otras veces coinciden. Eso no importa. Dios no entiende de palabras...[87]

Muchas veces estás usando palabras porque crees que las palabras son las correctas aunque tu corazón está sintiendo otra cosa. Una oración común desde la palabra podría ser: "Padre, te pido que me ayudes a encontrar un trabajo para que pueda mantener bien a mi familia", pero en tu corazón lo que realmente quieres es que tu mujer trabaje y te mantenga, por ejemplo. Ahí, lo que dices se contradice con lo que quieres realmente; esto ocurre cuando lo que dices supone la negación de lo que deseas. Es en este instante en el que resulta muy importante atreverse a "sentir" lo que te viene, tu experiencia, es decir, preguntarte: "¿Cómo me experimento con esto?".

En el Manual del Maestro se habla de la verdadera oración. "[...] a esto se refiere la oración del corazón, no a las palabras que usas al orar"[88]. La humanidad no sabe orar de verdad debido al miedo que le causa "darse cuenta" y ver lo que realmente desea.

DANI: ¿Entonces lo que se busca es reemplazar la definición de la oración?

REBECCA: Sí. En mi caso, yo ya sé que voy al corazón y voy a orar desde allí, pero por momentos me cuesta romper con ese hilo que define oración como el concepto religioso con el que crecí. Si antes era hablar siempre con palabras, desde el corazón es diferente.

---

[87] UCDM, Manual del Maestro, 21. 1:1
[88] UCDM, Manual del Maestro, 21, 1:4

CAROLINA: Puedes decir palabras o no "decir" nada. A diario alguien me pide que le escriba una oración. Ayer mismo una amiga con cáncer de útero me pidió una oración. La oración del corazón es asumir lo que ocurre como "mío" y venir con esta humildad ante el Espíritu Santo —mi conexión con Dios— y traerle mis miedos, dudas e incomprensión para que Él los corrija. Para que se cumpla el objetivo de que en la oración las palabras coincidan con tu corazón, has de mirar primero en él, en tu corazón, con honestidad.

MARTA: ¿Entonces la oración sería simplemente sincerarte en cómo te sientes en ese momento y entregarlo?

CAROLINA: Es fundamental desarrollar la capacidad de ver si realmente estás dispuesto a entregarlo, a soltar, a rendirte, porque muchas veces estamos en circunstancias mentales rígidas en las que creemos —por ejemplo— que la enfermedad no se puede curar o que un odio no se puede perdonar. El orden que tú describes es el ideal, pero la verdadera oración es honesta, de ahí que a veces las palabras no coinciden con lo que tu corazón siente en verdad.

Por ejemplo, imagina que vino tu mejor amigo y por envidia, te destrozó tu guitarra. Y ese recuerdo a ti te tiene amargado. Ahora tú vas a orar para liberarte de esa sensación, pero no lo logras. La oración tiene como propósito la paz y la calma, entonces cuando tu corazón siente deseo de justicia y justifica la rabia, hay una contradicción entre lo que dicen las palabras y lo que dice tu corazón.

Si formas parte de alguna religión, probablemente pidas justicia divina, pero orar con honestidad y coherencia entre palabra, experiencia y corazón sería de esta forma. Te doy un ejemplo:

Espíritu Santo, vengo a ti con mi rabia, mi odio
y mi frustración, con todo lo que no es paz
y ahora con honestidad te digo que siento
que estas emociones tóxicas están justificadas;
mas me doy cuenta de que impiden mi paz.
Vengo a entregarte en este momento lo que
puedo para que me corrijas.

Para que pueda haber una coherencia, se te pide que trasciendas la vergüenza interior de sentir lo que sea que sientas, por más negativo que creas que es. Ese Maestro que te está escuchando eres tú mismo y... ¿vas a tener vergüenza de ti mismo? Puede que sí, hasta que aprendas que esa Voz que va contigo y te corrige es La Voz que te conviene oír y es a la que debes ir en oración.

...Dios no entiende de palabras, pues fueron hechas por mentes separadas para mantenerlas en la ilusión de la separación. Las palabras pueden ser útiles, especialmente para el principiante, ya que lo ayudan a concentrarse y a facilitar la exclusión, o al menos el control, de los pensamientos foráneos. No olvidemos, no obstante, que las palabras no son más que símbolos de símbolos. Por lo tanto, están doblemente alejadas de la realidad[89].

Llegará un momento en que tu oración sea a corazón abierto, donde es tal la confianza en tu Maestro, que no necesitas las palabras para entablar esa comunicación, sino que abrirás tu corazón y te dispondrás a ser sanado. Hay que aclarar solo un punto. Hay una diferencia entre meditar y

---

[89] UCDM, Manual del Maestro, 21, 1:7-10

orar. Meditar tiene como función aquietar los "pensamientos de mono", vamos aprendiendo a silenciarlos con la meditación. Orar es una práctica más activa.

FRIDA: Yo sobre todo lo que hago orar después de meditar.

CAROLINA: Cada quien como lo sienta. Pero ten en cuenta que tu oración puede ser una oración que pide y entrega y también una oración de gratitud. Tú necesitas sentir gratitud, no porque Dios la necesite de ti, sino porque es muy sanador para todos experimentar gratitud. En esta aproximación a "Lo Santo" la gratitud forma parte de la conversación interior, de la oración, para pedir ayuda y recibirla, y para sentir gratitud.

> Al Espíritu Santo se le describe a lo largo del curso como Aquel que nos ofrece la respuesta a la separación y nos trae el plan del deshacimiento, al asignarnos el papel especial que nos corresponde desempeñar [a cada uno] en dicho plan y mostrarnos exactamente [a cada uno] en qué consiste[90].

Al Espíritu Santo se le describe como el último vínculo de comunicación que queda entre Dios y sus hijos separados. Es decir, necesitas ir a través del Espíritu Santo hacia aquello que es Divino y Abstracto. Pero quizás para la mente que aún no está entrenada esta idea implica que tienes que usar a un "aparente" tercero. A lo largo del tiempo, me he encontrado a mucha gente que me ha dicho que ellos no usan al "intermediario", que ellos se comunican directamente con Dios, y es porque aún piensan que hay realmente un tercero. No obstante, resulta ser que el Espíritu

---

[90] UCDM, Manual del Maestro, Clarificación de Términos, 6

Santo es el camino interior por el cual tú llegas a lograr esa comunicación con lo abstracto. Y en vez de haber tres (tú, el Espíritu Santo y Dios) regresas a lo que Es Uno.

Tu mente recta, tu Espíritu Santo, es decir, el aspecto más Santo de tu Ser, eres tú mismo en perfecta comunicación con Lo Santo. Solo desde esa santidad puedes entrar en comunicación con lo Divino, y solo en ella te hablará Dios, pues jamás lo hará desde tu aspecto humano separado, ya que la experiencia humana es una negación de Dios.

Dios no tiene la capacidad de ver separación. Es como pedirle al sol que tenga la habilidad de ver la oscuridad: no es posible. El ego jamás lo entenderá, él es absoluta oscuridad y negación de la Verdad. La Abstracción Divina es absoluta luz y no se encontrará nunca con la oscuridad, pues en Su Presencia, la oscuridad desaparece. El Espíritu Santo sirve de puente interior, un atajo por el que nos movemos con consciencia cuando somos humildes y honestos. Tienes un atajo interior que va desde donde tú estás, en la absoluta oscuridad y soledad, hacia la luz y la más absoluta comunicación. Depende de ti tomar este atajo o no.

Establezcamos con claridad que estamos usando símbolos pertinentes a la separación, pero solo para que nos ayuden a tomar decisiones, pues esta separación no es real. Solo Tu Santidad es real, más allá del tiempo. Si lográsemos aceptar La Santidad por un instante, el mundo —como lo conocemos— desaparecería.

Y se nos dice que el Espíritu Santo "mora en la parte de tu mente que es parte de la Mente de Cristo"[91].

Hablamos de Cristo como una experiencia de la Unicidad y no como un hombre; y como la parte de tu mente que alberga la absoluta Abstracción Divina.

---

[91] UCDM, Manual del Maestro, Clarificación de Términos, 6

Él representa a tu Ser y a tu Creador, Quienes son uno. Habla por Dios y también por ti ya que está unido a Ambos. Por consiguiente, Él es la prueba de que Ambos son uno solo. El Espíritu Santo parece ser una Voz, pues de esa forma es como te comunica la Palabra de Dios. Parece ser un Guía por estas tierras lejanas, pues esa es la clase de ayuda que necesitas. [...] Tú eres Su manifestación en este mundo. [...] Y luego, ya no se oirá más la Voz, ya que no volverá a adoptar ninguna forma, sino que retornará a la eterna Amorfía de Dios[92].

Entonces, la pregunta para mí hoy, y la haré en primera persona para que resuene en ti en primera persona, es: ¿qué obstáculos hay en mí que me impidan sentir al Espíritu Santo con la fuerza que necesito y deseo sentirlo?

Hay muchas maneras de "investigar" dentro de nosotros mismos para ayudarnos a ver lo que está en negación. Para los más entrenados, podemos entrar en oración y meditación profunda y aguardar a que la Voz nos indique exactamente nuestras resistencias. También —no obstante— hay formas aparentemente "lúdicas" que nos ayudan si les damos el propósito conveniente para nuestros propósitos. Por ejemplo, en el Juego de la Transformación (creado por Joy Drake y Kathy Tyler durante su estancia en la Fundación Findhorn, en Escocia) hay unas tarjetas que se llaman "obstáculos". Hoy sugiero que las usemos invocando al Espíritu Santo y aceptando que nos envíe un mensaje a cada uno de nosotros a través de esas tarjetas.

DANI: Antes de comenzar, quiero comentar que me cuesta entender la palabra "Amorfía"

---

[92] UCDM, Manual del Maestro, Clarificación de Términos, 6

REBECCA: Lo que entiendo es que la Amorfía es lo que no tiene forma física, lo más alejado del mundo de las formas. Como el viento, por ejemplo.

CAROLINA: Gracias, Rebecca. ¿Quieres ser tú la primera en mirar un obstáculo personal?

> Siempre soy yo el que tiene que hacer las cosas, a nadie le importa, nadie se da cuenta y nunca nadie me ayuda.

Seguramente más de uno podemos identificarnos con este obstáculo. Esta es la mentalidad de víctima, un obstáculo claro para la paz. Si os parece, vamos a realizar una oración conjunta.

Espíritu Santo, vengo a Ti a entregarte la idea
de que nadie me ayuda
y de que yo tengo que hacerlo todo.
Acepto que esta manera de pensar confirma
que no te he escuchado a Ti, porque sé que Tú
siempre estás ahí para consolarme,
acompañarme y bendecirme.
Mas, cuando no quiero escucharte,
me siento víctima del mundo
y de mis hermanos.
Te entrego mi manera de pensar y actuar
para recibir tu corrección.

En este instante deseo presentarme ante ti
humildemente para que me ayudes y me
sanes. Acepto tu corrección con gratitud.
Amén.[93]

¿Quién sigue?

> Te gustaría confiar en
> los demás, pero tu viejo
> miedo a que te engañen
> y al ridículo supera tus
> intenciones.

Sí. Gracias. También nos sentimos identificados. El miedo a que te engañen es la creencia de que el Espíritu Santo no está en todos, de que hay "malos y buenos". Aquí se presenta claramente la conducta de no querer hacerme responsable de "lo que veo", porque si a mí me engañan, ¿a quién engaño yo? La realidad de la práctica espiritual de *Un Curso de Milagros* nos dice que no me pueden engañar si yo no engaño o si no albergo esa creencia en mí, pues el mundo es un reflejo de mí mismo y de mis pensamientos. Propongo a todos incluirnos en esta oración también, para acompañar y sanar esta idea en todos.

Vengo a ti, Espíritu Santo,
por mi miedo, dolor e impotencia
por haberme sentido engañado.
Te entrego mis experiencias
pues no sé vivir sin ellas.
Mi intención es confiar en todos,

---

[93] Todas las oraciones han sido creadas espontáneamente por Carolina Corada

pero no lo logro,
porque al empezar una nueva relación,
este miedo me asalta.
No sé cómo corregirlo,
por lo que te lo traigo a Ti
y te lo entrego.
Te entrego mi miedo y mi memoria
de ser engañado.
Todo te lo entrego
para que la sanación ocurra
y no tenga yo que saber cómo ocurrió.
Me someto a la dulzura
de la corrección.
Amén

¿Quién sigue?

> Estás detenido en tu nivel actual por tu retirada, la tendencia a huir del conflicto.

Cuando huyes de la posibilidad que te trae el conflicto, te lo llevas contigo a donde quiera que vas, y lo que haces es demorar el instante de la curación por miedo a enfrentarlo ahora. La rendición y el perdón son la clave. La invitación es a no entrar en negación, sino a mirar dentro de sí, reconocer la negación y aceptarla para que sea sanada.

Espíritu Santo, te entrego
mi impulso de retirada, mi deseo de huir.
Puedo ver que en el pasado la huida
parecía una solución en mi corazón,
pero hoy vengo a Ti para quedarme en
este instante y someterme a tu corrección y
sanación, y saber que a donde quiera
que yo vaya, llevo mi conflicto conmigo,
pero también te llevo a Ti.
Elijo hoy ofrecerte esta tendencia mía
para que la sanes y la corrijas,
y me lleves de nuevo a la Paz
para que pueda volver a escucharte
con claridad. Gracias.
Amén.

¿Cómo se siente? Estamos orando juntos y también observándonos internamente para descubrir si en verdad las palabras coinciden con la oración del corazón. Aprovechemos esta oportunidad en la que oramos unidos para darnos cuenta de si estamos listos para "someternos al amor".

La palabra "someterse" es aparentemente muy fuerte y pareciera que nos restringe en nuestra libertad. No obstante, en esta práctica en la que nos hemos embarcado hoy juntos, esta palabra nos lleva a la más absoluta libertad, pues, ¿qué mayor experiencia de libertad podría haber que aprender a someternos al Amor y permitir que Este lo domine todo?

¿El siguiente?

> Tengo miedo de que si uso mi mente, perderé el contacto con mi corazón.

Este es el placer, la golosina de la emocionalidad, el drama y la adrenalina de las emociones. Hay un aspecto característico de nuestra humanidad, que teme dejar de vivir las emociones. Pensamos: "Tengo miedo de entrenar mi mente para entregarme a Dios, porque temo perder conexión con mis emociones". Las emociones tienen mucho valor para el ego y cuando entras en la espiritualidad, ellas se van diluyendo, la Paz de Dios no está en las emociones. La Paz de Dios no es una emoción. El juicio genera las emociones. Esto ya lo sabemos. Oremos entonces en favor de la paz.

Espíritu Santo, vengo a ti con mi miedo
a vivir en Paz.
También traigo ante Ti mi miedo
a escucharte solo a Ti,
mi miedo a dejar de juzgar y comparar,
y mi miedo a dejar de experimentar
mis emociones humanas.
Sé que tú me sanarás al tiempo y al ritmo
que tú consideres apropiado para mí.
Confío y por eso te doy las gracias.
No me precipitaré pero tampoco me retrasaré,
volveré a Ti una y otra vez

para que me ayudes y me sanes a un ritmo
que yo pueda tolerar.
Gracias, Maestro.
Amén

Seguimos.

> Estás detenido en tu nivel actual por tu envidia.

La envidia es el producto de la comparación y los juicios. No hay manera de salir de ella solo. La rendición a la Verdad es la única que nos salva. Oremos.

Espíritu Santo, vengo a ti con esta emoción
que, para mí, es un obstáculo
para escucharte y estar en Paz.
Te entrego mi envidia.
La reconozco (y me duele reconocerla)
en mí para entregártela.
No lo hago para culparme ni para juzgarme
a mí mismo por sentirla,
sino para soltarla a Tus pies.
Acepto ahora Tu sanación y Tu cura.
Estoy receptivo, acepto ser sanado de la
envidia y te doy las gracias, pues sé
que es un obstáculo para ser Sanado por Ti.
Hoy te la entrego sin pudor. Gracias.
Amén.

Os recuerdo que estamos mirando los obstáculos que nos impiden, en este instante y a cada uno, sentir al Espíritu Santo con la fuerza que necesitamos y deseamos sentirlo. Gracias.

El que sigue.

> Estás detenido en tu nivel actual por tu dependencia.

¿De qué dependo? La in-dependencia es depender de aquello que es interno. Esta tarjeta es un llamado a la independencia para dejar de lado la dependencia. Esto describe a alguien que depende de lo exterior para encontrarse bien, vivir y saber quién es, es decir, para mantener su identidad. Es un llamado a renunciar a depender de "lo externo" para encontrar la in-dependencia "internamente".

Pareciera contradictorio, ¿verdad? Y sin embargo, tiene todo el sentido. Cuando somos dependientes, es que hay algo o alguien externo a nosotros de lo cual dependemos para que nos provea lo que necesitamos, como la felicidad, el sentido de la vida, la abundancia y afines. Cuando volcamos nuestra atención a lo interno, a donde quiera que vamos, lo interno va con nosotros, con lo cual nos hacemos in-dependientes: dependientes de lo interno, para así saber quién somos.

Vengo a Ti, Espíritu de la Luz, con mi dependencia del mundo, pues me doy cuenta de que la uso y le doy un valor que no tiene.

Esto lo hago para no escucharte a Ti
y seguir distraído.
En este instante, te entrego
esta dependencia que tengo del mundo
para que comiences a entrar en mi corazón a
corregirme. No sé si estoy completamente
lista para la expiación, pero estoy receptiva
para ser sanada y confío
en que Tu tiempo es perfecto.
Me lo merezco y lo acepto.
Confío en tu corrección.
Gracias.
Amén.

Continúa, por favor.

> Estás detenido en tu
> nivel actual por tu
> tendencia a juzgar.

La mente que juzga no puede amar. La mente que juzga no escucha nada.

Mi Espíritu Santo, te acepto
y te reconozco dentro de mí.
Te entrego la mente con la que juzgo.
Estoy dispuesta a experimentarme sin juicios
y a escuchar solo Tu Juicio.

Deseo escuchar únicamente el juicio del Amor
donde todo es Amor y es Incondicional.
Estoy dispuesta y receptiva a que me corrijas
y me sanes de la mente que juzga
para poder tener una experiencia
más cercana a la Mente de Cristo.
Gracias. Lo acepto.
Amén.

Y ya para terminar por hoy, adelante con la siguiente.

> Estás detenido en tu nivel actual por tu tendencia a quejarte.

Observa de qué manera quejarte impide que escuches al Amor. Es adictivo y es muy placentero para muchos. Se nos pide solo que estemos dispuestos a mirar esta "adicción" con honestidad y humildad y reconocer si estamos dispuestos (o no) a vivir sin ella. Solo si entablas una conversación verdadera con tu Maestro de la Paz, podrás escuchar Su Voz más claramente. Oremos en nombre de todos, incluyéndonos, pues aunque este obstáculo no te haya salido a ti, forma parte de tu sistema de pensamiento, y quizás nunca habías pensado que podría ser un obstáculo para que la Voz se escuchara con claridad. Ahora es el momento de dar las gracias a los que nos hemos reunido aquí hoy, pues cada oración nos sirve a todos por igual. Gracias.

Estamos aquí con nuestra queja,
la mente que se queja se ha olvidado
del Espíritu Santo por completo.
¿De qué quejarnos si te escuchamos a Ti,
Espíritu Santo,
cuya canción es eterna, cuya palabra es cálida,
y cuya memoria habla de lo infinitamente
abundantes y perfectos que somos?
Venimos en grupo, pues hemos convenido en
entregarte, cada uno de nosotros,
el punto en que nos encontramos, sabiendo
que somos santos y que Tú
nos ayudarás a recordarlo.
Te entrego mi hábito de quejarme y
te entrego todas mis quejas.
Dejo el tiempo y la corrección en Tus manos,
a nosotros nos corresponde la humildad de
admitir que adolecemos de este hábito.
Confiamos en que Tú nos corregirás.
Gracias, Espíritu Santo, por este tiempo en
oración con nosotros.
Aceptamos Tu corrección.
Aceptamos Lo Santo.
Te aceptamos. Gracias.
Amén.

8

LA ÚNICA RESPUESTA

En este instante estoy aquí, presente,
en el nombre de Jesús y de Su Única Respuesta.
En el nombre de Lo Eterno.
Muy dulcemente, acepto alcanzar un espacio
de quietud donde el tiempo deja de tener
interés para mí y me adentro en este instante.
Ya es tiempo de escuchar la Única Respuesta
y de que la Comunicación se restablezca,
las dudas desaparezcan y la calma anide
en mi corazón y en mi mente.
Es el tiempo de la Paz.
Es el tiempo de la ternura.
Es el tiempo de la Perfección.
Amén.

Somos todos muy bienvenidos, pues nos hemos reunido en este Instante Santo en el nombre de la Única Respuesta. Vamos a mirar este tema con profundidad, calma, sin miedo, y con absoluta honestidad, pues será una lección que aprenderemos hoy y no tendremos que repetir nunca más.

En el Reino de Dios solo reina el Amor. En el Reino, todo es Perfecto. El Amor es Perfecto y es lo único que existe. En el Reino, Dios y Su Creación se extienden hacia el infinito; no se han separado y no han fabricado mundos y cuerpos que estén separados. Solo reinan Dios, su Hijo y el Amor que todo lo da. Su Hijo, por un instante, tuvo un pensamiento que no era amoroso, y en ese pensamiento no amoroso el

223

ego "pareció" nacer. El ego fue fabricado por un pensamiento sin Amor, y por ello, nunca podrá pertenecer al Reino. Apareció la voz fuerte y áspera del ego gritando y atacando, mas Dios no se inmutó y no se sintió atacado, porque Él nunca puede estar en conflicto. Dios se dio cuenta de que la Comunicación se había interrumpido por un instante, y entonces, ante este pensamiento sin Amor, puso la respuesta inmediatamente en la mente. Y la respuesta es tu Maestro.

"Dios no enseña porque enseñar implica una insuficiencia que Dios sabe que no existe"[94]. Cuando decimos que Dios nos habla y nos señala nuestros errores, en realidad ese no es Él. Dios solo creó lo incambiable, por tanto, lo que nosotros estamos haciendo aquí hoy no viene de la mano de Dios, sino del Maestro que Él puso en nuestra mente cuando tuvimos un pensamiento no amoroso. Ese Maestro se llama Espíritu Santo.

> El Espíritu Santo mora en la parte de tu mente que es parte de la Mente de Cristo. Goza de conocimiento porque es parte de Dios; percibe porque fue enviado para salvar a la humanidad. Él es el gran principio corrector...[95]

Su función es hacerte igual a Él. Esa es la única función del verdadero maestro, que tú reconozcas que eres Su igual.

Cuando tuvimos esa idea "no amorosa", esa interrupción de la comunicación con Dios, apareció una pregunta que venía de esa nueva fabricación llamada "ego" y fue: "¿Que soy?".

---

[94] UCDM, Capítulo 6, IV, 12:1-2
[95] UCDM, Clarificación de Términos, 6, 4:1, 3:3-4

Ojalá pudiéramos decir que nunca nos hemos hecho esa pregunta, pero con total honestidad, todos nos lo hemos preguntado. Esa pregunta fue el inicio de la duda, del cuestionamiento de mi realidad eterna; y ahí Dios nos dio la respuesta con el Espíritu Santo. Y no tienes que entender el orden de los factores en el mundo, pues esto tiene que ver con la parte más abstracta de nuestro Ser, que es la que escucha al Espíritu Santo, a esa primera respuesta que nos dio Dios cuando hicimos esa pregunta de qué somos.

Yo me imagino a Dios —y por supuesto, no con un cuerpo físico, sino como en una viñeta cómica—, diciendo: "Vaya pregunta que me ha hecho mi Hijo". Entonces le dio la respuesta inmediatamente y se desentendió. Esa duda, que entró aparentemente en la mente del Hijo de Dios, fue su somnífero y lo que hizo que se olvidara de su realidad eterna. Dios no tiene nada que ver, ni con tu despertar, ni con tu dormir. Quien tiene que ver con eso es el Espíritu Santo. Él se manifiesta como la dulce y tierna Voz que Dios puso en este mundo de ilusiones para que nos hablara.

Ahora, mientras caminamos por el mundo, inmersos en el sistema de pensamiento del ego, todos deseamos que el Espíritu nos hable de la misma manera que lo hace este. Nos encantaría que nos hiciera una lista de nuestros errores para poderlos subsanar. Pero Jesús dice en El Curso que el Espíritu Santo nunca hará eso. Cuando escuches en tu mente una voz que, por más tierna que parezca, enumere en voz alta tus errores, ¡detente! y reconoce que ese no es el Espíritu Santo, pues su única respuesta es que solo el Amor es Real; todo lo demás que crees ser no existe.

Ese Ser con "S" mayúscula es el que aún habita en el Reino. El Espíritu Santo es la respuesta a la duda y al cambio, a un cambio que nunca ocurrió, puesto que tú nunca has dejado de Ser quien eres en el Reino de Dios. Nunca has dejado de estar donde habitas, en Su Presencia, eternamente. Mas tuviste la duda y la respuesta se te ofreció inmediatamente.

¿Qué ocurre si no escucho claramente la respuesta del Espíritu Santo? Quizás deseo varias respuestas: que se me responda sobre mi vida espiritual, mi economía, mi vida sexual. La humanidad está llena de preguntas, piensa por un instante: ¿quién está preguntando? ¿A qué parte de tu vida interna responden esas preguntas? ¿Sobre qué estás preguntando? ¿Para qué tantas preguntas, y cuáles son esas respuestas que estás esperando? ¿Deseas realmente escuchar la Única Respuesta o todavía quieres las respuestas divididas e individuales que son lo único que el ego te puede dar?

Pudiéramos decir que es difícil hacer solo una pregunta y escuchar solo una respuesta. No, no es difícil. Es simple. Quizás nos consuma un poco más de tiempo estar listos para que, a cada pregunta que se nos presente, estemos dispuestos a recibir una sola respuesta. Esa respuesta se escuchará amplia y rotundamente cuando aceptemos que no hay nada en el mundo que nos interese, porque la respuesta nada tiene que ver con este mundo. Las nimias preguntas que quisiera que el Espíritu me respondiera tienen siempre la misma respuesta: el Hijo de Dios es inocente y solo el Amor es Real.

Cuando tengo muchas preguntas, es porque no quiero escuchar solo esa respuesta: "Sí, seguro, pero... ¿qué más me puedes decir? Háblame y respóndeme de... esto o aquello... Respóndeme... ¿Por qué no me respondes?". ¡Olvídalo! En esa conversación no se está escuchando La Respuesta.

Esto es algo que tardé un poco en aceptar, porque me chocaba bastante. Se nos pide aceptar que no es a Dios a quien me dirijo con mis preguntas y no es Él quien me hablará. Él ya me dio Su Respuesta. Qué desfachatez la mía que, aunque Dios ya me respondió, yo encima le reclamo. Es como exigirle que me sirva aquí, en el mundo de las formas, cuando Él no sabe de formas.

Yo lo siento así, lo digo sin ningún pudor. Observa si puedes aceptar que cuando elevas el puño hacia a Dios para exigirle una respuesta —cuando Él ya la dio— en realidad eres tú mismo quien no Lo quieres escuchar.

Date cuenta de cuándo han surgido las preguntas, y de cómo estudiantes avanzados de *Un Curso de Milagros* —por el nivel de compromiso con la sanación que tenemos— ya sabíamos la respuesta que queríamos. Ese "saber la respuesta" que yo deseo y creo que me conviene es hacer oídos sordos a la Única Respuesta que realmente me conviene. Reconocer esto es ser honesto.

El Espíritu Santo habla muy quedo. Su Voz nunca habla primero y nunca estruendosamente, a diferencia de la voz del ego que sí lo hace. Nosotros estamos esperando palabras en esa respuesta. Queremos una respuesta humana. ¿Qué pasaría si te atrevieras hoy a no recibir una respuesta humana, sino la respuesta que ya se nos dio?

El Curso dice que el ego te tiene miedo a Ti. No le teme al dolor ni a las preguntas sin contestar, le teme al Ser eterno que habita en Ti. El ego ya sabe que la respuesta está en ti. Así, vamos a avanzar un poco más. ¿Cuántas veces has hecho una pregunta, y simultáneamente has hecho oídos sordos, sabiendo que la verdadera respuesta no la deseabas oír?

"Puesto que el Espíritu Santo responde de verdad, responde para siempre, lo cual quiere decir que todo el mundo dispone de la respuesta ahora mismo"[96]. Si la Única

---

[96] UCDM, Capítulo 6, IV, 3:4

Respuesta es que solo el Amor es Real, tú has tenido que soltar todo interés en el mundo, porque si no, ¿cómo la ibas a aceptar? Dios te dice que lo que él te dio Es Real y lo que tú estás buscando no lo es. Y tú te sigues preguntando cómo vas a pagar el alquiler o le pides que te sane de una enfermedad.

Mirándolo desde la óptica de un estudiante avanzado, ¿qué significa "solo el Amor es Real", cuando es la respuesta ante el problema del pago de un alquiler, por ejemplo, lo que estás buscando? ¿Cómo es esa una respuesta en este caso?

REBECCA: Es como una rendición, confianza; reconocer que hay algo más allá de lo que vemos. Es un salto de fe, un reconocimiento de que siempre se te está sosteniendo. Entonces, damos un paso fuera del mundo; ese salto de fe te aleja del mundo y lo logras con muchas lecciones de El Curso como: "El mundo no me ofrece nada que yo desee".

CRIS: Yo siento esa lección sumamente abstracta. La entiendo conceptualmente, pero caminarla es abstracto. También nos olvidamos de que la solución no está en este mundo, lo digo porque durante varias semanas me he olvidado de esto y hace unos días me he acordado.

CAROLINA: Pero la buscamos aquí, en nuestra mente. Ya se nos dijo: "La Respuesta, la solución ya se te dio". Nos dirigimos hacia una experiencia amorfa, que no vive ni tiene forma en este mundo.

El ego no puede oír al Espíritu Santo y tiene miedo de Su Respuesta constante. Porque la respuesta de Dios es constante en ti. Es decir, el Espíritu Santo es constante en ti, no va y viene según tú lo llames. ¡Olvídate de eso! Llamar al Espíritu Santo no es otra cosa que abrirle la puerta a tu atención para que Él se dirija a ti y que la comunicación entre tú y Él se restablezca. Pero el Espíritu Santo nunca ha dejado de Ser la Verdad en ti. Él es quien trae la Verdad a tu mente. El Espíritu Santo no es una paloma blanca religiosa, es tu Ser abstracto que jamás ha dejado de conocer a Dios.

Las lecciones nos van llevando a una experiencia cada vez más abstracta de nosotros mismos, una experiencia cada vez más posible ahora que tomamos la decisión. El ego tiembla y tiene miedo. ¿No te ha pasado que cuando estás en oración profunda o en una meditación, o sientes que estás tomando decisiones para perdonar y amar más, hay una parte de ti que tiene miedo? ¿Te has cuestionado de dónde viene ese miedo? Porque lo común es pensar que esa persona tiene una mala energía y el Espíritu Santo me está protegiendo a través de mi miedo. Muchas veces he escuchado decir esto.

En el Capítulo 6 de *Un Curso de Milagros* se nos dice que el ego está aterrado, aterrado de ti, de tu Ser, de que tú "te limpies el oído" y escuches La Respuesta. Ese miedo aparece cuando estás a punto de decidir en favor de la Paz y de amar más.

¿A quién le da miedo el Amor sino al ego, que no conoce el Amor? Mientras respondes al sistema de pensamiento del ego, es como si fueses a perder algo: el poder, por ejemplo; y es que el ego sí que pierde el poder ante el Amor. Pero esa decisión de amar más y adentrarte más hacia lo abstracto es tu decisión de escuchar la Única Respuesta que ya Dios había puesto en tu mente. No es un cambio para nada. No es que milagrosamente vino el Espíritu Santo galopando sobre un corcel blanco y te habló y te iluminaste. No, el Espíritu Santo es La Respuesta que está ahí contigo, hablándote, todo el tiempo. Su palabra es abstracta; más que una palabra es una experiencia.

Tú seguramente has tenido ya la vivencia de esta experiencia que estoy describiendo: el milagro. La gran pregunta sería: ¿estás dispuesto a estar completamente cuerdo? ¿A escuchar esa Respuesta que Dios ya nos dio, todo el tiempo?

FRIDA: Un paso atrás. Has dicho antes que el ego nació de un pensamiento de "no amor", pero si el Hijo de Dios es Amor, ¿cómo ha podido tener un pensamiento no amoroso?

CAROLINA: Esa pregunta es clásica. ¿Cómo es que ocurrió aquello que nunca ocurrió? Así lo responde El Curso. Esa es una pregunta que nunca se responde. Queda del estudiante de *Un Curso de Milagros* cuestionarse quién pregunta sobre el nacimiento de aquel que nunca nace. Es un poco desagradable cuando nos enfrentamos a esta pregunta, porque queremos una respuesta contundente y de este mundo, que me explique y que me aclare lo que "está sucediendo".

> ¿Qué es el ego? Lo que antes era la obscuridad. ¿Dónde está el ego? Donde antes estaba la obscuridad. ¿Qué es ahora y dónde puede encontrársele? No es nada y no se le puede encontrar en ninguna parte. [...] ¿Qué es el ego? Lo que antes era la maldad. ¿Dónde está el ego? En una pesadilla que sólo parecía ser real mientras la estabas soñando. [...] ¿Quién tiene necesidad de preguntar? ¿Dónde está el ego? [97]

El Curso dice que aquel que pregunta cómo ocurrió lo que nunca ocurrió no recibirá respuesta. El ego quiere que se le explique cómo fue que nació o se fabricó este mundo, porque él se cree real. Sin embargo, esta realidad que

---

[97] UCDM, Clarificación de Términos, 6, 6:1-7, 6:10-13, 6: 16-17.

experimentamos nunca ocurrió en verdad. Esta idea es bastante abstracta y requiere un salto de fe. ¿Cómo un salto de fe? Pues una experiencia vívida. No hay nadie que te pueda convencer de esto y quizás te preguntes una y otra vez por qué todos nosotros, que ya hemos pasado por esa parte de El Curso, aún estamos en oración y con las lecciones, si las respuestas no son de este mundo.

Son tan contundentes las respuestas, que ya no busco la palabra en ellas. Me doy cuenta cuando estoy receptiva, porque La Respuesta es abstracta y maravillosa, y seguidamente —a veces— aparece el miedo. Todos aquí hemos tenido ya esta vivencia: un momento glorioso y feliz... y el miedo. ¿Por qué viene el miedo? El ego esta aterrado de que tú te des cuenta de que él no existe en realidad. Esto aparece explicado ya al principio de El Curso.

REBECCA: Para mí es gracioso que hables de esto, porque hoy he tenido una experiencia mística, justo sobre este tema. Estaba atascada por el miedo a todo. Fue muy extraño lo que pasó. Estaba leyendo sobre el miedo y me llegó el entendimiento. Cada vez que aparece el miedo es porque ha aparecido un pensamiento acerca del cuerpo, que siempre pertenece al ego.

CAROLINA: Este subcapítulo IV del Capítulo 6 que se llama "La Única Respuesta", habla del cuerpo y es justamente la parte de El Curso donde se empieza a abordar muy de frente que Dios no creó el cuerpo y que el cuerpo no existe, y para un alumno avanzado, afrontar esa lección implica valentía. Igualmente vemos que en El Curso, Jesús aborda los temas más contundentes, concretos y vinculados al dualismo y la separación desde los primeros capítulos del libro: no deja estos temas para el final. Se pretende que los tengamos muy presentes desde el inicio y luego a medida que el libro avanza en la manera de presentar los contenidos, se hace mucho más abstracto. Los primeros capítulos son muy claros.

Hay una parte en este mismo capítulo que dice: "Solo el Ser vive en el Reino donde todo mora en Dios con absoluta certeza"[98].

Hoy queremos reconocer cómo escuchar la respuesta de ese maestro, que es la respuesta que viene de Dios. Hay varios "atajos" que Jesús nos dio para ello. El primero sería que esa Única Respuesta es la dulce y tierna Voz del Espíritu Santo, que nunca da órdenes. Piensa cuántas veces te has engañado pensando que lo que oías como un regaño era el Espíritu Santo: la voz en tu cabeza utilizaba muchos verbos en "imperativo". Quizás te plantees entonces: ¿cómo me va a guiar?

Y aquí empezamos a profundizar, ya que partimos de que el Santo Hijo de Dios es Inocente, de que solo el Amor es Real y que el Espíritu Santo nunca da órdenes. ¿Qué pasa cuando abro mi corazón y dejo que la respuesta me alcance? Empieza a haber una transformación interior, todos nosotros ya estamos aquí. Pero el simple hecho de escuchar La Respuesta implica que ya hemos aceptado esa transformación, y decir en nuestra mente "Sí, voy a amar", y "Sí, voy a dejar de atacarme y castigarme" es lo correcto, porque esos otros pensamientos de ataque nunca vienen del Espíritu Santo.

Se nos dice que el Espíritu Santo nunca hace una relación detallada de tus errores y te pregunto: ¿cuántas veces tú te sientas a hacer una relación detallada de tus errores y te quedas con ellos como realidades? Quizás creas que necesitas hacer esa relación detallada, pero se te pide que

---

[98] UCDM, Capítulo 6, IV, 7:4

estés dispuesto a entregársela al Espíritu Santo, aceptando que no tiene valor y que no es real. Esta manera de proceder es muy conveniente para todos, sin embargo, hay quien la hace y se la queda, conservándola como un tesoro. Ese es el ego espiritual. Es muy sutil eso de sentirte apegado —atraído— a creer que lo que la lista nos muestra es verdad.

EDITH: Yo pienso que mientras hagamos esa lista nos quedaremos siempre en el cuerpo.

CAROLINA: El cuerpo es la identificación que haces con el ego. Lo "sientes" como el templo y lo identificas como la respuesta a esa primera pregunta: "¿Que soy?", la cual da lugar a la duda, pero el ego te va a responder que "eres" un cuerpo.

El Espíritu Santo es La Respuesta a esa pregunta. Y se nos dice que siempre responde y habla en nombre de Lo Eterno. ¿Cómo se puede hablar en nombre de Lo Eterno con símbolos humanos? No hay nada eterno en el mundo humano. De hecho, es por eso por lo que muchos de nosotros aún no estamos escuchando al Espíritu Santo. Él siempre nos está hablando, pero nosotros esperamos una voz que nos hable en símbolos humanos. Pero si Él siempre habla en nombre de Lo Eterno, ¿cómo lo puedo escuchar con mis símbolos humanos? ¿Quién no ha deseado tener una Voz que le diga en símbolos humanos lo que tiene que hacer cada día? Sería como tener un libro de instrucciones para vivir en el mundo.

¿Vas a ser receptivo a La Respuesta o te da miedo? ¿Estarías dispuesto a escuchar Su Respuesta, que habla solo de Lo Eterno, o todavía quieres tener la razón acerca de las respuestas que tú ya te diste a ti mismo sobre tus propias preguntas?

Para escuchar La Respuesta del Espíritu Santo hay que hacerlo con la mente abstracta. La Lección 189, la única que habla de la Amorfía Divina, dice: "Siento el Amor de Dios dentro de mí ahora"[99].

Nos dirigimos a la mente, que es abstracta y amorfa. Nos dirigimos al Ser que es eterno y que no se rige por las leyes de este mundo. Y no creas que tienes que abandonar este cuerpo para que esa experiencia sea una realidad aquí. Lo que sí se te pide es que dejes de lado la justificación de todas las emociones humanas; porque el Amor del que estamos hablando no es una emoción humana.

FRIDA: Dime si me equivoco. Tú hablas de la Respuesta. Yo pienso que no hay respuesta. Hay más bien un sentimiento, raro quizás, y difícil de expresar en palabras.

CAROLINA: El Curso dice que solo el Amor es Real y que ya se te ha dado la respuesta, pero la mente que no ha aceptado que solo el Amor es Real busca la Respuesta con símbolos humanos, es decir, en las palabras. La invitación de hoy, que es la que recibo para mí, es la siguiente (y te pido que la repitas en tu mente a medida que la digo en primera persona): "¿Estoy dispuesto a dejar de justificar las emociones humanas, incluso las hermosas, generosas, etc.?".

EDITH: ¿Eso significa no sentirlas o no darles importancia?

CAROLINA: "Abandonarlas" significa mirarlas y reconocer que no son Amor Real. Cuando estás enojada o sientes lujuria, envidia, deseo de ataque, de asesinato, en tu mente todo eso ya está justificado. Cuando sientes esas emociones humanas, en tu mente ya hiciste todo eso. Lo arrogante es que además quieres escuchar la Voz de la Respuesta. No es

---

[99] UCDM, Libro de Ejercicios, Lección 189

posible. Todas las emociones humanas son un sustituto de la Verdad, pues tienen múltiples orígenes.

La Verdad es Amor del bueno. Atrévete a no saber cómo es este Amor para que lo puedas conocer, porque cada vez que "sabes" cómo es, se pierde para ti, ya que estás intentando usar los símbolos del mundo para conocer el Amor de Dios. Y el Amor de Dios no responde a ningún símbolo de este mundo, porque no es una emoción humana.

Las emociones humanas nos sirven para ir reconociendo a cuál maestro estamos escuchando, y al reconocer esto, le entregamos las emociones al Espíritu Santo. Cuando escuchamos al Maestro con Su tierna Voz que habla siempre en favor de Lo Eterno, hay una experiencia que pudiéramos definir como una emoción humana, pero que no lo es. Es una experiencia que no tiene justificaciones. Tú, a medida que te hagas más experto en la honestidad de tu corazón, la identificarás.

MARTA: Para mí es como cuando conectas con la Paz.

CAROLINA: En el Capítulo 6 se nos dice: "Dios no enseña. La separación no fue una pérdida de la perfección, sino una interrupción de la comunicación. La voz del ego surgió entonces como una forma de comunicación estridente y áspera"[100].

Dios no se alteró, Dios no cuestionó. Dios simplemente dio La Respuesta. La Respuesta al pensamiento de que la separación alguna vez ocurrió, y Su Respuesta es tu Maestro.

Entonces, para poder oír a ese auténtico maestro, se nos pide que estemos dispuestos a aceptar que somos como Él. Aquí viene algo muy sutil: el mundo del ego, de los cuerpos, es un espacio en el que la idolatría nos agrada mucho, por

---

[100] UCDM, Capítulo 6, IV, 12:1, 12:5-6

eso buscamos maestros afuera. A la humanidad entera le encanta que haya alguien peor y mejor en cualquiera de los ámbitos de nuestra vida. Este aspecto lo podemos mirar con honestidad, no con la intención de aferrarnos a él como un error, sino para dejarlo pasar.

Ese juego de idolatría se convierte en uno de los mayores obstáculos para oír Su Voz, porque la Voz del Espíritu Santo siempre te va a enseñar que tú eres como Él, y esto al ego no le gusta. Date cuenta de los instantes en los que en tu vida se te ha querido enseñar que tú eres igual al Amor y tú no has querido aprender eso. Te ha dado miedo, te ha dado pudor.

CRIS: "Si me conocieses de verdad, no me amarías tanto", es lo que me dice mi ego.

CAROLINA: Esa voz solo te habla de tu imperfección. Tu idolatría es un deseo de separación. Esta idea de la idolatría que parece ser inocente es un gran obstáculo para oír La Respuesta del Espíritu Santo. Lo maravilloso de que el Maestro te diga que tú eres como Él es que te hace tan especial como al resto de la Creación. Ahí está la diferencia. Te está tratando igual que al resto de la humanidad. Este Maestro te enseña que tú y yo somos como Él, especiales, inocentes y maravillosos; todos y cada uno de los aspectos de la Creación lo somos y ahí el ego desaparece. En una decisión de abandonar por un instante la necesidad de ser especiales, pues este deseo ensordece tu capacidad para escuchar la Verdadera Respuesta. Ahora bien, como alumnos avanzados, ¿cuál es la respuesta?

REBECCA: Solo el Amor es Real.

CAROLINA: Exactamente. ¿Y cuál es la pregunta que disparó la demencia del mundo del ego? ¿Qué soy? La pregunta que nunca contestó, pero cuya Respuesta nos ofreció. Pareciera abstracto de nuevo, contradictorio, pero para mí es muy claro.

Dios no contestó en este mundo, porque él no puede venir a este mundo, que no existe. Aun así, Él colocó Su Respuesta en el sueño, que aún formaba parte de Su Reino. El Espíritu Santo es el único que ve nuestro sueño, nuestra pesadilla y mantiene el recuerdo de Dios vivo en nosotros.

Ir en pos de La Respuesta es ir dejando el mundo atrás. Esta es una tarea que se hace en la mente, pero no la mente del cerebro humano, al que el ego quiere tener bajo su control. El ego quiere entrar en el Reino a "su" manera, y rigiéndose por lo que él mismo conformó como el concepto de perfección y bondad. "Ser bueno" es la interpretación que hizo el ego de tu Ser eterno; es la totalidad de tu ser, pero de poca calidad.

¡Qué difícil es abandonar ese "ser bueno"! Y cuando lo logras, te conviertes en alguien que parece "malo" a los ojos del ego. A eso es a lo que el ego le teme. "Solo el Ser vive en el Reino donde todo mora en Dios y en absoluta certeza"[101].

"El ego planteó entonces la primera pregunta que jamás se hizo, pregunta que él jamás podrá contestar"[102]. Esa pregunta: "¿Qué soy?", no se planteó en el Reino. Entonces solo se tuvo que haber planteado aquí en el mundo, o quizás podemos cuestionarnos: ¿se planteó en verdad?

DANI: En lo que empezamos a crear... porque nosotros empezamos a crear...

CAROLINA: ¿Quiénes somos "nosotros"? Sí... pero no. Esa creación de la que estás hablando nunca ocurre, porque el ego nunca tuvo la capacidad de crear. ¿Te atreverías a que

---

[101] UCDM, Capítulo 6, IV, 7:4
[102] UCDM, Capítulo 6, IV, 2:6

La Respuesta te inundara como una experiencia y no como un cúmulo de símbolos?

Hay una parte de ti que aún quiere entender, pero hay otra parte de ti que sabe que el que quiere entender no es el que sabe, con lo cual no es tu Ser Real. Hablo por mi propia vivencia con la práctica de El Curso. Las respuestas más contundentes a mis penurias y conflictos personales me han alcanzado sin explicación ninguna, no vienen en palabras, no tienen estructura ninguna; responden al salto de fe. Me han alcanzado en forma de una vivencia. Hay que estar receptivo, primero a que podrías abandonar el mundo y ver qué tal te va. Experimentar un "como si", siguiendo por un tiempo a la simbología del mundo, para que luego la podamos abandonar. La oración es el camino.

Espíritu Santo, venimos en un salto de fe,
pues el deseo de escuchar La Única Respuesta
es muy grande.
Traemos corazones receptivos.
Traemos honestidad, y también resistencias
que ponemos a tus pies, Maestro,
para que cada vez queden menos respuestas
a la pregunta: ¿qué soy?,
y que La Única Respuesta que Tú nos das
sea más clara en cada uno de nosotros.
Simbólicamente, de rodillas,
vengo a ti, Maestro,
con la cabeza gacha en humildad
y dispuesto totalmente a que tomes
todo lo que creo ser
y me lo devuelvas eterno.
Te entrego todo lo que creo ser
para recibirlo infinito.

Te entrego todo lo que creo sentir
para recibir solo el Amor como Real.
Vibro en aceptación, honestidad y receptividad,
pues ya intuyo Tu Respuesta en mí
y te doy las gracias por ello. Gracias.
Amén.

Siento en mí un gran anhelo. No uno por escuchar La Respuesta, sino por dejar de lado de una vez y para siempre todo lo que me impide que esa Comunicación se restablezca enteramente. Esa es la sensación que tengo. Estoy en modo "rendición".

DANI: Otra vez confirmo que me doy cuenta de que para poder estar ahí, dispuesto a esto, hay que entrar en otro plano. No va en este plano que vemos, va más allá. Para recibir Lo Eterno, hay que enfocarse en otro lugar, pues Lo Eterno no está aquí, en lo que los ojos físicos ven.

MARTA: Yo digo de nuevo: salto de fe. A un supuesto abismo que no sé qué es, y que me da vértigo.

CAROLINA: Te dará vértigo, hasta que ya no.

FRIDA: La sensación es de caer a capas, y el miedo de quedarme sin nada. Pero con honestidad, siento que lo estoy haciendo poco a poco.

MARÍA: Siempre he pensado en que "soy yo", como tú dices, relativo a mi identidad. Me planteo dónde está la identidad.

CAROLINA: Me has recordado un momento anterior que compartimos en el que nos apareció con mucha fuerza una frase que decía: "Identifícate con el Cristo". Es allí donde el Maestro nos da La Respuesta. Te identificas con el Amor Real. Y esto no le pertenece al mundo, lo puedes experimentar aquí pero no es de aquí. ¿Y qué o quién es el

Cristo? El que pregunta jamás lo conocerá porque no es de su ámbito. El Cristo es la Comunicación restablecida absolutamente, la cual no tiene nada que ver con el cuerpo, ni con sus sentidos.

Pareciera que escuchar La Respuesta no tiene nada que ver con "aquello" con lo que me identifico, pero tiene todo que ver. Aquel aspecto de mí que se escucha e identifica con el Amor Real está desconectado temporalmente. Hay un aspecto de mí que está escuchando, que es al que yo le quiero prestar atención. Necesitas limpiar primero. Se requiere un "período de purificación". De ahí que invirtamos tanto tiempo y observación en liberarnos de los obstáculos que nos impiden esa experiencia. Es el "como si", es tu honestidad, es mental. Es darte cuenta de esa identidad que tú fabricaste y recapitular para re-identificarte con el Cristo.

Cristo, no como un hombre, sino como una experiencia.

9

MI VERDADERA IDENTIDAD

Espíritu Santo, venimos a Ti con suma humildad
y un gran deseo en el corazón.
Deseo abrir mi mente y mi corazón humanos
a una experiencia que no es humana.
Estoy listo para conocer mi Verdadera Identidad.
Te entrego mi miedo a La Verdad,
Espíritu Santo.
Te entrego mi miedo al Amor, Maestro.
Te entrego los obstáculos
que he interpuesto entre Lo Divino y yo.
Estoy aquí con los brazos caídos y sin fuerzas
para seguir resistiéndome.
Es demasiado doloroso no conocerte,
no conocerme.
Estoy hoy receptiva a permitirte,
Espíritu Santo, que obres tu labor en mí
y me devuelvas al conocimiento
de Aquello que es Verdad.
Por eso hoy, de rodillas y
con las manos sobre el corazón,
me entrego a tu corrección, a tu Amor.
Gracias, Maestro.
Amén.

Nosotros estamos listos para oír esto: "No soy un cuerpo, soy libre". ¿Cómo sería tu mundo interior si aceptaras esta lección como tu realidad? Cierras los ojos y... ¿qué hay?

Con honestidad, todavía puedes decirme que hay "formas". Jesús solo quiere que te des cuenta de eso para que justifiques desapegarte de ese mundo interior que es lo que hace que ese mundo exterior ocurra para ti.

Qué fácil es, si se quiere, entregarle al Espíritu Santo lo que ves con los ojos físicos y guardarte lo que ves con los ojos cerrados. El "ego espiritual" dice: "Ah, ¡Lo estás haciendo muy bien!", pero la realidad es que el mundo que ves con los ojos físicos es el resultado de tu mundo interior. Entonces, ¿dónde empieza el trabajo? ¿Dónde empieza el desapego? Adentro.

El Capítulo 21 de *Un Curso de Milagros,* habla de "el miedo a mirar adentro". Ese miedo proviene de la identificación con el cuerpo físico, aunque pareciera que no, pareciera que caminas en el mundo y dices: "Espíritu Santo, te entrego las montañas, los atardeceres, mis hijos, mi pareja, mi apego", y después vas adentro y cierras los ojos y te quedas con todo eso. Entonces ahí no ha pasado nada. Es en ese momento que Jesús nos dice: "¡Pero mira adentro y entrégame lo que ves!". Ahí es donde el miedo se dispara y el miedo siempre viene del ego, porque el Espíritu Santo nunca te mostrará a un pecador, siempre te mostrará luz perfecta, completa e inocente.

Entonces, si el mundo que veo es el resultado de mi apego a la creencia de que soy un cuerpo, ¿cuál es mi antídoto? ¿Cuál es mi atajo? Te lo voy a decir, porque Jesús me lo dijo. El atajo está en el libro. Y no me lo dijo solo a mí; a ti también te lo dijo, solo que yo lo recordé hoy. El atajo es mi Relación Santa, porque cuando me uno a mi hermano con total misticismo, tengo que hacerlo más allá de nuestros cuerpos.

Los personajes que representamos nunca se pueden unir, porque el cuerpo siempre es una barrera. Pero cuando tu corazón desea realmente unirse a tu hermano, te unes y sabes que no eres un cuerpo. Y cuando sabes que no eres un cuerpo, tu posibilidad de desapegarte del mundo es absoluta, porque ahora sabes y conoces a Dios en Su Hijo.

"Aquellos que se han unido a sus hermanos han abandonado la creencia de que su identidad reside en el ego"[103]. Para mí esta frase es muy conmovedora. Entonces, ya ni siquiera nos estamos ocupando del apego a determinadas cosas: "Ay, estoy apegada a mi planta", o "estoy apegada a mi hijo". Estamos hablando de un desapego que trasciende la creencia de que mi identidad es el ego. Por un tiempo nada más, esta creencia me da tranquilidad, me permite funcionar en el mundo, me permite vivir aquí sabiendo que siempre va a haber dolor, siempre va a haber enfermedad, siempre va a haber sacrificio; pero el sol sale para todos. Ese es el mundo del ego. Esa es la creencia de que mi identidad *es* el ego.

En un nivel de mi jornada de regreso a Dios, esta creencia me da tranquilidad, porque me dice que yo sé quién soy y lo que debo hacer. Es decir, si trabajo, gano dinero y ahorro, cuando sea mayor estaré tranquila. ¿Dónde está la clave, el cambio? Está en atreverme a mirar adentro y renunciar a lo que conozco. ¿Pareciera que eso no es necesario, verdad?

¡Cuán apegado estoy a mis pensamientos, a mis sueños, a mis ideas acerca de mí misma! Pero esas ideas responden al apego que le tengo a la creencia de que soy el ego, de que el ego es mi identidad. Es el apego que tengo a la

---

[103] UCDM, Capítulo 21, IV, 3:4

creencia de que soy un cuerpo; de que mi cuerpo es mi identidad; es el apego que tengo a la creencia de que soy mi género, mujer u hombre, y que todo eso determina quién soy. Mi pregunta es: ¿estarías dispuesto a no saber y a poner en duda todo lo que hoy conoces como tu identidad?

No te puedes dirigir a tu Verdadera Identidad, pues eso ya está contigo, tú ya eres eso. La única manera de que lo recuerdes es que te desapegues de esta falsa identidad con la que caminas por el mundo y ahí es cuando surge el miedo a mirar adentro. Yo lo digo por mi propia experiencia. Muchas veces en el pasado, quizá no ahora, en mis pensamientos vivía un mundo fantástico: yo me sentaba en el váter y entraba en el mundo del país de mis maravillas, pero eran todo objetos, todo materia, cuerpos; hasta que Jesús empezó a mostrarme que todo eso tenía que entregárselo a Él y me di cuenta de lo apegada que estaba a ese mundo inmaterial. Yo pensaba: "Qué más da, son ilusiones, ¡no están ocurriendo!".

Entonces, piensa por un instante en todos los sueños y pensamientos que tienes cuando cierras los ojos, y observa lo apegado que estás a ellos, pues son ellos los que dan lugar al mundo que ves. Son ellos los que establecen la creencia de que tú eres un cuerpo, de que tú eres físico. Tú lo crees en tus pensamientos. ¿Estarías dispuesto a que fuera de otra manera?

Y aparece la Lección 33: "Hay otra manera de ver el mundo"[104]. Y de ahí te vas a la Lección 199: "No soy un cuerpo. Soy libre. [...] El miedo no puede infiltrarse en una mente que se ha unido al amor"[105]. Unirme al Amor, apegarme al Amor, sería la única forma útil de apego.

---

[104] UCDM, Libro de Ejercicios, Lección 33, Título
[105] UCDM, Libro de Ejercicios, Lección 199, 2:2

¿Y cómo hago eso? No sé cómo hacerlo. Tiene que ocurrirme naturalmente como resultado de un proceso interior, y el resultado natural del proceso interior es que yo esté dispuesta a desapegarme de los pensamientos que tengo acerca de mí y del mundo que veo cuando cierro los ojos.

¿De qué más te vas a desapegar? Es decir, ¿hay algo más de lo que desapegarse, sino de tus propios pensamientos? Tú te puedes ir desapegando de las flores y de las cosas que ves, pero si el pensamiento lo conservas, no te has desapegado, solo creíste que lo habías hecho.

MARTA: Qué bien verlo de esta forma... Me está llenando muchísimo.

CAROLINA: Este es el regalo de Jesús para nosotros hoy. Estamos listos para verlo de esta forma, Jesús quiere que lo veamos así, que no nos engañemos. El ego espiritual te engaña y te lleva siempre a que te desapegues de la forma, porque el ego sabe que mientras conserves tus pensamientos, sigues siendo su anfitrión. ¿Está claro, verdad? Me siento iluminada. Me siento profundamente conmovida porque yo lo acepto en mi corazón.

La noche, cuando te vas a dormir y decides entregarle tu tiempo en descanso al Espíritu Santo para que Él siga acompañándote, es uno de esos momentos para desapegarte de los pensamientos.

Entonces, quizás aparezca el miedo. Date cuenta de que ahí estás haciendo tu verdadero trabajo espiritual. Cuando aparece el miedo, recuerda que el único que lo siente es el ego. No es que esté pasando nada malo o que alguien tenga mala energía. Lo que ocurre es que estás mirando donde tienes que mirar y eligiendo al Amor. Al ego le da miedo eso. Entonces, ¿qué pasaría si esta noche, como decíamos, antes de dormir, tomas una respiración, cierras los ojos y observas? Observa lo que se te presenta, las imágenes, y piensa: "¿Estaría yo dispuesta a vivir sin estas imágenes?".

A mí, Jesús me pidió esta lección hoy. Mi compañero, que está en Inglaterra, me dijo que estuvo orando toda la mañana para desapegarse del Festival (Ibiza Enlight Festival) porque se dio cuenta de que tenía un apego brutal en sus pensamientos al festival. Él está allá, no está haciendo nada físico para el festival y la sola idea de que no hubiera festival le daba miedo, le daba rabia. Identificó su apego y estuvo toda la mañana orando sobre este tema; él y sus pensamientos. Fíjate que fue perfecto y dije: "¡Qué maravilla! Tú estás en eso, y yo también". Estuvimos de acuerdo, sin ponernos de acuerdo.

Y es lo que Jesús me pidió que mirara, y me doy cuenta de que cuando cierro los ojos y observo si estoy dispuesta a vivir sin mis pensamientos... yo estoy dispuesta. Estoy dispuesta y entonces Steve me dice: "¡Eso me da miedo! ¡No estés tan dispuesta, me da miedo, porque yo desapareceré!". No necesariamente, ese es el error: que el ego dice: "Esto es lo que va a pasar", y lo proyecta al futuro. Porque el ego no se imagina la vida eterna, el ego no sabe cómo sería tu vida sin su reino.

Está bien, observa. Date cuenta de que su reino es el reino de la oscuridad y tú, en algún momento, decidiste ser su rehén y ahora estás retirándote de esa aceptación. Y digo retirándote, porque te estás desapegando de esas imágenes.

MARÍA: ¿Cómo se haría el trabajo de desapegarme de mis imágenes? ¿Observándolo y entregándolo?

CAROLINA: Sí, internamente. Porque, ahora lo haces muy bien con tus objetos, ¿correcto? Tú ves una cosa externa a ti, no sé cómo lo haces tú exactamente: pero ves las cosas y las entregas al Espíritu Santo con los ojos físicos, le entregas tu mundo exterior. Debe ser exactamente igual cuando cierras los ojos. Hazlo igual y cuando te dé miedo —porque te dará— pídele al Espíritu Santo que sujete tu mano, pídele a Jesús que te abrace, que te lleve en brazos, que te muestre que a ti lo único que te interesa es sentirte calmado y protegido, y eso solo te lo da tu Maestro.

El ego te dice: "No, no, no, no. Proyecta al futuro, eso te va dar calma y tranquilidad". Pero nosotros ya no estamos allí, ese no es nuestro tiempo ya. Nosotros estamos en el punto donde se nos pide dejar el mundo. ¡Suelta, suelta, suelta! Déjalo físicamente y déjalo en tus pensamientos. A veces dejarlo en los pensamientos da más miedo que dejarlo en el plano físico, porque hay una poderosa lealtad al ego.

La lealtad al ego hay que reconocerla, hay que mirar en dirección a esa lealtad para que no quede escondida. Pareciera que hay aspectos de mi pensamiento a los que les debo lealtad y por eso no puedo entregarlos a Dios, porque les fallaría, por ejemplo, en el caso de los hijos, la pareja, los padres... Esto que acabo yo de decir sería lo más común, y los pensamientos sobre mí misma, a un nivel más profundo. ¿Le soy muy leal a los pensamientos que tengo acerca de mí mismo?,

REBECCA: Yo veo lealtad al personaje, yo veo al ego como personaje. Entonces, si pienso que no tengo o que no merezco o nunca debería tener acceso a alguna cosa, porque soy de tal manera, es el Espíritu Santo quien me dice: "Tú eres inocente y perfecta". Yo no sé, veo que no estoy dispuesta a soltar mi imperfección y además lo confirmo en que sí veo que soy imperfecta. Veo ahí la lealtad que tengo a mi personaje y a su imperfección.

CAROLINA: Hay un ejercicio mental que de alguna manera pone en práctica esta lección en que se nos dice: "Hay otra manera de ver al mundo"[106].

Imagínate —y esto nos queda como tarea para la noche quizás— con los ojos cerrados, que observaste tu mundo interior con detalle. Mentalmente da un paso hacia atrás y no te traigas ese mundo contigo. Lo dejaste ahí. Imagínate que yo cierro mis ojos y lo que tengo delante es esa imagen, el sofá, las personas sentadas allí, el libro de El Curso. Yo veo esta imagen y doy un paso hacia atrás, lo dejo. Y observo. ¿Cómo me siento? Siento que debería moverse conmigo, que debería bailar conmigo hacia donde yo vaya, mi imagen. Pero estoy haciendo lo que se me ha pedido hacer en la Lección 33 (treinta y tres, la edad en la que Jesús dejó de caminar el mundo). Veo mi mundo interior y lo abandono. Es un ejercicio mental. Es un ejercicio de desapego.

Y ahora observo. ¿Qué veo? A lo mejor ahora veo una cortina y digo: "Ah! Una cortina", y doy un paso hacia atrás y me desapego de ese pensamiento. Es importante, como se me ha enseñado a mí, que no fuerce nada. Que sea lo más honesta posible conmigo misma y que me permita aprender a no tener miedo de no saber, de no "hacerlo bien". Porque cuando te desapegas de ese mundo que ves, el ego sigue estando ahí, tirando de ti y entonces es cuando aparece el miedo y te dice lo que va a pasar. Y es cuando tú dices: "Espíritu Santo, Jesús, llévame en brazos...", y te dejas llevar. Esto es mental, y ahí, en brazos de Jesús, te quedas en ese instante sin saber adónde vas, sin saber cómo es el mundo sin "tu" mundo. Pero tienes que entrar ahí antes de que se te revele La Luz de Dios. Has de limpiar, desapegarte

---

[106] UCDM, Libro de Ejercicios, Lección 33

y dejar de lado todo lo que te interesa. Todo lo que crees ser, la creencia que tienes en esta identidad falsa.

Entonces, lo miramos. Elijo tomar un atajo, elijo unirme a mi hermano, esto también lo puedo hacer solo mentalmente. Para que me pueda unir mentalmente a mi hermano, necesito invocar la luz a mi mente. "El perdón es la llave de mi felicidad"[107]. Y se te pide ver una chispa de luz en tu hermano y dejar que lo tome, que lo inunde, y luego unirte tú a esa luz. Esa es la unión clave de la que nos habla Jesús para salvarnos del mundo, para desapegarnos totalmente de los espacios físicos y de las formas.

Esta es una lección de visualización creativa. Esta es una parte súper importante del trabajo espiritual, poder visualizar con claridad, descubrir lo que tenemos por dentro —en la mente— mediante las imágenes que vemos al cerrar los ojos, porque si te das cuenta, las lecciones más potentes de *Un Curso de Milagros* son las que te ofrecen imágenes destinadas a llevar tu mundo interior hacia un lugar que el ego no conoce. Hay muchas lecciones que son imágenes, nubes que se abren, por ejemplo... Pero sobre todo, la Lección 121.

La clave para desapegarte de tus pensamientos es que te puedas unir a tu hermano; cuando logras eso, te habrás tenido que despegar de la forma. No te puedes unir a tu hermano en forma, ni siquiera puedes hacerlo en tus pensamientos. Tú puedes traer a alguien que amas y juntarlo a ti en tu mente. Pero, incluso en tu pensamiento, cuando usas las formas, sabes que no, que solo se pueden juntar, pero no se pueden unir. Para que se puedan unir, tienes que soltar la forma y permitir que sea luz uniéndose a luz. Es una re-unión verdadera en la mente. Cuando el ego

---

[107] UCDM, Libro de Ejercicios, Lección 121

domina, esta unión no es posible, porque vas a sentir que el otro no tiene la misma luz y que tú no te puedes unir a la suya.

Quizás esto sea algo abstracto, pero es importante verlo. Incluso como ejercicio mental. Y por esto es por lo que la Lección 121 es tan importante, habla de que veas luz en tu enemigo. Te pide ver en él un puntito de luz, que debes permitir que vaya extendiéndose hasta que ese enemigo tuyo se convierta en un óvalo de luz, y ahora te traes a ti mismo a la imagen y dejas que esa luz se extienda hacia ti hasta que seas uno con ella. Para lograr esto, tu forma tiene que diluirse, para que puedas reconocer que es todo luz. Esto es unirte a tu hermano. No hay otra manera de lograrlo, no te engañes. Solo cuando vas más allá de la forma, ocurre la unión. Y solo cuando no quieres tener la razón, puedes ir más allá de la forma.

Hay que estar muy alerta, hasta que ya no. Yo digo mucho eso: "hasta que ya no", poniéndole una fecha de vencimiento a la vigilancia. Hace mucho tiempo, cuando mis amigos o la gente que iba conociendo en la vida, las clases, los viajes me preguntaban: "¿Cómo estás?", yo respondía: "¡Sanando!", y era lo correcto. Una de esas veces lo dije y escuché una voz que era la del Espíritu Santo, muy clara, que me dijo: "¿Cuándo vas a dejar de sanar?". Y le pregunté: "¿Cómo sería eso?". Y volvió a preguntarme: "¿Hasta cuándo vas a sanar? ¿Cuándo te vas a atrever a dejar de sanar?". Y entonces de ahí viene ese "hasta que ya no". Sí, voy a estar vigilante, hasta que ya no sea necesario. De la vigilancia a la paz hay sólo una decisión. "Cuando se está en paz no es necesario estar alerta"[108].

---

[108] UCDM, Capítulo 7, VI, 7:5

Entonces, les voy a extender el orden de los aspectos que estamos mirando ahora. Primero: desapego de los dos mundos. El mundo que veo con mis ojos y el mundo que veo cuando cierro mis ojos. Segundo: desapego de mi identificación con mi cuerpo físico. "No soy un cuerpo, soy libre"[109]. Tercero: desapego a la creencia de que mi identidad reside en el ego.

Y esto último no siempre es solo físico, si has tenido alguna vez una experiencia espiritista, como que hayas ido a un psíquico o que hayas visto un fantasma o jugado a la güija para hablar con los espíritus, ves que el ego se presenta sin forma, pero aún con su identidad. Es el mundo de lo inmaterial y piensas que cuando te mueres, cuando dejas el cuerpo de lado, ya estás en el mundo de Dios. Eso es falso.

Tu apego al cuerpo es proporcional a tu identificación con la identidad falsa. Ahí está la creencia en la reencarnación, bastante común en muchas religiones, como el hinduismo, el taoísmo y el budismo, por ejemplo. Entonces, si yo dejo mi cuerpo de lado y le aviso a una persona de que voy a reencarnar en un bebé en un mes o tres... ¿Será que me des-identifiqué del ego o es un engaño? Es un engaño. Recuerda que la identificación con el ego es la identificación con la separación que, sin embargo, es más obvia en el mundo de las formas para nosotros, aunque también es obvia en el mundo donde la forma no está; tu mundo interior o el mundo de los espíritus.

Cuando cierras los ojos, entras en conexión con un mundo que es espiritual. Por ello, todo el mundo cierra los ojos para orar, meditar, comunicarse con los muertos, invocar a Dios; porque el ego te ha enseñado que cierras los

---

[109] UCDM, Libro de Ejercicios, Lección 199

ojos y vas a Dios. Pero hoy se nos dice: "Desapégate de ese mundo y permítete estar sostenido por tu Maestro y si ves forma en ello, si ves a un Jesús que sostiene tu cuerpo físico, da un paso atrás y desapégate de esa forma también". ¿Y qué quedará? ¡El ego te diría que no quedará nada! Y sin embargo, ese sería el umbral de entrada al ámbito de Lo Divino, donde tú vives en realidad.

Entonces, es esencial para tu progreso en este curso que aceptes la idea de que no soy un cuerpo, de que soy libre. No avanzarás en este curso si no aceptas esta idea.

¿Tú quieres avanzar?

"No soy un cuerpo, soy Libre, soy tal y como Dios me creó". ¿Y cómo es eso? No lo sé, no lo recuerdo, pero estoy bien con eso, es así como queremos estar. El ego dirá: "Ay, pero... ¿cómo será? Pero, pero... ¿Qué forma tiene eso de no ser un cuerpo? ¿Es un juego de luz? ¡Ah! yo puedo hacer un juego de luz". Ahí sigue habiendo forma. No te preocupes si al ego le parece una idea completamente loca.

Simplemente, atrévete a dar, mentalmente, un paso atrás y deja ese mundo ahí, deja a ese maravilloso cuerpo que te identifica ahí. Deja tu género ahí; deja todas tus etiquetas ahí, tú como madre, tú como mujer, tú como hijo, tú como padre... déjalos, déjalos, da un paso atrás y no te imagines como será; atrévete a no imaginar nada.

Si te atreves a dejar eso, a desapegarte de ese vicio de imaginarte cómo sería, entonces se te presentará y te sorprenderá.

MARTA: ¡Yo quiero, yo quiero sorprenderme!

CAROLINA: Pero tu corazón no saltará, será una sorpresa porque será desconocido para ti, pero será tal la quietud, que no necesitarás saber nada. Es vivir en lo desconocido, para el ego que te dirá: "¡Yo quiero conocer a Dios!". Eso es imposible. El ego jamás conocerá a Dios ni a la Verdad, acepta eso. Tú, como el ser separado que crees ser, jamás conocerás La Luz. Nunca, porque La Verdad no tiene forma separada y mientras tú te identifiques con alguna forma separada, La Verdad se pierde para ti.

Aquí desaparece la idea de que te puedes iluminar solo *tú*. ¿Quién soy *yo*? ¿Cómo puedo iluminarme *yo* solo? ¿Quién es ese ser "solo" que recuerda a Dios? ¿Es posible? Es una fantasía del ego espiritual. Y... ¿por qué te quieres iluminar *tú* solo y ser luz, si tu gozo está en tu unión con tu hermano? Tu gozo está en no verte diferente de tu hermano, el reconocimiento de tu Ser eterno está en que no desees verte diferente.

Entonces, cuando vuelves a tu práctica y te das cuenta de que todavía esta idea de que "voy a recordar a Dios *yo* solo" te gusta, honestamente vienes y la pones a los pies del Maestro. Humildemente, diciéndole: "Maestro, mira, todavía me gusta un poquito la idea de que puedo ser diferente de un hermano, mejor o peor; a veces me gusta ser peor y a veces ser mejor".

Ese es el espacio del pensamiento que voy a mirar y que voy a dejar dando un paso atrás. No sé a dónde voy, porque voy caminando de espaldas. Pero no me voy a caer porque no hay donde caer, es mental.

Es simple, pero a veces dices: "Ay, ¿adónde voy?". Desapégate de eso, de ese mundo. No tengas miedo de *ser* sostenido. Estas palabras van dirigidas a tu Ser, no a tu ego espiritual.

Vamos a hacer una visualización juntos. Es una variación de la Lección 121:

Tomamos una respiración profunda, y traemos a nuestra mente una imagen de nosotros mismos... Obsérvala y encuentra un puntito de luz en cualquier parte de la imagen que has hecho de ti mismo; encuentra esa chispa de luz. Ahora permite que, poco a poco, esa chispa de luz vaya creciendo hasta que tenga el tamaño de un limón, luego de una sandía, y te vaya absorbiendo. Permítete Ser completamente contenido en esta luz, hasta que solo veas luz en el sitio donde antes estaba el cuerpo. Quédate con esa imagen de luz. Quizás es como un óvalo de luz, quédate ahí. Respira ahí. Brilla ahí.

Ahora vamos a permitir que esa luz se siga expandiendo. Observa cómo se expande y se une con la otra luz que estaba a tu lado, la de tu compañero. Sigue en expansión, y ya no tiene forma de óvalo, va perdiendo la forma a medida que permites que se vaya extendiendo hacia las otras aparentes luces separadas. La luz es cada vez más grande y perdemos de vista las formas de los cuerpos que contenía. Y permitimos que esta luz siga en expansión y se extiende más allá de estas paredes, de esta casa...

Es luz en expansión. Y vemos cómo esta luz en expansión se va conectando con otras luces que puedes ver a lo lejos, llamándote. Y seguimos expandiendo más y más y más. Y la luz se expande más allá del país. Se expande ya muy rápidamente, más allá del planeta, y te embarga una perfecta quietud, nada se mueve, todo brilla. No hay formas en tu pensamiento, solo luz. Y descansamos en Dios.

Poco a poco comenzamos la jornada de retorno a este momento, en este sueño. Y no tenemos miedo, pues esta aparente separación es solo un sueño. Volvemos al planeta, al país, a esta casa, volvemos a esta chispa de luz, solo para saber que esta idea separada de mí mismo no es quien Yo Soy en realidad. Puedes empezar a moverte un poquito sabiendo que no eres un cuerpo, que eres libre. Cuando te sientas listo, te mueves un poco más y abres los ojos, si quieres.

En mi experiencia, con este movimiento interior, hay un momento en el que todo se detiene y siento que hasta el fluir de la sangre se ha detenido; todo se detiene y me siento muy feliz y tranquila. ¿Cómo ha sido para ti?

Yo siento que este ejercicio de visualización creativa es un símbolo de la posibilidad de unirnos, no por decisión, sino por extensión. La luz no decide unirse a la luz, se extiende incondicionalmente. Al realizarlo, algunos nos dormimos a veces, como un recurso para no tener una posible experiencia de unión, pero eso está bien, no pasa nada. Lo puedes volver a probar. Puedes grabarlo y hacerlo siguiendo las indicaciones.

La primera vez que me pasó este ejercicio... porque me pasó, nada me guio a hacerlo, sino que en una meditación, me ocurrió. Y yo no quería regresar. Era una parte de mi mente que decía: "Pero no quiero volver...". No pensaba y alguien tiró de mí y yo regresé, estaba en un grupo. Entonces, pienso que podemos llevar nuestra mente una y otra vez a la posibilidad de que la luz irrumpa en la forma y puedas perderla de vista (a la forma), primero la tuya. Cuando salíamos de la casa, como una sola luz, lo que yo viví fue que muchas luces me llamaban y todo se extendió y se unió y siguió extendiéndose y uniéndose, porque estaba la idea por un instante de luces separadas; y en otro instante inmediato se unieron gozosamente.

Creemos que hay trabajo espiritual físico, usamos los masajes y perfumes, cantamos: usamos los cinco sentidos. Pero el trabajo espiritual es del espíritu. Entonces tenemos un llamado del Espíritu al Espíritu, de Ti mismo a Ti mismo, de la Luz a la Luz, del Amor al Amor y estamos cada vez más receptivos a escuchar ese llamado. Es el llamado a la mente abstracta, a lo amorfo. Y nosotros, como alumnos avanzados, debemos encontrar el espacio-tiempo para dedicarlo a esto, no importa si los ojos están abiertos o cerrados. Es un llamado a lo que es abstracto y que siempre se une, siempre se encuentra consigo mismo. Ese es el atajo que nos recuerda el Maestro.

De ahí que la Semana Santa sea tan importante como la presenta *Un Curso de Milagros*; nos presenta a un Jesús que se une y se libera. Deja de ver culpables y de identificarse con los cuerpos físicos. Nosotros somos Jesús también, no como su cuerpo físico, sino como espíritu puro que se reconoce a sí mismo más allá de la forma. De allí la Vida Eterna, hay vida eterna en la Amorfía Divina (Lección 189), en el Ser sin forma que soy.

¿Qué tal?

DANI: Emocionado y luminoso y feliz.

CAROLINA: Esta mañana, cuando escuché "desapego", pensé en el formato más tradicional del desapego: lo he practicado mucho. He dejado varias casas, el país en el que nací, mis amigos, mis alumnos, los cuadros de mi mamá, mis recuerdos de toda mi vida, mis libros. Entonces, cuando escuché desapego esta mañana, sentí como una corriente de arrogancia, como: "Por supuesto, yo puedo enseñar eso, ¡yo eso lo sé!". Pero Jesús dijo: "Ah, ¿sí?". Y me mostró este concepto, que es nuevo para mí. Lo acepto y lo entiendo exactamente, pero no es como yo he enseñado el desapego antes. Ahora lo aprendo así y lo acepto así, como mi lección.

DANI: Nos cuesta mucho desapegarnos. A ver si de esta forma nos cuesta menos.

CAROLINA: A cada quien le cuesta lo que le cuesta

DANI: Sí, pero a ver si de esta forma podemos lograrlo.

FRIDA: Yo me imagino que viene para ayudarnos, porque a mí me ha llegado muy claro.

MARTA: Sí y a mí me resuena mucho también y me llega, una forma nueva de cómo practicarlo.

CAROLINA: Y no es nueva, porque está en el libro, en *Un Curso de Milagros.* Las lecciones nos llegan así, para que dejemos de lado lo que el ego te decía: "¡Si yo puedo enseñar eso!". Y entonces aparece Jesús y nos lo enseña de otra manera. Lo acepto.

REBECCA: Hoy, mientras conducía, me acordé del aparato que usan en la película *Los hombres de negro* para que los hombres se olviden de sus recuerdos. Qué bueno sería que me hagan así (clic con el aparato) y yo me olvide de todo mi pasado. ¿Cómo sería? ¿Cómo sería ser *nadie* de repente?

CAROLINA: El Espíritu Santo hace eso por ti y por todos, pero con tu autorización, cuando tú se lo permitas te librará de tu pasado y te instalará en tu Verdadera Identidad eternamente.

REBECCA: Sí, ya me va pasando, pero estoy apegada aún a aspectos de mi vida, me interesa seguir estándolo.

CAROLINA: ¡Hasta que ya no! Hasta que ya no pongamos resistencia y aceptemos el Gran Regalo. "Allí los sonidos y las imágenes se descartan para siempre. Y donde antes se percibían, el perdón ha hecho posible el tranquilo final de la percepción"[110].

LA CONSCIENCIA CRÍSTICA

Gran Espíritu de Luz, Espíritu Ser,
Hoy acepto que el Cristo en mí se manifieste.
Estoy lista para que el Cristo en mí
se convierta en mis ojos
y que yo pueda ver al mundo y a mis hermanos
con los ojos del Amor Incondicional, del Cristo.
Que yo pueda, Padre Amor,
experimentarme hoy en el Cristo
como mi única realidad,
y que el recuerdo de Su Presencia en mí
ilumine mis pasos y me brinde la calma
y la Paz que son mi herencia natural.
Hoy no tendré miedo a la Consciencia Crística.
Hoy decido aceptar mi Eterna Realidad.
Gracias, Espíritu Ser.
Amén.

El Cristo en ti está en silencio.

El Cristo en ti es una experiencia silenciosa.

Es una vivencia en la que la mente ha sido sanada y los pensamientos, los ruidos ya no están.

La Consciencia Crística no es más que tu disposición a que esto sea una realidad para ti; que puedas levantar la mirada y ver solo lo que el Cristo ve.

El Cristo ve solo aquello que refulge eternamente, y aquello que distorsiona y hace ruido no lo ve: lo pasa por alto. *Un Curso de Milagros* está diseñado para pasar por alto el ruido y enseñar a habitar en el silencio del Cristo donde los pensamientos no son.

La llegada del Amor a la mente es la llegada del Cristo, es habitar en la parte de tu mente que ya es el Cristo vivo. Él es quien habita la parte de tu mente donde el recuerdo de tu Verdad está.

Debido a la confusión que hemos tenido durante mucho tiempo, pareciera que Él no nos habla, pareciera que el Cristo no se comunica, mas Él habita ya en nuestra mente, y el Segundo Advenimiento de Cristo, también llamado Consciencia Crística, es el final del reino del ego y la sanación de la mente, gracias a la aceptación de las lecciones de Amor que provienen del Amor Mismo, del Cristo vivo en ti.

El final del reino del ego, ese es el Segundo Advenimiento de Cristo. No existe una llegada física de Jesús al mundo. No existe una llegada de Jesús en una nueva encarnación con otro nombre al mundo. La llegada de Jesús al mundo —que en la Biblia se menciona como el segundo Advenimiento de Cristo, pues a Jesús fue al primero que se le identificó con el Cristo— es simplemente un cambio de mentalidad.

En este cambio de mentalidad, el ego ya no es el dominante. Estamos en la era del Segundo Advenimiento del Cristo, pues el reino del ego está llegando a su fin. Cada vez más y más de nosotros —nosotros como consciencia individual— estamos dejando pasar la idea de que somos una consciencia individual para poder alcanzar la Consciencia Crística.

Cuando pensamos que existe una consciencia individual, le damos realidad al error original, a lo que la Biblia llama el "pecado original". La consciencia individual es completamente irrelevante para el logro del objetivo que deseamos alcanzar, pues no hay nada "individual" que deseemos alcanzar.

La Consciencia Crística no es una experiencia individual, tampoco es una experiencia colectiva. Es la aceptación del UNO, mas no el UNO como una vivencia corporal y separada, sino el Uno como una sola mente, una sola consciencia re-unida en la Creación, eterna, infinita y luminosa.

¿Es posible la Consciencia Crística aquí? Sí, la herramienta es *Un Curso de Milagros,* y el maestro, el Espíritu Santo. Ese maestro no es externo. Es un maestro interior que nos habla muy quedo. Su voz ya se está escuchando en rincones donde la consciencia individual no puede llegar, pues esa consciencia individual es un obstáculo para el recuerdo y aceptación de la Consciencia Crística.

Pregúntate si es tu momento para alcanzar la Consciencia Crística. Pregúntate si ya estás listo para darle la bienvenida al Segundo Advenimiento del Cristo.

Escucha tu respuesta sin pudor, con humildad, con honestidad, y esa respuesta llévala a los pies de Jesús, sea cual sea ella, llévala a sus pies y estarás apoyando el final del reinado del ego.

No te quedes con nada para ti, porque aunque parezca espiritual y profundo, todo lo que te quedes para ti le estará dando fortaleza al reino del ego. Todo lo que lleves a los pies de Jesús (simbólicamente y en tu práctica espiritual interior) estará abandonando el reino del ego, pues es el ego el único que cree que conservando, perpetua. Nosotros, como obradores de milagros, místicos en potencia, sabemos que no hay nada de este mundo que nos interese ya, ni siquiera el aspecto espiritual que este mundo nos ofrece, porque sabemos que se rige por las leyes del caos, las leyes del reino del ego.

Te salvas cuando aceptas que no hay nada de esta consciencia individual que tu desees conservar, ni siquiera tus aparentes aprendizajes, ni siquiera aquello que has aprendido de *Un Curso de Milagros*. Justamente lo que has aprendido de El Curso refuerza que no te quedes con nada, que lo lleves todo a los pies de tu Maestro Interior. Esta imagen es un símbolo de rendición, un símbolo de entrega.

¿Cómo será el Segundo Advenimiento de Cristo? ¿Cómo será La Consciencia Crística? Es imposible plantearse esas preguntas con verdad, porque esa vivencia no se encuentra en el futuro. No es una vivencia futura, es una vivencia presente, ahora.

En *Un Curso de Milagros* se empieza a hablar del Cristo desde el Capítulo 4; de Su llegada, de la segunda llegada del Cristo al mundo. Gracias a ti y a mí, el Segundo Adveni-miento de Cristo está muy próximo, porque hemos decidido en favor de la verdad. Porque hemos decidido dejar de darle realidad a los pensamientos ensordecedores que provienen del reino del ego. Hemos dejado de darle realidad a los pensamientos que hablan de separación, sea para bien o sea para mal. Ya sabemos que todo pensamiento que conlleve un adjetivo calificativo, cualquier pensamiento que implique una preferencia, una decisión en favor de uno u otro personaje en este mundo, no proviene del Cristo, pues el Cristo posa su vista y ve UNO.

La Visión de Cristo, perfectamente alcanzable en este instante, nos muestra que la Creación Divina nunca fue seccionada. La Visión de Cristo nos muestra que la creación sigue siendo tal cual Dios la creó.

El Segundo Advenimiento de Cristo se presenta ya en la mente que ha decidido dejar de lado la creencia de que en la separación hay verdad. Es por eso que este es el momento del Segundo Advenimiento del Cristo, pues tú ya has tomado esa decisión. Tú ya estás dispuesto a que tu mente esté libre de todo pensamiento, ya tienes esa vivencia, ya te ocurre que tu mente entra en una calma donde los pensamientos ya no están. No tengas miedo. Cada vez que hay dos, estás en el reino del ego, incluso cuando hay dos pensamientos. Cada vez que hay un "me gusta", cada vez que hay dos opiniones, cada vez que hay dos pensamientos amorosos, estás en el reino del ego.

Permítete experimentarte en el silencio del Cristo, pues el Cristo en Ti está muy quedo, silencioso, inmóvil.

No tengas miedo, hermano. No hay ningún lugar a donde ir. No hay ningún deseo que no haya sido ya respondido. No hay ningún miedo que no haya sido ya subsanado por el Amor no dual.

Estamos aquí solo para decir: "Acepto". Estamos aquí solo para aceptar Tu Amor, Padre Dios. Estamos aquí solo para dejar de lado el reino del ego, no con pesadumbre y miedo, sino con un suspiro de alivio y de claridad.

La llegada a la Paz está próxima. Podemos ya sentir Su calidez; podemos ya sentir Su aroma, pero todavía queda algo de miedo, pues el reino del ego ha sido absoluto. Abandonarlo implica —de alguna manera— adentrarnos en lo desconocido. Mas hemos aceptado ya que eso que parece desconocido en realidad nos habita eternamente y es el ego el único que cree poder adentrarse en eso que llama desconocido. Ese reino de lo desconocido según el ego es el reino del Dios y ahí el ego no puede entrar.

Es por eso que el miedo aparece. Es por eso que el miedo acecha. No obstante, entendemos que ese miedo viene todavía del reino del ego. Pues en el Segundo Advenimiento de Cristo, el miedo no tiene entrada, pues en Cristo solo hay silencio, calma y quietud. El miedo no existe.

Solo puedo decirte, hermano, que el Segundo Advenimiento de Cristo, cuando la consciencia es utilizada bajo el propósito del Espíritu Eterno, es la llegada del Amor Incondicional a la mente que se creía separada. Es la llegada del Amor Incondicional a los pensamientos que tenían preferencias. Es la llegada de Lo Incondicional a la mente que se regía bajo una serie de condiciones impuestas por el reino del ego.

El reino del ego está llegando a su fin, pues el Amor Incondicional se presenta e irrumpe con toda Su luz y con toda su calma. La mente que ha aceptado el Segundo Advenimiento de Cristo le ha dado entrada al Amor Incondicional: al amor en su mente y en su corazón. Ha dejado de lado la importancia de ser especial, tanto para sí como para otros, y con honestidad y sin pudor ha dicho "Sí" al UNO que no está separado.

Ha dicho "Sí" a aquello que no tiene condiciones. Ha dicho "Sí" a la dicha más absoluta. Ha dicho "Sí" a la plenitud y al gozo.

Y no se deja engañar ya por ninguna ofrenda que el dramático reino del ego le quiera ofrecer. Ya no se inmuta ante los dramas, los desastres, las desapariciones y las muertes que el mundo le ofrece, pues ha aceptado que el Amor todo lo inunda sin condiciones y que el resultado de aceptar eso es la más absoluta empatía; la verdadera empatía que reconoce como una realidad a Lo Eterno y descarta lo perecedero. No le da a ningún hermano esa descripción, pues a cada hermano lo ve luminoso y eterno, lo ve idéntico en cada criatura viva en este mundo y sabe, reconoce y acepta sin miedo y sin pudor que la muerte no existe y que el nacimiento a este mundo nunca fue real.

Acepta solo incondicionalmente una luz que se extiende, un amor que todo lo inunda.

Sin embargo, esto supone una apatía para el ego, pues para él, las diferencias, las preferencias y las condiciones son "la sal de la vida". Sin embargo, para aquel que ha aceptado el Segundo Advenimiento del Cristo, la quietud, Lo Incondicional y lo que es igual para todos es lo único que se acepta y es lo único que le brinda plenitud a la mente y calma y quietud al corazón.

La consciencia pertenece al ámbito del ego, mas puesta al servicio del Espíritu, se usa para recordar a Cristo, para aceptar al Segundo Advenimiento, de ahí que la llamemos La Consciencia Crística, pues en este contexto, entregada a un propósito Divino donde no se utiliza en negación de Lo Eterno, se convierte en la más absoluta aceptación de Lo Divino.

No existen en La Consciencia Crística aquellos que son "conscientes" o "inconscientes". En ella se abole completamente la posibilidad de lo "inconsciente" pues cuando has aceptado La Consciencia de Lo Incondicional para ti, le has dado entrada a la visión de aquello que solo ve Lo Eterno en todo, y no se deja engañar por la forma.

Has decidido no dejarte engañar por la forma. Has decidido que se te muestre lo que hay más allá de ella, y más allá de la forma existe La Unicidad de la creación, que prevalece por encima del reino del ego, más allá del reino de lo físico.

¡Gracias, Dios! Pues a pesar de la pesadilla de separación, La Realidad sigue incólume, sigue incambiable, siempre eterna. No hay nada que el reino del ego pueda hacer en contra de la Creación Divina, que Es eternamente. Solo tú puedes decidir regresar a Su recuerdo.

Yo lo decidí ya en tu nombre, solo queda que me acompañes en la experiencia.

No hay nada que temer. Eres Espíritu puro; no temas a la forma que el Segundo Advenimiento de Cristo adopte, pues la forma no es la verdad en ti. No tengas miedo de la experiencia que el Segundo Advenimiento de Cristo adopte, pues aquello que procede de Lo Incondicional es amorfo, no tiene forma. Adéntrate en esa experiencia abstracta de ti mismo y te darás cuenta de que, aunque con los ojos del cuerpo veas forma, La Visión del Cristo te mostrará aquello que carece de ella. Esa es la experiencia en la que la calma perpetua reina en tu corazón y el reino del ego ha alcanzado su fin.

Hoy es el día en el que decides en favor del
Segundo Advenimiento de Cristo.
Hoy es el día en que dices "Sí"
a La Consciencia de Cristo en tu mente.
Gracias, Espíritu Santo.
Gracias, Padre.
Amén.

Entonces, muy dulcemente, Jesús, en primera persona, nos indica dónde buscar, dónde apoyarnos, dónde descubrir el modo de pensar del Cristo que Tú Eres en realidad.

"Demos comienzo a nuestro proceso de re-despertar con unos cuantos conceptos simples [...] Él Espíritu Santo se encuentra en tu mente recta, tal como se encontraba en la mía. La Biblia dice: 'Que more en ti la mente que estaba en Cristo Jesús', y lo utiliza como una bendición"[111]. Es un buen deseo.

---

[111] UCDM, Capítulo 5, I, 2:1, 3:3

Es una bendición, es algo que tú podrías usar en tu cotidianidad, cuando te encuentras con los tuyos o te despides de los tuyos. En algunos países se usa: "Que Dios te bendiga", los gitanos dicen "chachipe", que significa "suerte, hermano". "Namasté" —originaria de la India— literalmente quiere decir "me inclino ante ti" y nos inclinamos ante Lo Santo, por lo tanto, ese "namasté" nos dice de una forma simple: "me inclino ante ti porque te reconozco Santo". La Biblia dice: "Que more en ti la mente que moraba en Cristo Jesús", es decir, que se haga en ti el Espíritu Santo, la mente recta. Y lo utiliza como una bendición, la bendición de la mentalidad milagrosa, del buen deseo.

Este es el modo de pensar del Cristo, de la mente milagrosa, de La Consciencia Crística. Es el buen deseo de que en ti solo more el Espíritu Santo, y de que no le des lugar al reino del ego en ti. El Espíritu Santo es la mente de la expiación, representa un estado mental lo suficientemente próximo a la mentalidad Uno como para que la transferencia a ella sea finalmente posible

Date cuenta de que no se habla lo suficiente del Espíritu Santo.

Yo he conocido a lo largo de los años grupos de estudios avanzados, que llevaban muchos años estudiando *Un Curso de Milagros*, y no usaban al Espíritu Santo. El ego se había apoderado del pudor que da la idea del "Espíritu Santo" especialmente en los países de origen católico y lo que ello implica. Pareciera que la expresión fuese de la propiedad de la religión católica. Pues El Curso lo utiliza como eje central para la transformación interior y cobra un sentido nuevo y completamente diferente.

Una vez conocí a un grupo que tenía tres o cuatro años reuniéndose y me dijeron: "Tú, ¿por qué hablas tanto del Espíritu Santo?". Entonces les dije: "¿Verdad? ¿Ustedes no hablan del Espíritu Santo?". Y me dijeron: "No, ¿para qué? Hacemos los ejercicios, pero... ¿para qué tanto Espíritu Santo?". Y entonces respondí con La Verdad: "Es en Él donde tienes la llave para salir de este mundo. Quizás todavía no desees salir de este mundo. Quizás todavía desees vivir en el conflicto, la envidia y el miedo, mas has de conocer y honrar al Aliado que camina contigo, no físicamente, pero si todo el tiempo".

El Espíritu Santo no es un hombre y no tiene forma. No es un cuerpo y no habita en el mundo; mas habita en ti. Él es y representa la mente recta. El Espíritu Santo es lo más próximo que tienes dentro de ti a la mente Uno, a la "no dualidad". Él es el que va a lograr que la transición en ti ocurra. Esta transición se explica en Capítulo 26 de *Un Curso de Milagros*.

Date cuenta de que en nuestro mundo espiritual, dentro del reino del ego, la consciencia es algo de lo que se habla mucho, y la usamos como un pensamiento de separación y de preferencia. Por ejemplo, cuando hablamos o pensamos en los "conscientes" y los "inconscientes", alguna vez puede que te hayas descubierto pensando: "Yo tengo una consciencia muy elevada... tú, no tanto".

Empleamos esta palabra tan elevada —consciencia— sin saber lo que significa y sin darnos cuenta de que, mientras no se haya puesto al servicio del Espíritu Santo, todavía está en el ámbito del ego.

Pareciera ser que el que tiene más consciencia sabe más, pero déjame decirte, hermano, que el tener más consciencia no significa tener conocimiento. La consciencia todavía está en el umbral del reino del ego, y puesta en manos del Espíritu Santo, Él nos va llevando a La Consciencia Crística para que tomemos la decisión de abandonar el mundo y entrar en conocimiento. No puedes estar en conocimiento y caminar este mundo tratando de obtener los placeres que ofrece.

Jesús caminó por este mundo en pleno conocimiento, pues abandonó el reino del ego, abandonando así todo lo que este le ofrecía. Él tuvo en sus manos la posibilidad de hacer un truco de magia y liberarse de los clavos de la cruz y sin embargo, eligió enseñarnos que la muerte no existe, al no tenerle miedo al concepto y no defenderse. Cuando no te defiendes, es porque no has visto ataque. Es una lección extrema, sobre todo en el caso de Jesús.

Y nos preguntamos: cuando se invoca tanto al Espíritu Santo, ¿es lo mismo que invocar a Jesús? Es lo mismo. Jesús es la personificación en cuerpo del Espíritu Santo.

Lo interesante de invocar a Jesús y al Espíritu Santo —y es por ello que abandonamos el reino del ego cuando nos servimos de ellos— es que en el reino del ego hay un "yo" que puede "solo". Obsérvalo. Identifícalo. "Yo puedo solo", "yo puedo hacer esto", "yo voy a meditar", "yo voy a orar". No vale de nada si lo que vas a hacer lo haces solo, porque ese ser que está solo es el que perpetúa la idea de separación.

Cuando invitas al Espíritu Santo, invitas a La Unión. *Un Curso de Milagros* es un camino de regreso a La Paz a través de las relaciones, y cada vez que invitas al otro y te unes a él (no físicamente, sino en tu mente), recuerdas a Dios. Por esto es tan importante empezar a invocar en la mente al Espíritu Santo o a Jesús. Son meros símbolos para ayudarnos a dirigir nuestra atención y abandonar las distracciones que el ego ofrece como sustitutos de la verdadera devoción por La Verdad.

En la medida en que aceptas eso, se extiende hacia tu cotidianidad y te das cuenta de que cuando estás solo no estás unido; estás en el reino del ego y es el ego el que se ha apoderado de todo, es decir, es el ego el que está reinando. El ego se apoderó hace tiempo, por eso es que está reinando. Por eso tenemos a *Un Curso de Milagros*, para ayudarnos a entrar en la disciplina de elegir en favor de la Paz en cada instante.

Piensa en el Segundo Advenimiento del Cristo. Ese es un tema que se ha mencionado en la Biblia y también en otros textos religiosos, y se ha malinterpretado como el regreso del Cristo vivo, en carne. A mí personalmente me costó años entender que el Segundo Advenimiento de Cristo era un cambio de mentalidad, un cambio de consciencia en la mente.

La Consciencia Crística es el retorno de Lo Incondicional: es demasiado brutal para el reino del ego.

Una de estas mañanas sentí que había perdido mi conexión con Jesús porque me costaba meditar de la manera en que yo lo hacía antes, que era una manera muy ritualista. Sentí que me costaba hablar con Él como yo hablaba antes. Sorprendentemente, me di cuenta, a través de la oración y la honestidad de mi corazón, de que Él me seguía hablando, cotidianamente ahora, sin la necesidad del ritual, y esta experiencia era diferente, extraña. Había en mí una conexión continua de una manera tan extrema, tan poderosa, tan diferente a como lo hacía antes, que el ego no quería que yo aceptara eso como una realidad. Este es el Segundo Advenimiento de Cristo: un cambio interior profundo, pero es brutal para el ego.

El ego nunca va a estar presente en el Segundo Advenimiento de Cristo.

Hay un sitio que está muy silencioso dentro de ti, observa eso, ese formato de palabras. Hay un sitio dentro de ti que está muy silencioso: no es tu corazón, no son tus pulmones, no es tu sangre. Es el Cristo dentro de ti. Es un lugar al que tú puedes acceder, pero esa perfecta quietud es aterradora, porque aún no vives allí siempre.

Todavía no vivimos ahí todo el tiempo. Yo no me experimento allí con miedo, pero tengo mis resistencias, que se presentan como pereza. Sin embargo, cuando estoy en Presencia Divina, no sé más quién soy individualmente. Soy Uno con el Cristo; me uno a esa experiencia, y me doy cuenta de que hay algo que se borra, que desaparece completamente.

Cuando me preguntaron hace poco mi opinión acerca de la problemática actual con los inmigrantes y sobre cómo lidiar con los desastres naturales, realmente observé esto y me acordé de cuando hubo una gran catástrofe natural en Venezuela. Murió más de medio millón de personas, desapareció un estado completo. Como si hubiera desaparecido Andalucía, o como si hubiera desaparecido el estado de Kansas; desapareció todo el estado del litoral.

En aquel momento, 15 de diciembre de 1999, yo llevaba ocho años estudiando El Curso, aún sin dar clases. Recuerdo que me senté a orar delante de la TV —y esta práctica se la recomiendo a muchos— y observé que lo único que pasaban eran las imágenes de esas ciudades cubiertas de lodo y barro. Entonces, frente al televisor, le empecé a pedir al Espíritu Santo: "¡Muéstrame lo que tú ves! Te entrego lo que veo, porque lo que yo veo es desolación. No sé ver más allá de esto ahora".

Y estuve quince días prácticamente sin comer. Solo miraba las noticias las veinticuatro horas. Le hablé directamente al Espíritu Santo durante todo este tiempo: "Voy a estar aquí hasta que mi mente sane esto, porque este dolor es demasiado insoportable". Y la respuesta me comenzó a alcanzar casi imperceptiblemente.

Mi corazón buscaba culpables y culpaba a Chávez (presidente de Venezuela en aquel momento), pero no fue su culpa, obviamente, fue una catástrofe natural.

Entonces, en esa conversación me remití a los terremotos en Nepal (abril 2015) y también al choque del avión en Los Alpes (marzo 2015) para observar cómo me sentía yo, y me di cuenta de que el Cristo en mí estaba muy tranquilo y calmado. Me di cuenta de que en algún momento del pasado había sentido pudor por ser feliz, vergüenza por sentirme tranquila. Este pudor, esta vergüenza, seguro que la has sentido tú también. Y sin embargo, el Reino de la Paz es pura dicha, y se llega a él mediante una decisión cuerda. He aquí la respuesta, la única respuesta posible que el Espíritu Santo te puede ofrecer, si estás dispuesto a recibirla, a escucharla: la Paz de Dios.

¿Estás dispuesto a estar completamente cuerdo? Esa es la pregunta que plantea El Curso. Estar completamente cuerdo es vivir el Segundo Advenimiento de Cristo. Vivir ahí es saber que los cuerpos nunca son reales, que la muerte nunca ocurre. Vivir ahí es permitirte experimentar la dicha plena y constante, y no sentirte culpable por eso. Es trascender la culpa que el ego utiliza para que te olvides de que la felicidad es posible.

¿Te das cuenta de eso? ¡Imagínate lo que hay por sanar con este tema!

El Espíritu Santo es el vehículo de sanación para alcanzar la Mente Crística. ¿Cuál es la buena noticia para nosotros y la mala para el ego? La sanación ya ocurrió, tú ya habitas en La Consciencia Crística. Ya tú eres el Cristo vivo, porque se te concedió en el instante de la creación y al venir de Dios, eso no puede cambiar.

Algunos de nosotros, más generosos o más piadosos, podemos pensar: "Pero... ¿cómo no voy a sentir dolor por todos esos muertos, cómo no voy a sentir piedad y compasión por todos ellos?". Hermano, tu compasión, piedad y sufrimiento no les da vida. Dios les dio vida y jamás se la ha quitado.

Llegar a esa aceptación en la mente es empezar a experimentar La Consciencia Crística. De ahí que sea tan "aparentemente" complicado.

Si nos vamos al Movimiento de la Nueva Era, la gente habla mucho de La Consciencia Crística, pero... ¿cómo es esa experiencia? ¿Ya la has tenido? ¿Te atreverías a ser inmensamente feliz y a estar en perfecta calma? No hablemos ni siquiera de felicidad ¿Te atreverías a estar en perfecta calma y sin culpa ante un desastre como el de Nepal o el del avión? ¿Te atreverías honestamente? Piénsalo, porque seguro que alguna emoción se ha movido en ti con estos temas.

Y escucho tu pregunta: "¿Cómo puedo saber si estoy en negación de mis emociones ante una situación desastrosa o en si realmente estoy en perfecta calma?".

La respuesta es interna. La perfecta calma se reconoce cuando la culpa está ausente. Cuando estás en perfecta quietud no hay duda, y ahí puedes ser verdaderamente servicial. Ahí puedes hacer un servicio verdadero porque lo que se requiere de ti en este sueño lo podrás hacer, no porque te sientas culpable, no por los motivos equivocados, sino solo por Amor.

Esto es un ejemplo. Imagínate una madre a la que al hijo le da un ataque de miedo por la noche, llora y grita. Ella no entra en el drama, porque sabe que no está pasando nada realmente. Ella *sabe* que es una pesadilla, un mal sueño. Esto no significa que lo abandone y lo deje solo; significa simplemente que desde su perfecta seguridad de que no está pasando nada, puede consolar, acompañar, bendecir y sanar. Hace lo que tiene que hacer sin darle realidad a la pesadilla.

Digamos que en esa imagen, la madre viene con su Perfecto Amor y su perfecta claridad, y ve solo la seguridad en la que ella y él habitan. Si lo llevamos a un plano más amplio, imagínate que eso es lo que tú piensas y es lo que te corresponde: es lo que ya está ocurriendo en Ti en el Espíritu Santo. Me encanta lo que dice *Un Curso de Milagros* sobre el Espíritu Santo.

"El Espíritu Santo [...] representa un estado mental lo suficientemente próximo a la Mentalidad-Uno como para que la transferencia a ella sea finalmente posible"[112]. Es decir, ¿cómo vas a llegar a la Mentalidad Uno tú solo? ¡No! Hay que abandonar a esa mente que dice: "Yo puedo sola". Esa es la mentalidad errada, también conocida como "ego". Es a través del Espíritu Santo que se logra alcanzar la Verdad, pues es Él quien está en Ti, lo suficientemente cerca de la Mente UNO —de La Consciencia Crística— como para que la transferencia finalmente ocurra.

Ahora, ¿cuándo es esa transferencia? Cuando tú lo decidas. ¿Tiene que ser dentro de quinientos años? ¡No! ¿Y qué lo impide? Los pensamientos de miedo, de pudor, de conflicto y de culpa. No queremos entrar en negación, pero sí queremos dejarlos pasar. Vamos a la Clarificación de Términos de *Un Curso de Milagros*, que nos viene muy bien ahora.

"La estructura de la consciencia individual es esencialmente irrelevante, puesto que es un concepto que representa el 'error original'"[113]. De ahí que cuando crees

---

[112] UCDM, Capítulo 5, I, 6:3-4
[113] UCDM, Clarificación de Términos, Introducción, 1:4

que tú solo "puedes" estás perpetuando el error original porque tú no estás solo

¿Reconociendo que no estamos solos sales de tu error original? Te diriges hacia la Verdad. El "error original" es creer que existe una "consciencia individual", solo mía. Una voz interior que dice: "Yo me voy a iluminar, tú... no. A ti te va a tomar más años que a mí". Ese es el error.

MARTA: Me gustaría creérmelo, ¿sabes?... Ahí voy... como queriendo, pero...

REBECCA: Yo entiendo que es como un "reformular" y que yo no llego con mi mano al botón. Entonces necesitas que alguien, que te está viendo, oprima el botón. En realidad necesitas que "alguien" lo haga por ti. Pero siempre es importante asumir que necesitas un "reseteo" para que se te pueda ayudar. Si no le das la bienvenida al que te va a ayudar, no va a pasar nada.

CAROLINA: Eso está muy bien. Eso es perfecto. Por eso este concepto representa al error original o al pecado original, que es la idea de que el ego partió en pedacitos a La Creación de Dios y nos dio a cada uno una consciencia individual.

Entonces se nos dice: "Estudiar el error en sí no conduce a la corrección, si es que en efecto quieres tener éxito en poder pasarlo por alto. Es precisamente este proceso de pasar por alto el error lo que el curso se propone enseñar"[114].

Pareciera que nos quiere enseñar mucho y es algo tan sencillo: pasar por alto la culpa, el ataque, la separación; todo lo que es un error, pasarlo por alto. Está claro que el error traído al mundo es un monstruo de mil cabezas y cada

---

[114] UCDM, Clarificación de Términos, Introducción, 1:5-6

una es más aterradora que la otra. Pero en realidad es un solo error.

¿Y la solución? Pasar por alto el error. Pasarlo por alto es más que ignorarlo. Un ejemplo a título personal, es el de mi compañero. Con todo este tema de que no vivo con él y que él está buscando la manera de resolver su vida, yo miro muy de cerca cómo me afecta cada circunstancia. Entonces me di cuenta de que cada vez que él venía a visitarme, algo se rompía y reconocí que tenía la idea de que él es pesado y de que rompe las cosas. Un día se rompió una pieza de la bañera donde él se había bañado. Yo miré aquello y me dieron muchas ganas de culparlo, de llamarlo y decirle: "¡Por tu culpa!". Era justo, ¿no? Pero me detuve y pensé: "Yo quiero la Visión de Cristo; solo quiero ver lo que tú ves". Y aguardé con sinceridad, con honestidad. La necesidad de culparlo desapareció.

Qué interesante. Se me quitó la necesidad de llamarlo para culparlo. Miré todo un poco más de cerca y me di cuenta de que yo, el personaje que creo ser, ha usado a este compañero como *chivo expiatorio* de mi culpa. Me ha pasado, no con inconsciencia, pero ahora con más responsabilidad. Y con toda mi fuerza espiritual y mi disciplina mental, me dije: "No me lo voy a permitir. Quiero, deseo la quietud del Cristo en mí. Entonces no me voy a permitir el deseo de culpar. Lo voy a mirar muy de cerca y lo voy a reconocer".

¡Qué adicción! Hablando más tarde con mi compañero, él me comentaba lo mismo: "Aquí estoy, echándote toda la culpa a ti. Pero observo y digo que no y estoy orando para poder soltar eso que siento".

Pero... ¿en qué momento se comienza a pasar por alto lo que sientes? Primero, observas el aparente problema. Por ejemplo: la bañera está rota y mi compañero responde a la creencia que yo tengo acerca de que él tiene la mano pesada y por eso se rompió la bañera. Una cosa es que la bañera esté rota —aunque él la haya roto— y otra, que yo quiera culparlo. Son cosas diferentes que parece que van a unidas, ¡pero, no! En ese mismo instante está la clave; que tú digas: "Se rompió y lo voy a pasar por alto".

Pero, ¿qué es lo que voy a pasar por alto? Pues mi necesidad de culpar; mi necesidad de perpetuar el pecado original de separación. Luego vas y haces lo que tengas que hacer para reparar el daño, sin culpa alguna.

Voy a permitir que Jesús me muestre lo que él ve. Hazlo, para que veas que el ego dice: "¡No puedes hacer eso!". Y vas a ver que tienes ganas de perpetuar el error. ¿Te das cuenta, no? Tienes ganas de culpar.

Pasar por alto es que vayas a esa adicción que tienes a culpar y digas en silencio y para ti mismo: "Estoy dispuesto a pasar esto por alto". Pero estas palabras que sean muy honestas, para que puedas comprobar que el Espíritu Santo te liberará enseguida del deseo de culpar.

Pero el gran tema es: ¿estás dispuesto aprender este curso que lo único que nos enseña es a pasar por alto el error original? Tú tienes que estar dispuesto. ¿Cómo estar dispuesto? Pues con honestidad, con observación, con sinceridad y sin pudor atreverte a mirar de frente a ese personaje que no quiere pasar por alto el error, que quiere perpetuar el conflicto aunque estés sonriendo.

Aquí se obró el milagro con lo de los coches aparcados. Resulta que el vecino tiene una camioneta enorme y la estaba aparcando aquí, justo delante de mi casa, tapándome toda la vista al jardín. Entonces yo fui y le pedí muy amablemente que, por favor, no aparcara delante de la puerta de mi casa.

Mi vecino, un poco molesto, quitó la camioneta. Al día siguiente la volvió a poner en el mismo lugar y a mí me perturbó aquello. Entonces me dije a mí misma: "Este curso ya lo aprendí", y empecé a orar y oré largo rato, entregando todo mi disgusto. Pensé: "Iré a hablar con él, pero cuando esté en perfecta calma, si no, no". Al poco rato, se me pasó el disgusto, se me olvidó el malestar. Así que por la tarde, más tranquila, salgo para hablar con él, pero ya no estaba la camioneta.

Pienso: "Wow, se llevó la camioneta, gracias a Dios". Al rato, mientras tomaba un café disfrutando de mi vista, llega él con su camioneta y aparca donde corresponde, en su lugar. Yo lo vi y sentí el milagro perfectamente, un gran amor, un agradecimiento, una felicidad. Entonces atravieso el jardín con el café en la mano y le digo: "Juan, vecino, ¡gracias!". Y él me pregunta: "¿Por qué?", y le digo: "Por lo de la camioneta," y él me dice: "Ok".

Ahora mismo la camioneta está aparcada delante de mi casa, lleva ahí todo el día, pero ya no me molesta. Ya para mí está bien que la deje. Ese es un milagro. Ese es un paso hacia la Mente Crística. Yo aprendí con este Curso, que lo único que enseña es a pasar por alto. ¿Te das cuenta de lo difícil de esa lección?

El hecho en sí de pasar por alto es el resultado final, digamos, la puntita del iceberg. Pero para que puedas llegar aquí (a la punta), tienes que mirar todo lo que hay debajo. Finalmente, para poder honestamente pasar por alto, tienes que haber mirado todo lo que sostenía el que no quisieras pasar eso por alto, es decir, todo tu deseo de especialismo, tu adicción al conflicto, tus ganas de ganar, tus ganas de atacar, tu "ser especial". Lograr "pasar por alto" podría simbolizar que ya te graduaste de El Curso.

FRIDA: Eso cuando hay alguien a quien culpar. Pero luego, para aquellos a los que les gusta autocastigarse, no es tan difícil lo de afuera como lo de adentro: la autoculpa.

CAROLINA: ¿Estarías dispuesta a darte cuenta de que es igual? ¿A quién estás culpando? Párate delante del espejo y hazte la pregunta, porque pareciera que "tú" estás dentro de Ti, pero estás afuera igualmente cuando te miras al espejo. Sigues siendo un personaje que no es el Cristo. Vamos a profundizar un poco más en este tema.

Cuando tienes a "otra" persona a la que no soportas, pareciera que el trabajo de dejar pasar es más fácil. Estás tú y está la otra persona. Pero ese "tú" sigue siendo un personaje separado con el que te identificas. Cuando te autocastigas, pareciera que estás tú sola, pero estás "tú", como el personaje, atacando al personaje. Es como cuando te pones delante del espejo, ambos son personajes y son falsos, tanto el que ataca como el que escucha. No son reales ninguno de los dos.

Yo hablo mucho sola y delante del espejo, pues me doy cuenta claramente de esto. Y lo hago para ir tomando consciencia de que yo no soy "esa". Yo no soy la que cree estar separada. Le pido al Espíritu Santo, al maestro interno: "¡Muéstrame quién soy en realidad!".

Hay una parte de la mente que no está entrenada y que dice: "Yo tengo razón". Mientras tú estés en esa idea, La Consciencia del Cristo se pierde para ti, porque en ella no hay nadie que pueda tener razón ya que para tener la razón tiene que haber dos. En La Consciencia Crística solo hay Uno. Es por eso que el pasar por alto el resentimiento es equivalente a dar pasos agigantados hacia el Cristo. Te vas acercando al Cristo en Ti cada vez que estás dispuesta a no tener la razón.

Si tú le pides al Espíritu Santo con respecto a ti misma: "Muéstrame lo que tú ves", ¿cómo lo haces simbólicamente? (aquí nos movemos en el ámbito de los símbolos). Delante del espejo.

Si te atreves, usa el espejo. Es muy potente el trabajo delante del espejo, aunque a algunas personas les da mucho miedo. Entonces, te tienes que facilitar las cosas, pues el "trabajo" ya es lo suficientemente profundo y exigente. ¿Cómo te vas a ver a ti misma? Necesitas verte a ti misma en esa posición de víctima, pues mírate. Háblate delante del espejo, a ti misma, lo que te atrevas, durante el tiempo que te lo permitas.

REBECCA: A mí me sirve mucho negar la negación de la Verdad.

CAROLINA: Es la única utilidad real de la negación.

REBECCA: Es decir: "Yo no voy a entrar ahí, yo no soy eso". Y cuando entro en el bucle donde hay pensamientos que sostienen: "Sí, tú eres víctima, mira todo esto que te están haciendo", si me permito avanzar por ese camino, he perdido. Sin embargo, cuando viene cualquiera a contarme algo y le digo: "Lo siento, eso no es verdad", y me permito dudarlo. "Yo sé que hay otra manera...".

CAROLINA: Eso es interesante y por eso insisto en el juego del espejo, porque ves "dos". Cuando tú vas a tu mente y te atacas, hay dos. Es una mente dividida: tú atacándote a ti y el que se defiende está sufriendo. Hay dos. Si los ves físicamente, te puedes ayudar. Si no puedes mirarte al espejo, intenta mirarte en el reflejo de un cristal o en el agua o en la sombra, tu sombra.

En estos días he leído algo acerca de las sombras y me vino a la memoria un evento excepcional en Málaga. Yo venía caminando y tenía el sol detrás de mí. Tomé consciencia de que mi sombra se proyectaba sobre la acera perfectamente, y escuché una voz dentro de mí preguntando: "¿De quién es esa sombra?". A continuación burbujeó una risa desde el centro de mi ser, una risa inocente, pura, como si tuviera yo cinco años.

"¡Mía no!". Fue la respuesta que escuché, también internamente. Me encantó esa respuesta. Como si el ego me hubiese preguntado y el Cristo en Mí respondiera: "Mía no es. Yo no soy esa sombra. Yo no tengo sombra. Soy luz".

El juego del reflejo es importante. Piensa por un instante: ¿quién se refleja? El cuerpo, claro está. Pero tú no eres eso. Tú no eres el cuerpo. ¿Tú crees que el Espíritu se refleja? No, el Espíritu se extiende y lo abarca todo, que es hacia dónde vamos en Cristo; expandiéndonos absolutamente.

Entonces, todo lo que tiene reflejo no es real. Por eso es que tenemos el principio de la proyección, que es un reflejo de tus pensamientos, pero no es real nunca.

El Cristo en ti está muy quieto. ¿No habéis sentido esa quietud? Está muy muy quieto y lo que he descubierto es que cuando vas ahí —a esa quietud— todo va ahí contigo. No hay nada que hacer. No es que vamos a hacer un "Om" e irnos internando en la experiencia. Ve a ese lugar, a esa experiencia, y todo el mundo va a ir contigo porque todo el mundo está ahí contigo. Tú no puedes ir solo, es automático, es natural.

Cuando yo tomé consciencia de eso, me impacté mucho, porque estaba con un grupo de unas ciento veinte personas. Un profesor de la Universidad de Almería se me acercó y me preguntó: "¿Tú cómo hiciste eso? ¿Cómo los acallaste a todos? Todos te miraban en silencio", dijo.

Y yo me di cuenta de lo que había pasado, por eso nunca más tuve dudas de estar en grupos grandes o de hablar donde se me pidiera. Porque sé que si voy a esa experiencia de quietud, todos estarán ahí inmediatamente conmigo. No importa si estudian El Curso o no, si son más jóvenes o más viejos.

Esto es lo que les digo a mis alumnos: "Trae a tu nieto, trae a tu hija, a tu bebé", y ellos dicen que no, que van a molestar... Yo sé que no. No hay un ser tan pequeño o tan mayor como para no ir allí. Van todos. ¿Y por qué? Porque todos los que veo, ¿dónde están si no es dentro de mi propia mente? Son mi propia proyección. Con lo cual, si me permito ir al Cristo, si yo voy a ese lugar de quietud e incondicionalidad, nadie se puede quedar afuera.

Esa es la Consciencia Crística, que te des cuenta cada vez más que aun cuando estés en medio de un aparente conflicto, si tú eres el Cristo, te puedes adentrar ahí, en ese espacio de calma y silencio. Atrévete a esa experiencia de calma y quietud.

En mi caso, estoy dejando el mundo y el ego me está mostrando todo lo que me gustaba de él. Esta semana, por ejemplo, me ha mostrado Venezuela. He visto las arepas, cosas de Venezuela que me encantaban; la vegetación, sus gentes, sus playas. Me enganché por Youtube con una telenovela venezolana que filmaron donde nosotros vivíamos, entre montañas verdes, y pensé: "Basta", y me fui a ver el último capítulo. Había cien capítulos por ver, pero yo decidí "cerrar" y en este último capítulo se mostraba al personaje central comiéndose una arepa, paseando por lugares tan comunes para mí.

Entonces observé lo que me estaba pasando. Se me mostraban las muchas formas culturales de Venezuela, que a mí me gustaban mucho: cómo se relaciona la gente, cómo se relacionan entre sí el hombre y la mujer, la relación con los hijos, para mí muy diferente a la manera en que se relacionan aquí en España y me di cuenta de cuánto me gustaba todo eso.

¡Ah! ¡Eso me gustaba! Y enseguida vino a mi mente la siguiente idea: "No hay nada que me ofrezca este mundo que yo desee".

Pasé días así. Y vi —sentí— que el ego me estaba "regalando" nostalgia. Nostalgia por varias cosas y recuerdos de mi pasado. ¡Qué interesante! Es decir, el reinado del ego va a estar ahí con "su" fuerza mientras yo siga teniendo alguna inversión en este mundo. Mientras tenga una raíz, aunque sea pequeña, el reino del ego *es*.

Ese árbol (que es mi mundo) sostenido por una raíz (que es todavía mi apego a lo que creo que me gusta de él) no se va a caer hasta que yo saque la raíz, la última raíz.

Podemos decir entonces que es de envergadura lo que estamos haciendo. Es importante, es una cosa grande. No es una cosita, para estar un poquito en paz y sentirnos un poquito bien: es importante.

Lo que se pide de nosotros es dedicación y compromiso, devoción por la verdad, reconocimiento para trascender el miedo. No se nos pide únicamente que miremos al miedo de frente, sino que lo atravesemos. Esta es la invitación del Espíritu Santo.

"He dicho ya que puedo ascender hasta lo alto y hacer que el Espíritu Santo descienda hacia ti, más solo puede hacer eso a instancia tuya"[115]. El Espíritu Santo sólo puede ayudarte a instancia tuya, es decir, necesita que tú se lo pidas. A todos nos gustaría que alguien nos dijera lo que tenemos que hacer, pero sin responsabilizarnos cada uno. Esto no funciona así, tiene que ser a instancia tuya y en cada tramo.

---

[115] UCDM, Capítulo 5, I, 3:2

A medida que vamos profundizando en cada etapa, seguimos entregando al Espíritu Santo. Esto es constante, porque tú vas pasando por diferentes etapas. Aunque las etapas no sean reales, para la "mente no recta" *hay* etapas de deshacimiento. Por eso es por lo que hay "expiación". Pareciera que pasamos por etapas, en la realidad no, pero en el sueño sí hay etapas que vamos trascendiendo. Jesús dice:

> ...puedo ascender hasta lo alto y hacer que el Espíritu Santo descienda hasta ti, mas sólo puedo hacer esto a instancia tuya. El Espíritu Santo se encuentra en tu mente recta, tal como se encontraba en la mía. La Biblia dice: 'Que more en ti la mente que estaba en Cristo Jesús', y lo utiliza como una bendición. Se trata de la bendición de la mentalidad milagrosa. Te pide que pienses tal y como yo pensé, uniéndote de esta manera a mí en el modo de pensar de Cristo[116].

El modo de pensar del Cristo es pensar como pensaba Jesús. ¿Y cómo pensaba Jesús? Por eso se llama la Mente Crística, porque era Jesús, el Cristo. ¿Cómo pensaba Jesús en la Mente del Espíritu Santo? En perfecta calma, en perfecta quietud, nunca le dio realidad a la forma y a nada que el mundo ofreciera, porque basta con que tú cojas un aspecto del mundo, algo que te guste, para que el Cielo se pierda para ti.

Porque ese algo que te gusta tiene su contraparte. En el mundo, todo tiene su contraparte. Por ejemplo, si te encanta el pan y lo comes mucho, te da acidez. Te encanta tu cigarrito, si fumas demasiado, te puede dar cáncer, dicen. Este es el mundo. Te gusta tu pareja, pero cuando estás en

---

[116] UCDM, Capítulo 5, I, 3:2-6

pareja, la mayor parte del tiempo no te gusta, te gusta solo un ratito. Esa es la historia del mundo. Por eso es que El Curso tiene estas lecciones tan claras y radicales:

"El mundo que veo no me ofrece nada que yo desee". ¿Eso qué significa? ¿Que vas a tener que dejar de disfrutar de lo que tienes en tu entorno?

Date cuenta de que lo que tú ves es solo una expresión de cómo estás por dentro. Es así. No puede ser de otra manera. Es una expresión de tu mundo interior. Tanto las personas que ves, como sus cosas, lo que hacen y dónde viven, son una expresión de "tu mundo" interior.

Entonces, si tu mundo está lleno de flores: "Amén, gracias, Padre, pero te las entrego igualmente". Así empezamos hoy, yo lo vi claramente. Llevarle las flores que tienes en tu vida y dejarlas a los pies del Maestro, y llevar las dagas o las espinas, y dejarlas a los pies del Maestro también.

No quedarte con nada para que lo tengas todo.

¿Por qué yo puedo ver un jardín hermoso, flores, un atardecer, un vecino que me mima? ¿Por qué veo eso? Porque todo lo que veo dentro lo dejo a los pies del Maestro, y al dejarlo a sus pies, vacío mi mundo de cómo yo lo conozco. Lo vacío.

Al vaciarlo, me convierto en el Santo Grial, receptáculo solo del amor de Dios. Al convertirme en receptáculo del amor de Dios, lo que voy a ver es Su reflejo aquí, no puede ser de otra manera. Es una práctica constante y sin tregua. En algún momento lo lograrás y ya no tendrás que ir y venir más. Ese ir y venir es porque todavía hay confusión, y la confusión es que todavía está viva la creencia de que soy *otra cosa* y no el Cristo vivo. A veces sé que soy el Cristo vivo, pero se me olvida a veces, porque hay algo en el mundo que me atrae, que me atrapa, bien sea resentimiento, sufrimiento o placeres.

Por ejemplo, una mujer me preguntó sobre los inmigrantes que sufren, las balsas que llegan a las costas y las vidas que se pierden. Ella es una mujer maravillosa, súper espiritual, estudiosa de El Curso, pero es "buena". Como es buena, tiene que sufrir por los demás. Es lo que hacen los "buenos": sufren por los demás.

Atrévete a no ser "bueno". Atrévete a ser Divino. Los Divinos no sufren por nadie y se regocijan en todo. Es distinto. Pasará algún tiempo hasta que aceptes esto sin pudor, sin miedo y puedas hacer la voluntad de Dios.

"La Voz del Espíritu Santo es la Llamada a [...] la restitución de la integridad de la mente"[117]. "El Espíritu Santo comenzó a existir como medio de protección al producirse la separación, lo cual inspiró simultáneamente el principio de la Expiación"[118]. "Se le ha llamado el Sanador, El Consolador y el Guía"[119], y Su función es simbólica.

¿Por qué es simbólica? Porque no está pasando nada. El Espíritu Santo nos está protegiendo, nos está salvando de algo que nunca ha sido real, por eso es que Su función es simbólica, Su consuelo es simbólico, Su protección es simbólica, Su sanación y Su guía son simbólicas, porque no hemos salido de la Mente de Dios. No nos hemos ido al infierno, sino que lo soñamos. No hemos cambiado. Seguimos siendo parte de la Creación Divina Perfecta.

Entonces, todo lo que hace el Espíritu Santo es como un juego. Como cuando la mamá viene a salvar al niño del dragón. ¿Había dragón? ¿Necesitaba ser salvado ese niño? Pero él niño creía que había dragón, entonces tú fuiste y lo

---

[117] UCDM, Capítulo 5, I. 5:4
[118] UCDM, Capítulo 5, I. 5:2
[119] UCDM, Capítulo 5, I. 4:2

salvaste, pero... ¿lo hiciste en verdad? ¿Lo salvaste de algo en verdad? ¡No!

El retorno a ese recuerdo de que no se necesita salvación es el retorno al Espíritu Santo. Es el retorno al Cristo en Ti, que está muy callado, silencioso, y acepta todo tal y cual es.

> El Cristo en ti está muy quedo. Contempla lo que ama y lo reconoce como Su Propio Ser. Y así, se regocija con lo que ve, pues sabe que ello es uno con Él y con Su Padre. El especialismo también se regocija con lo que ve, aunque lo que ve no es verdad. Aun así, lo que buscas es una fuente de gozo tal como lo concibes. Lo que deseas es verdad para ti. Pues es imposible desear algo y no tener fe de que ello es real[120].

> El poder de un deseo apoya a las ilusiones tan fuertemente como el amor se extiende a sí mismo. [...] El Cristo en ti contempla solamente la verdad y no ve ninguna condenación que pudiese necesitar perdón. Él está en paz *porque* no ve pecado alguno[121].

La invitación de hoy es a que te identifiques con Él.

---

[120] UCDM, Capítulo 24, V, 1:1-7
[121] UCDM, Capítulo 24, V, 1:9, 3:2-3

ACERCA DE
UN CURSO DE MILAGROS

Un Curso de Milagros es un libro que ha sido llamado por muchos un Manual de Psicología Espiritual. Los grandes escritores tales como Deepak Chopra, Louise Hay, Marianne Williamson, Eckhart Tolle, Wayne Dyer lo mencionan en sus obras y lo recomiendan como lectura obligada. La Fundación para la Paz Interior lo publica en un solo tomo que incluye Texto, Libro de Ejercicios, Manual del Maestro y Clarificación de Términos.

Para más información visita o escribe a:

Fundación para la Paz Interior / Foundation for Inner Peace
P.O. Box 598
Mill Valley, CA 94942-0598, USA
www.acim.org
(+1 415) 388-2060

SOBRE LA ESCRITORA

Profundización, honestidad, claridad y asertividad son los rasgos más representativos de las enseñanzas de Carolina Corada, que nacen de su propio compromiso interior con la Paz y de su intenso estudio y práctica de *Un Curso De Milagros*.

En 2002 concibió IntroDanza©, su método de auto indagación que utiliza música y movimiento en apoyo a las enseñanzas de El Curso. Desde 2001 ha ofrecido talleres, charlas y seminarios acerca de *Un Curso de Milagros* en universidades, centros de rehabilitación, orfanatos, ambientes corporativos y otras instituciones en América Latina, USA, Suecia, Irlanda, Dinamarca, Inglaterra y España, en tres idiomas (castellano, inglés y portugués). Además de en persona, imparte sus enseñanzas a través de vídeos, artículos y de su programa de radio online *Busca dentro de ti*.

A todo aquel con quien se encuentra, Carolina le extiende su mensaje de Paz Incondicional, de forma simple, íntima y no dualista. Ella abre corazones a la aceptación de la paz. Se la ha llamado "Maestra de Paz" que "camina lo que predica". "Solo he experimentado a unos pocos maestros en mi vida que me hayan convencido como tú lo hiciste. (...) tú practicas lo que predicas, ¡y eso nos da poder, impresiona y da mucha esperanza!". Wenche Schneider (Alemania / Suecia)

Vive desde 2012 en Ibiza (Islas Baleares, España), donde se encarga de la organización del Ibiza Enlight Festival, una celebración internacional y bilingüe de *Un Curso de Milagros*, del que es creadora y fundadora, y que ocurre cada año desde 2013.

www.ibizaenlightfestival.com

En noviembre de 2014 fue la primera oradora de habla hispana invitada a la XX Conferencia Internacional de Un Curso de Milagros en Londres.   www.carolinacorada.com

ANGELA KER (Escocia)
Pintora

Angela Ker es una pintora que vive en la isla de Ibiza desde hace más de cuarenta años. Es la autora de la obra de la portada, que pintó especialmente para este libro. Ella y Carolina están unidas por una sincera amistad.

Sobre su obra en relación con *La Disciplina de la Paz*, Angela escribió lo siguiente:

De lo agitado a lo sereno;
del bullicio y los problemas de la vida cotidiana, de las
olas superficiales ...
a la profundidad, sorprendentemente abarcadora,
a la completitud en la profundidad de la vida interior;
la valentía para sumergirse profundo.

Todo ocurre con rapidez, con prisa, con energía,
la cadena o hilo dorado es un vínculo intacto.

La soledad y el silencio abarcador,
de la reconfortante realidad, donde
el descanso ocurre en la misteriosa quietud.

www.ibizaenlightfestival.com

Como estudiantes de Un
Curso de Milagros, es el
llamado de nuestros corazón
unirnos y celebrar todas las
formas a través de las cuales
los Maestros de Dios de
El Curso enseán.
Nos sentimos agradecidos
por todos ellos.

Nos hemos reunido para
celebrar nuestras similitudes
honradas por nuestro
Amor a Dios, nuestro
deseo de Ser Feliz;
la aceptación de que no
tenemos que hacer nada
y la mansedumbre para
escuchar la Voz que
habla de Amor en
muchos idiomas y
en muchos formatos.

Ibiza
Enlight
Festival

NOTAS

NOTAS

NOTAS

NOTAS

NOTAS

NOTAS

NOTAS

NOTAS

NOTAS

NOTAS

NOTAS

NOTAS

NOTAS

Made in the USA
Columbia, SC
30 June 2020